一本书读完36本投资学名著

程剑锋 著

《漫步华尔街》
《战胜华尔街》
《彼得·林奇的成功投资》
《学以致富》
《金融炼金术》
《证券分析》
《聪明的投资者》
《巴菲特：从100元到160亿》
《风险投资家环球游记》
《怎样选择成长股》
《股票作手回忆录》
《摩根财团》
《高盛文化》
《大交易》
《共同基金常识》
《道氏理论》
《华尔街45年》
《亚当理论》
《艾略特名著集》
《期货市场技术分析》
《股市趋势技术分析》
《克罗谈投资策略》
《投资者的未来》
《对冲基金风云录》
《专业投机原理》
《以交易为生》
《股市真规则》
《风险规则》
《客户的游艇在哪里》
《1929年大崩盘》
《与天为敌：风险探索传奇》
《大癫狂：非同寻常的大众幻想与全民疯狂》
《泡沫的秘密》
《成事在天：机遇在市场及人生中的隐蔽角色》
《金融心理学》
《疯狂、惊恐和崩溃：金融危机史》

地震出版社
Seismological Press

图书在版编目(CIP)数据

一本书读完36本投资学名著 / 程剑锋著. -- 北京:
地震出版社, 2022.4

ISBN 978-7-5028-5437-9

Ⅰ. ①一… Ⅱ. ①程… Ⅲ. ①投资经济学 Ⅳ.
① F830.59

中国版本图书馆 CIP 数据核字 (2022) 第 033434 号

地震版 XM4995/F(6255)

一本书读完36本投资学名著

程剑锋 著

责任编辑:张 铁

责任校对:鄂真妮

出版发行:地震出版社

北京市海淀区民族大学南路9号 邮编:100081

发行部:68423031 68467991 传真:68467991

总编室:68462709 68423029

证券图书事业部:68426052

http://seismologicalpress.com

经销:全国各地新华书店

印刷:固安县保利达印务有限公司

版(印)次:2022年4月第一版 2022年4月第一次印刷

开本:710×960 1/16

字数:303千字

印张:20.5

书号:ISBN 978-7-5028-5437-9

定价:75.00元

前言
Preface

我们为什么要读名著呢？

在人类的奋斗中，唯有名著最能经受岁月的磨蚀。庙宇与雕像在风雨中颓毁坍塌，而经典之籍与世长存。即使是千百年前的真知灼见，时至今日仍新颖如故，熠熠生辉，令人感铭于心，爱不释手，成为与我们相随的伴侣与慰藉。

而对于个人来说，读名著是一种用最低成本获取最高成长的策略：我们可以从名著中找到行业里顶级的思想，阅读名著将帮助我们增大思考密度，让自己迅速掌握顶级的思维和行业知识。美国著名的成功学大师皮鲁克斯就曾说过："名著是绝大多数人思想的摇篮，又是绝大多数人迈动双脚的动力。"名著的影响潜移默化，可以沉淀在个人的行为举止中，成为一个人思想中最深沉的基质。当今时代"不是大鱼吃小鱼，而是快鱼吃慢鱼"，如何快速地学习经典名著的精髓是大家关注的焦点话题，因此，对名著的速读逐渐成为一种世界性潮流。速读使你能够花费较少的时间与精力掌握尽可能多的信息，达到事半功倍的阅读效果。

本系列书包括《一本书读完36本经济学名著》《一本书读完36本管理学名著》《一本书读完36本投资学名著》三部，经济学、管理学、投资学都是与现代人日常生活密切相关的学科，而在这些学科领域，很多名家的著作已经被证明在理论上具有权威性、在实践中具有可操作性，这些名著对于广大的读者来说是一笔宝贵的财富。可是对大多数人来说，一一读完这些名著并不现实，很多时候时间精力上也不允许，这正是本系列书的出版缘由——我们希望本系列书能够帮助读者摆脱阅读上的困境，提高阅读质量，更重要的是能够从本书中汲取大师们的思想精髓，从而达到启智怡情的阅读效果。

为此，本系列书各篇名著均设置了“名著导读”“理论精解”“趣味延展”三个小栏目，让读者以最快的速度一窥名著的精华，引导读者深入阅读作品，多角度感受作品的魅力。

假如你想了解一部名著的内容概况及其在学术界的影响，你可以阅读相关篇目的“名著导读”部分；

假如你想了解一部名著的要点和精华所在，你可以阅读相关篇目的“理论精解”部分；

假如你想了解作者的情况及作者在写作过程中的逸闻趣事，你可以阅读相关篇目的“趣味延展”部分。

在《一本书读完36本经济学名著》中，我们选取了包括《国富论》《资本论》《经济学原理》《就业、利息和货币通论》等在内的36部世界一流经济学名著。这些经济学著作基本上都是经济学史上某一流派的主要代表作品，或者是诺贝尔经济学奖获得者的重要作品，或者是其思想对当时的社会产生过极其深远影响的作品。这些经典著作不仅是读者学习经济学的必读之书，也是提高经济理论水平的重要著作。

《一本书读完36本管理学名著》收录了《管理的实践》《科学管理原理》《从优秀到卓越》《基业长青》等经典管理学著作。管理学是一门从企业CEO到职场小白都需要学习的学问，因为管理本身是个宽泛的概念，企业各层级管理、时间管理、自身管理，本质上并没有什么不同，因此每个人都应该学一点管理学。本书可以说是一本对所有职场人士都适用的管理书籍，无论你是来自世界级企业、小型企业，这本书都适合你。

《一本书读完36本投资学名著》则从实际应用角度入手，选取了投资大师或当代证券市场传奇人物所撰写的投资名著，其中就包括《聪明的投资者》《怎样选择成长股》《巴菲特：从100元到160亿》《金融炼金术》《漫步华尔街》等经典著作，这些经典著作不仅是学习投资的必读之书，也是提高投资理论水平和实践操作能力的重要著作。

我们没有对名著中的各种倾向、论点和材料进行批判，而是将每本名著的要点提取出来给读者，让读者自己做出鉴别。本系列书适合不同层次的读者阅读，使读者能通过对经典名著的学习，迅速提升个人能力及人生格局。

当我们欣赏大师们的作品时，我们的心灵正在被他们的智慧所雕塑；当我们开始领悟这些经典名著时，我们的生活正在被顶级思维引向更和谐、有序，更加丰富多彩的世界！

目录
Contents

01 |《漫步华尔街》 伯顿·马尔基尔

用“随机漫步”的投资方法让自己的收益稳步增长

名著导读

《漫步华尔街》全书名为《漫步华尔街：股市历久弥新的成功投资策略》。它不仅是一部投资学经典著作，还是一部与时俱进的畅销书。该书作者伯顿·马尔基尔是华尔街专业投资人、经济学者，同时也是成功的个人投资者。

《漫步华尔街》首次出版是在1973年，出版后引起巨大轰动，成为继本杰明·格雷厄姆的经典之作《聪明的投资者》之后最畅销的股票投资书籍，被视为几十年来最经典的金融投资入门读物。该书至今已经过十次修订，热销四十多年仍经久不衰。事实证明，自20世纪70年代以来，《漫步华尔街》是世界证券投资界最畅销的著作之一。

《漫步华尔街》将理论与实践融会贯通为一个无懈可击的整体，以生动诙谐、浅显易懂的语言娓娓道出投资的真谛和成功的秘诀。阅读本书你不仅将学会分析股票、债券的潜在收益，而且将学会分析其他投资机会的潜在收益，包括货币市场、房地产、保险、黄金、收藏品，等等。作为一本实用性极强的投资指南，它讲述了各种投资策略和金融工具，并透过历史事件提出了存在的所有问题和现象，对包括技术分析和基本分析的诸多方法提出了根本性的质疑，详细介绍了现代投资组合理论。不仅如此，作者伯顿·马尔基尔还提出了新颖的观点：只要普通投资者采取“购买并持有”的战略，投资于指数基金，就可以获得安全、稳定的长期回报，并轻而易举地击败大多数机构投资者。

作为个人投资者，如果你害怕冒险，想在股市中规避风险，那么《漫步华尔街》你值得拥有，因为它可以说是个人投资者的“指南针”。伯顿·马尔基尔在这本书里审视了个人与家庭的金融投资策略，提出了一个很独特的观点：一个人的风险承受能力很大程度上取决于他的年龄和收入。经验表明，股市里的风险随着投资期的增长而递减，因此，金融投资策略确实与年龄和收入有关。该书专门开辟出一章“生命周期投资指南”，它针对不同年龄层次的投资者提出了不同的投资策略，阅读这些相当于你免费聘请了一位高明的私人投资顾问。

《漫步华尔街》被亚马逊网上书店评为2001年度的最佳畅销书籍。作为“复习课程”，该书还被列为美国MBA学生的必读教学参考书籍。

在过去50年间，关于投资方面的好书至多也不过五六本，《漫步华尔街》无疑应列入此类经典之作。

——《福布斯》

这是一本为成千上万投资者所青睐的传世之作……自从首次问世以来一直颇受好评……甚至在你把它作为复习课程来阅读时仍旧是如此的井然有序。本书创见频出、不落窠臼而又资料翔实，它将为投资者在险象环生的华尔街上引路导航，并教会你如何在职业投资者自己的舞台上将他们击倒，并进一步使我们明白：为什么随机选择的分散投资组合可以与专家们精挑细选的投资组合相匹敌！

——《芝加哥论坛报》

当我的同事到了退休的年龄和我的儿子到了21岁时，我就送一本马尔基尔的书给他们看。

——保罗·萨缪尔森

理论精读

1.投资指数基金——懒人投资法

在《漫步华尔街》一书中，马尔基尔坚信指数基金拥有最终优势，这也是马尔基尔投资策略的核心。对于那些每月只有几百元或数千元做基金定投的中小散户来说，这种投资观点既简单又实用，它将在保证收益的前提下将风险最小化。

如今很多投资者为了获得高收益，都建立了复杂的投资组合：基金、股票、黄金、外汇……但是往往越复杂的投资组合，也越容易产生问题。为了最大限度地降低投资风险，投资者又不得不搜集和阅读相关信息资讯，耗费大量精力和时间来了解股市。而读过《漫步华尔街》后投资者就会发现，有一种产品可以大大简化你的投资组合，省时省力，而且不损害你的利益。这种产品在全球股票和债券市场上仅占据10%左右的份额，但它深刻改变了金融界的状况，也改善了无数投资者的投资状况——这种产品就是指数基金。

马尔基尔研究表明：基金盈利往往多于个人投资者市场盈利，对于投资者来说，在将核心资金安全投入指数基金中后，可以再抽出一部分资金自由支配。

马尔基尔指出："指数基金的优势何在？一般而言，指数基金带给投资人的收益率要高于职业经理人两个百分点。它之所以能有这样的过人表现，有两点至关重要：管理费用和交易成本。公开发行的指数基金，其管理费用一般为20个基点（0.2个百分点），而同为公开发行的共同基金，每年花去的管理费用竟高达150个基点；而且，指数基金仅在必要时才进行买卖，相形之下，活跃的共同基金的换手率普遍维持在100%，更高的情况也屡见不鲜。

"指数基金分散化的特性排除了巨亏的可能，但与此同时，也肯定使你失去了暴富的机会。许多华尔街的评论家就此认为投资指数基金实为庸人之举。然而，过去所发生的一切让我们不得不正视一个事实：较之于共同基金，指数基金带给了投资者更高的回报，而前者由于名目繁多的投资咨询费和高不可攀的换手率，只能甘居人后。”

对于中小散户投资者而言，指数基金是一种相对简单易懂的投资工具，涨跌一目了然。然而，由于指数基金通常要求保持90%以上的高股票投资比例，投资管理人不能根据对市场时机的判断主动调整仓位。在市场持续上涨阶段，指数基金的整体表现就会较好，但在市场持续下跌期间，由于无法主动减仓，也会跌得更多。

基于这样的风险预判，选择一个好的方式来投资指数基金就显得至关重要，特别是对于普通的投资者而言，如果贸然进行波段操作，很容易将“低买高卖”做成“高买低卖”。那么应该采取何种方式投资指数基金呢？基金定投应该是较好的选择之一。

基金定投是指投资者以固定的金额按固定的频率（如每月）投资指数基金的方式，这种方式相当于分批买入，等于是把钱分成几十、上百批入场，分散了投资时点的风险，使投资变得相当稳健。由于股市短期走势很难预测，定投虽不能保证每次都买在低点，但长期平均下来成本较低，只要找一个相对好的时机卖出基金，获利的机会就很大。此外由于基金定投投资起点低、手续简便，因此成为一种常见的指数基金投资方式。

2.投资组合理论——风险最小化

马尔基尔说：“把一只猴子的双眼蒙上后，让它向报纸的金融版掷飞镖而选中的投资组合，和那些专家小心谨慎选择的投资组合相比，赢利性可能一样高。”

投资组合理论建立的前提是：所有的投资者都厌恶风险，都想得到高收益和有保证的投资结果。而现代投资组合理论就是告诉投资者如何将股票纳入投资组合，以便与寻求的收益相对应的风险尽可能实现最小化。

马尔基尔指出：“（现代投资组合理论认为）无论如何，多样化策略总是可以产生降低风险的好处，而并不在乎哪个市场表现得更好。只要市场之间的相关性未达到完全同步关系，投资者就可以从国际性多样化中确保自己的收益。”

但是多样化投资方面的难题在于，大多数企业的收益状况在相当大程度上具有同向变动性。因为企业的盈利状况并非总是完全独立变动，所以投资于多样化股票组合很可能不比只投资于一两只单个证券风险要小。

但是《漫步华尔街》告诉我们，选择理性的投资组合可以避免部分风险。作者列举了许多国家股市变动的例子，对投资风险进行了分析，并提出投资组合中可以包括外国的多只股票等。但拥有较多的股票，收益会被涨幅较小的股票拖后腿，使得收益被削平，其所说的多少只股票，哪个国家的股票等似乎缺少依据。而对于中小散户投资者来说，目前国内股市股价波动大，还是应该集中精力选择业绩优良、质地好、管理规范的公司耐心长期持有，收益会更有保障。

3.生命周期投资指南——投资五原则

股市历史证明，也是众所周知的一件事，那就是无论是基本分析还是技术分析，要准确无误地预测股市的动态变化几乎是不可能的。马尔基尔认为风险与收益总是相伴而生，股市竞争是公众的博弈行动，他在“生命周期投资”中提出了投资五原则，普通投资者或许能从中获得启迪。

（1）风险和收益密切相关。俗话说，高风险伴随着高收益，二者息息相关。

（2）持有资产的期限长短决定普通股和债券的风险。投资收益率具有不稳定性，买进卖出的价格也不能保证是最优价格，所以延长持有资产的期限可以大大降低风险。

（3）定投可以作为降低投资风险的方法。马尔基尔说过：“最严重的市场恐慌与最病态的投机性暴涨一样，都是没有事实根据的。无论在过去看来前景如何黯淡，到头来情况通常都会更好。”

（4）投资组合中资产类别权重的调整可以降低风险。举个例子：今年你选择了60%股票和40%债券的基金配置，如果短期股市大涨，股票基金权重增加，此时为了使两者权重比例重新回到原本确认为适合自己的投资比例，你可以卖出一部分股票基金，买入部分债券基金。

（5）根据实际的经济状况来应对投资风险。马尔基尔建议投资者，在不同的年龄段里，根据不同的赚钱能力选择不同的投资品种。

4.磐石理论——内在价值投资

《漫步华尔街》中所提到的磐石理论认为，无论是普通股股票还是不动产，每一种投资工具都具有一定的内在价值，这种内在价值可以通过对现状和未来前景的细致分析获得。为了让投资者更好地理解其理论内涵，我们不妨以普通股股票为例来说明：磐石理论强调股票的价值应该基于公司以股利形式所分配的未来盈余——目前的股利愈多、成长率愈高，股票就愈有价值。

威廉姆斯在《投资价值理论》一书中提出了一个计算股票内在价值的公式，并且他还巧妙地耍了个小聪明，在计算过程中引入了“贴现”这一概念。威廉姆斯指出，股票的真实价值等于该股票未来所有股息的现值（贴现值）。因此威廉姆斯建议投资者将以后收到的钱“贴现”，久而久之，“贴现”这个术语便流传开来，直至今日，它已成为投资中的通俗用语。

磐石理论认为，股票的价值等于投资者预期从股票中所获全部现金回报的现值。“现值”表明马上到手的现金不同于预期未来得到的现金，因为后者必须要“贴现”。到手的钱的价值往往高于所有的未来收入，因为现有资金会为你赚取利息。

5.有效市场假说——理性预期理论

马尔基尔认为：“有效市场理论解释了为什么‘随机游走’可能是合理的，它认为股票市场能够针对新的信息进行迅速、充分的调整，以至于没有人可以用一种更加高明的方式来预言未来市场的走势。因为每一个职业投资者的行动，每一只股票的价格都迅速地反映着市场上每一个可以得到的信息。因此，挑选到出类拔萃的股票或是把握到市场运行脉搏的机会是平等的，从预测能力上看，你的、类人猿的、经纪人的，甚至是我的，从本质上说是没什么差别的。”

“有效市场假说”起源于20世纪初，这个假说的奠基人是一位名叫路易斯·巴舍利耶的法国数学家，他把统计分析的方法应用于股票收益率的分析，发现其波动的数学期望值总是为零。

“有效市场假说”包含以下三个要点：

（1）市场上的每一个人都是理性的经济人，他们每天对股票进行理性分析与严格监控，以公司未来的获利性来评价公司的股票价格，并将未来价值折算成现在价值，严格谨慎地进行研究与取舍。

（2）股民供求的平衡体现在股票价格的波动上。即认为股价被高估的人与认为股价被低估的人正好相等。如果二者不持平，会立即买进或卖出达到平衡。

（3）股票价格可以反映出该资产的经营状况。当该资产放出利好消息时，股票价格会涨高，反之，则会下跌，当所有人都知道这个消息时，说明股票价格已经涨停或跌停了。

不过，“有效市场假说”只是一种理论假说，并非每个人总是理性和正确的，也并非所有信息都能起作用。

6.行为金融学——非理性交易教训

马尔基尔认为市场价格极不精确，价格过度反应是普遍存在的现象，而不是例外。而且，人们的行为与理性在一些方面存在着系统性偏差；投资者的非理性交易往往是相互关联的。行为金融学进一步断言可以量化这些非理性行为，或对这些非理性行为进行分类。大致说来，有四种因素使非理性行为得以存在，这些因素是过度自信、判断偏差、羊群效应、损失厌恶。

（1）过度自信。认知心理学研究者已经证实，人们在不确定的情形下作判断时会有一些方面与理性产生系统性偏离。这些偏差中最普遍的一种是人们往往对自己的能力过于自信，对未来的评估过于乐观。很多个人投资者错误地确信自己能够战胜市场，结果就是他们会过度投机、过度交易。

人们倾向于将好的结果归因于自己的能力，而辩解说不好的结果是由不寻常的外部事件造成的。两三次成功的趣闻逸事总是比一般的过去经历更能让我们心动。事后诸葛亮式的聪明会使人们的自信心更加膨胀，并让错觉潜滋暗长。

（2）判断偏差。每天都会遇到这样的投资者，他们确信有能力“控制”自己的投资结果。这一点在图表分析师（技术派）中尤为明显，他们深信通过查看过去的股价就能预测未来。

（3）羊群效应。研究表明，一般来说，群体做出的决策往往比个体更好。如果更多的信息可以分享，并且各种不同的观点都被考虑周到，那么群体进行的有根有据的讨论会优化决策过程。

群体中的个体有时会相互影响，从而更加相信某个不正确的观点是正确的，行为金融学告诉我们的最重要的教训之一便是，个人投资者千万要避免被群体行为冲昏头脑。

（4）损失厌恶。投资者有一个明显的处理股票的倾向，即卖掉赚钱的股票而抱牢赔钱的股票不卖。卖掉已经上涨的股票使投资者实现利润，也使他们建立自信。如果抛售赔钱的股票，他们会招致损失，产生懊悔的痛苦情绪。

趣味延展

身为学院派人士，马尔基尔非常讨厌那些以预测市场为生的技术分析专家，但是为了教授学生他不得不耐着性子批判性地研究技术理论。

马尔基尔在评价技术分析派时，语言极其辛辣：“股市历史表明，无论是基本分析还是技术分析，要准确无误地预测股市的动态变化是几乎不可能的。股市竞争是公众的博弈行动，挖空心思地猜测变化无常的公众反应是个非常危险的游戏。”

他还告诫迷信技术分析的投资者：“市场上总有那么多自称精通技术指标、掌握预测大势法宝的技术分析专家、专业股评家试图做股票市场的上帝，指导人们的买卖行为，喋喋不休地向社会公众发出买卖股票的建议或指令。但完全听从他们的人当中，又有几个自始至终地在赚钱？迄今为止的研究表明，尚没有一种技术方法能始终如一地经受住考验。”

马尔基尔在生活中也在不断地嘲弄那些所谓的技术专家。一次他突发奇想，让学生们绘制一张股票走势图，用掷硬币的方法来决定股票的收盘价：如果抛掷结果是正面朝上，就假定股票收盘价比前一日上涨0.5点；如果是反面朝上，则假定收盘价下降0.5点。马尔基尔后来就拿着这样一张投掷硬币得来的行情预测图给一位技术分析专家看，这位专家简直欣喜若狂：“这家公司是干什么的？我们必须立即买进，毫无疑问，这只股票下周将上升15点。”当马尔基尔告诉这位专家这张图是投掷硬币的结果时，专家既羞又怒，灰溜溜地走开了。

02 |《战胜华尔街》 彼得·林奇

史上最成功的基金经理的选股回忆录，股票投资选股教程与案例集锦

名著导读

彼得·林奇是美国，乃至全球，首屈一指的投资专家，他把投资变成了一种艺术，提升到一个新的境界。和大多数成熟市场的职业投资者一样，彼得·林奇奉行价值投资哲学，而《战胜华尔街》一书就是彼得·林奇投资哲学的具体体现，书中介绍了贯彻他哲学思维的具体实战方法。

彼得·林奇于1944年出生，15岁的时候开始接触投资，赚取了自己的学费，1968年毕业于宾夕法尼亚大学沃顿商学院，取得MBA学位。

1969年，彼得·林奇入职富达公司。1977—1990年间，他一直担任富达公司旗下麦哲伦基金的经理人。在这期间他做了巨大贡献——使麦哲伦基金的管理资产从1800万美元增至140亿美元，年平均复利报酬率更是高达29%。麦哲伦基金也由此成为世界上最成功的基金，投资绩效名列第一。

彼得·林奇于1990年功成身退，开始总结自己的投资经验，陆续写出《战胜华尔街》《彼得·林奇的成功投资》《学以致富》等几本书，轰动了华尔街。

《战胜华尔街》是彼得·林奇专门针对业余投资者写的一本股票投资策略实践书籍，彼得·林奇用自己的经验和经历告诉投资者如何选股、如何规避风险、如何获得超高收益，等等。

书中精选了涵盖周期性行业、服务业、零售业、金融业、房地产业、

萧条行业等21个选股经典案例。这些不仅展示出了彼得 · 林奇选股的具体操作，更是分行业选股的要点指南。

彼得 · 林奇在该书中总结出了25条投资黄金法则，这是彼得 · 林奇用自己的经验和教训总结出的投资秘诀，值得每一位投资者细细研读并从中找到心得体会。

理论精读

1.彼得 · 林奇个人投资经验——成功总有原因

《战胜华尔街》一书中，林奇回顾了1977—1990年自己管理麦哲伦基金的传奇历程的三个阶段：从0.18亿~1亿美元的初期、从1亿~10亿美元的中期以及从10亿~140亿美元的晚期，讲述了林奇连续13年战胜市场的三个主要原因。

（1）要比别人更勤奋、更能吃苦。毋庸置疑，选股是一件非常艰苦的工作，“寻找值得投资的好股票，就像在石头下面找金龟一样。翻开十块石头，可能只会找到一只，翻开二十块石头可能找到两只”。而林奇每年要翻开几千块石头，以便找到足够的金龟，满足麦哲伦基金庞大的胃口。

（2）要重视对上市公司的深入调研。林奇认为只有知己知彼，才能百战不殆。所以在掌管麦哲伦基金期间，他走访了大量上市公司，1980年214家，1982年330家，1983年489家，1984年411家，1985年463家，1986年高达570家。他认为只有经过深入调查研究，才能了解一家公司真实的经营状况，从而做出更好的投资选择。

（3）要灵活调整自己的投资策略。林奇告诉我们：“在选股上，灵活性是关键。因为股市上总是能找到一些价值被低估的公司股票。”仔细研究林奇的投资历程会发现，不管是小盘快速成长股、大盘蓝筹股，还是外国上市公司股票等，林奇都是根据市场情况及基金规模情况来灵活调整的。

2.25条投资黄金法则——散户炒股的金科玉律

林奇在书中提出了25条投资黄金法则，这些法则大多是价值投资中一些普遍适用的规则。这里面没有移动平均线和K线图，更没有分时图和短线盈亏指标，有的只是对公司基本面的研究，这是林奇一生投资智慧的浓缩。

（1）投资很有趣、很刺激，如果你根本不做任何研究的话，那也很危险。

（2）你的投资优势不是华尔街专家能给你的，而是你已经拥有的东西。如果你利用自己的优势投资于你所熟悉的公司或行业，那么你的表现可能会超过专家。

（3）在过去的30年里，股票市场已经被一群专业投资者所主导。与大家理解的不同，这反而使业余投资者更容易投资。你可以通过忽略这个群体来打败市场。

（4）每只股票背后都是一家公司，看看它在做什么。

（5）通常情况下，一家公司几个月甚至几年内的运营状况与其股价没有必然联系。从长远来看，公司的发展情况却与其股价呈完全的正相关性。这种差异是赚钱的关键，这就需要投资者耐心选好股票。

（6）你必须知道你拥有什么股票，以及你为什么拥有它。

（7）想着一旦赌赢就会大赚一把，于是大赌一把，结果往往会大输一把。

（8）持有股票就像有了孩子——不要卷入超出你能力范围的事情。业余投资者可能有时间研究8~12家公司，并在条件允许时买卖股票。但是无论什么时候都不要在你的证券组合里面持有5只以上的股票。

（9）如果你找不到任何你认为有吸引力的公司，那就把你的钱存入银行，直到你发现为止。

（10）永远不要在不了解公司财务状况的情况下投资一家公司。股市的最大跌幅来自资产负债状况不佳的公司。在你拿钱去冒险之前，一定要看看资产负债表，看看这家公司是否有足够的偿债能力。

（11）避免热门行业的热门股票。冷门的、增长停滞的行业往往出大牛股。

（12）对于小公司来说，你最好等它开始盈利再投资。

（13）如果你正在考虑投资一个陷入困境的行业，就去买该行业中有能力维持营运的一些公司，买进后耐心等待行业复苏的迹象。

（14）如果你将1000美元投资于股票，你最多只会损失1000美元，但如果你有耐心，你会随着时间的推移获得10000美元，甚至50000美元。普通人可以专注于几家好公司，而基金经理则被迫分散投资。拥有过多的股票，你就失去了集中的优势。只要找到几家大牛股，你的投资生涯就不算虚度。

（15）在每一个行业和每一个地区，观察力敏锐的业余投资者都能在专业人士之前很早就找到成长良好的公司。

（16）股市下跌就像科罗拉多州一月份的暴风雪一样司空见惯。如果你准备好了，它就不会伤害你。股市下跌是一个很好的机会，可以捡起那些在恐慌中逃离风暴的投资者留下的便宜货。

（17）每个人都有在股票上赚钱的头脑，但并不是每个人都有这样的胆魄。如果你容易在恐慌中抛售股票，你应该避开股票和共同基金。

（18）避免周末思考，忽略新闻播音员最新的可怕预言。抛售股票的前提一定是公司的基本面恶化，而不是天塌了。

（19）没有人能够预测利率的变化、经济的未来走向或者股票市场的走势。不要关注这样的预测，关注你所投资的公司的实际情况。

（20）如果你研究了10家公司，你会发现其中一家的情况要好于预期。如果你研究50家，你会发现5家的情况要好于预期。股市上总有令人惊奇的事情发生，华尔街经常忽视有良好业绩的公司。

（21）如果你没有研究过任何一家公司，如果你不看牌就下注，那么你买股票的成功率就会和玩扑克牌不看牌就能赢一样低。

（22）当你持有优秀公司的股票时，时间是站在你这边的，你可以耐心等待。即使你在头5年错过了沃尔玛，在接下来的5年里，它仍然是一支很棒的股票。但是如果你持有的是股票期权，时间就站在你的对立面。

（23）如果你对股票有兴趣，但是既没有时间也没有意愿去做功课，那就投资股票型基金。在这里，资产多样化是个好主意，每家基金经理拥有不同的投资风格：增长型、价值型、小盘股、大盘股等，你最好拥有几种不同类型的基金。资本利得税的存在对那些从一个共同基金过渡转向另一个共同基金的投资者不太友好。如果你投资了一只或几只表现不错的基金，就不要任性地抛弃它们。

（24）在世界主要市场中，美国市场的总回报率在过去10年中排名第八。你可以把部分资产投资于成绩良好的海外基金，以充分利用增长较快的经济体系。

（25）长远而言，精选股票组合的表现往往胜过债券或债券基金组合。但从长远来看，如果你选择了一只不好的股票投资组合，其表现不会超过床垫下的钱。

3.从0.18亿到140亿美元——林奇辉煌的基金之旅

林奇在掌管麦哲伦基金期间大获成功，从1977—1990年，我们可将其分为早、中、晚期三个阶段。

早期在麦哲伦转为封闭基金的四年里，由于没有新客户和高比例的赎回，所以林奇必须不断找新股换旧股，并且为了偿付投资者不断的投资赎回，他也不得不持续卖股变现，这期间林奇过得异常艰难。但是，恰恰是因为这个阶段，林奇保持了很高的换手率，他反而因此熟悉了大量的上市公司和股市资讯，为以后管理百亿基金做好了准备。他深谙“提早放弃好股票，正应了‘拔苗助长’的格言”之道，所以他着重盯住那些越来越有吸引力的公司。这对于国内一些基金经理及投资者来说，应该具有一定的启示。

中期来看，随着基金重新开放，公司未来走势变得更加看好，林奇成了更有耐心的投资者，基金的年换手率下降了2/3。我们认为国内基金可以参考麦哲伦中期的操作：首先，坚持独特的研究机制，摒弃基金经理选择分析师推荐的股票，把研究留给分析师的传统方式，转而由所有基金经理对自己的研究负责并对结果负责；其次，麦哲伦给了林奇在买卖股票中做决定的自由，没有人关注林奇的一举一动，没有每周排名干扰他，他可以将年度表现审查以外的其余时间都花在独立决策上。

在晚期，麦哲伦的规模一路飙升至数百亿美元。正是在这个时候，麦哲伦碰上了1987年的股市崩盘。股市崩盘导致麦哲伦基金的总资产从1987年8月的110亿美元降至10月的72亿美元，损失相当于哥斯达黎加1985年一年的国内生产总值。而此刻最大的问题是完全持仓的风险：当股市崩盘时，你必须应对恐慌性赎回，但你被迫在应该买入的时候卖出。从中，林奇总结了一个基本原则，那就是永远保持10%的现金。

林奇说："循环型股票的特点是，如果投资者在这场游戏中待的时间太长，最终就会被吃掉全部的利润……炒循环型股票的实质是玩预期游戏，这种做法使得人们在这些股票上赚钱越发困难。最大的危险就在于买得太早，然后又懒得去卖。"如果投资者能掌握《战胜华尔街》中的这个投资理论，那么在实战操作中也可以少交一点学费。

4.关注基本面——彼得 · 林奇的选股秘诀

林奇的选股技巧一直为人们所称道，事实上，其选股方法就是对各类信息进行收集、加工和处理。到这里我们应该已经对作者价值投资的总体思路恍然大悟了：对公司重要财务数据的深入分析、规避与不良公司的接触、对买入卖出规则的掌握，以及长期投资中对资金管理和资产组合等要素系统性的规划和均衡，才是价值投资者趋利避害，长期跑赢华尔街的制胜之本。

林奇会以每股净现金流量是否对股票价格有支撑作用，来考量公司财务实力的强弱。每股净现金流量＝（现金和现金等价物－长期负债）÷总股本。每股净现金流量反映了公司背后的资产，是公司资本运营中的重要组成部分。

内部人员是否买入这只股票是一个非常有用的信息，特别是对许多投资者而言。然而，内部人员可能出于多种原因购买这只股票。当他们认为这是一项有吸引力的投资时，他们通常会购买。

这家公司回购了它的股票吗？林奇对有望进入其他领域并回购自己股票的公司尤其乐观。当公司进入成熟期，资本流动超过需求时，公司将考虑回购市场股票。这种回购行为形成了股票价格的支撑点，而这种支撑点通常发生在公司经理感到股票市场价格较低时。

应从以下几个影响股票价格的因素来分析：

（1）寻找负债较低的公司，尤其是银行负债。

（2）内部人员是否买入股票是一个重要信号。

（3）关注收益增长率超过50%的公司。

（4）研究公司的盈利模式，特别是他们如何度过经济不景气时期。

（5）小公司值得更多关注，因为它们有更多的增长空间。

（6）寻找那些机构投资者持有率低、市场跟踪性差的股票。

（7）每股净现金流量与股价高度相关。

5.买进股票——寻找买点的技巧

林奇认为，找到一个好的公司，我们的投资战略还只成功了一半，只有当我们选到了一家好公司且以一个合理的价格买进公司股票，才能算是真正的成功。

我们注意到林奇在评定股票价值时，会非常关注公司盈利水平和资产两个方面：对盈利水平的评估集中于考察公司未来获取收益的能力，期望收益越高，公司价值越大，盈利能力的增强即意味着股票价格的上扬；对资产的评估则在一个公司资产重组的决策过程中有重要指导意义。

林奇认为应仔细分析市盈率。市场预期过于超前则会高估股价，而市盈率总能帮助你辨别股票真实价值。该指标将当前股价与新公布的每股收益进行比较，一般来说，高成长性股票的市盈率较高，而低成长性股票的市盈率较低。

我们应对市盈率与历史平均水平进行纵向比较。通过长期研究市盈率，我们应该对市盈率水平所体现的公司发展情况有一个基本的认识。这些知识可以帮助我们避免购入高估的股票，或者警告我们是时候卖掉它们了。假设一家公司在各方面都很好，但是如果价格太高，我们就应该避免购入。我们的下一步是研究当前市盈率低于过去5年平均水平的公司，这一原则相对严格，除了考虑公司当前的价值水平外，还需要5年的业绩正增长。

我们应对市盈率与行业平均水平进行横向比较。这种比较可以帮助我们认识到，与整个行业相比，该公司的股价是否被低估，或者至少可以帮助我们发现股票的定价是否不合理。造成这种差异的原因是公司本身增长缓慢或该公司的股票价值被低估了。林奇认为，理想的情况是能够发现被市场忽视的公司在一个垄断性强、进入壁垒高的行业中占据一定份额。然后，从这些筛选结果中，我们可以找到市盈率低于行业平均水平的公司。这是我们的最终目标。

趣味延展

你能想象吗？《战胜华尔街》中，出现频率最高的名字既非来自林奇的工作伙伴也非上市公司高层，而是“卡罗琳”——林奇的妻子。

1990年5月31日，在担任麦哲伦基金经理13周年之际，林奇正式提出退休请求。事后人们谈起他的早早退休，林奇的解释是，当时他困惑于一个哈姆雷特式的问题：“你是想当财富的奴隶，耗尽余生使之增值呢，还是让你积累的财富为你服务？”

在担任基金经理期间，林奇完全是一个工作狂，他每天全身心投入工作，工作时长达到了惊人的12个小时。他每天必须阅读几十厘米厚的文件，每年出差16万公里进行投资考察。此外，他还必须与500多家公司的经理交谈。其余的时间则会连续几小时地打电话，从各个方面了解公司的状况和投资领域的最新发展。王牌基金经理的工作使他忽视了家庭和个人生活。

事实上，在他退休之前，他只休过两个长假，其中一个假期是这样度过的：他带着妻子去日本，用5天时间考察当地公司，之后与妻子在中国玩了3天，然后去曼谷考察及观光，最后去英国，用3天时间做投资调查。

在离职演说中，林奇说：“这是我希望能够避免的结局……尽管我乐于从事这份工作，但是我同时也失去了待在家里看着孩子们成长的机会。孩子们长得真快，一周一个样。几乎每个周末都需要她们向我自我介绍，我才能认出她们来……我为孩子们做了成长记录本，结果积了一大堆有纪念意义的记录，却没时间剪贴。”

很多人遗憾林奇在事业的顶峰过早退休，但这也正是他的过人之处——林奇不是一个冷冰冰的只会和数字打交道的投资大师，他更懂得生活。

03 |《彼得·林奇的成功投资》 彼得·林奇/约翰·罗瑟查尔德

简单易学的股票投资策略，写给散户投资者的选股教科书

名著导读

《彼得·林奇的成功投资》是最受普通投资者欢迎与推崇的投资经典之一。这本书的内容对普通散户极具吸引力，例如书中指出，普通投资者只要动用3%的智力，即使没有富裕的金钱、良好的专业教育，也一样可以获得良好的投资回报，甚至超过华尔街的专家，并且普通投资者更有机会在生活中早于专业投资者发现会上涨10倍的大牛股。

这本书由以下三个部分构成：

第一部分，投资前的准备工作。主要讲述个人投资者如何评价自己作为选股者的能力，怎样估计竞争对手情况，如何比较股票与债券的风险大小，怎样估计自己的资金需求以及如何形成一个普遍适用的选股策略。

第二部分，选择发展前景良好的公司的股票。主要讲述如何找到最佳的赚钱机会，如何才能更加有效地发挥经纪人的作用，如何对年报进行分析，如何利用那些能带来最好收益的其他资源，以及如何对待那些经常在股票的技术分析中用到的各种数据。

第三部分，长期投资观点。主要讲述如何设计资产组合，如何跟踪分析你已经感兴趣的公司的情况，何时是减仓和补仓的最佳时机，期权和期货的不利之处。

《彼得·林奇的成功投资》自出版后的10年间，销量超过百万册，畅销

全球。

这本书系统讲述了一套简单易学的股票投资策略，利用自身优势，在工作时或消费时就能发现优秀的公司。

它将股票分为六大类型并逐一分析，总结出十倍股的十三个特点，提醒避开六种危险股。

它还提到了如何构建投资组合，应持有的合理股票数量，买入、卖出股票的最佳时机。

理论精读

1.必先利其器——投资前的准备工作

古语说：工欲善其事，必先利其器。林奇提醒投资者，要想获得股票投资的成功，投资者在入市前就一定要做好万全的准备，这样才能最大限度地规避风险。

做好心理准备是成功的必要保障，投资者在投资之前一定要明确以下问题：

（1）千万不要赌博，你可以用你所有的积蓄买一些看好的股票，在上涨时卖掉。如果股价没有上涨，就不要卖出。

（2）如果你经常不耐烦或鲁莽行事，那么建议你不要进入股市，因为投资股票不是赌博。

（3）当你购买股票时，你每时每刻都在与专家博弈。

（4）不要在不适当的时间购买定价错误的蓝筹股，因为它会让你损失惨重。

（5）只要60%的股票走势预测成功就可以创造令人羡慕的收益。随着时间的推移，如果投资方法正确，股市的风险就会降低。投资股票的最大好处是，当投资决策正确时，回报是惊人的。只要你拥有股票，新的机会就会不断出现。

（6）小投资者总是在不适当的时候更加悲观或乐观。如果他们计划在一个上涨的市场投资，以逃离一个下跌的市场，最终的结果往往会适得其反。

（7）当你的投资策略失败时，最重要的是尽可能减少你的损失。你必须对股票有信心，如果你没有信心，你就会失败。

（8）如果内部人员购买公司股票，说明该公司经营状况良好。

（9）当股票投资的风险很高时，人们通常更容易将其视为一种谨慎的投资。

如何避免因投资失败而陷入困境？投资者在投资之前最好先考虑以下三个问题：

（1）你的资金是否充裕？除了家庭需要的生活费、孩子学费、房贷等费用，是否还有额外的钱用来投资股票？如果有，可以拿来投资股票，反之，最好避免投资股票。

（2）你擅长炒股吗？这是最重要的问题。炒股需要头脑灵活、坚定、耐心、独立、坦率和积极承认错误的精神。

（3）买房子了吗？买房可能是最容易做好的投资，它也是赚钱的好方法。因为人们在买房时通常会花费大量的精力和时间来确保他们买的是好东西。房屋在某些方面与股票相似，比如长期持有的房屋会增值。

不要低估这一点。你必须知道，投资失败往往是因为无法克服人性的弱点。例如，大多数投资者往往会在股价上涨后自满地买入股票，在股价下跌后又会在恐慌中放弃股票。而反向投资者则会等到形势降温后，再购买其他人不关注的股票。投资的诀窍不是学会信任别人，而是克制自己不去注意别人在说什么。只要公司的经营状况没有根本性变化，你就必须始终持有手中的股票。

林奇还给了投资者最后的忠告：

（1）投资是投资于公司，而不是市场。

（2）你应该努力挑选一只好股票，而不必担心整个市场的情况，因为市场本身会运行得很好。

（3）预测市场的短期趋势是毫无意义的。找到赚钱的大公司会使你即使在非常糟糕的市场上也能赚到钱。股票的长期回报是可以预测的，并且高于长期债券的回报。在股票市场上，选择一只股票就足够了。

（4）事后准备只能避免已经发生的情况再次发生，但下一次情况与上次完全相同的概率几乎为零。所以你不可能为下一种情况做任何准备。

（5）购买的唯一信号是找到一家你喜欢的公司。在这种情况下，买入股票的时机永远不会太早或太迟。

2.做好财务分析——最大程度扩大赢面

林奇认为，投资者在做股票投资时应该从公司的基本素质、财务报表等多方面、多角度去了解公司，以动态的眼光去衡量公司股票定价的合理性，从而做出适当的投资决策。

那么在对目标公司进行财务分析时，投资者应该关注哪些方面呢？

（1）某产品在总销售额中占的比例——当我们由于一种特殊的产品对一家公司产生兴趣时，首先要弄清楚，这种产品对这家公司的重要性究竟有多大？这种产品的销售额占公司总销售额的百分比是多少？

（2）市盈率——一个精炼有效的投资原则：任何一家公司股票如果定价合理的话，市盈率就会与收益增长率相等。如果公司股票市盈率低于收益增长率，那么你就可能为自己找到了一只被低估的好股票。

（3）现金头寸——现金数额本身并不表明股票价值有任何差异。在大多数情况下，基于流通股本总额的每股现金数额太小，不值得考虑。

（4）负债因素——公司有多少负债，负债与股东权益之比是多少？事实上，林奇非常重视公司是否有足够的现金流，在他看来，用流动资产中的现金账项去除以公司总股本所得到的每股净现金流量，非常重要。

（5）股息——不管在什么样的经济危机中，长期派息又不断增加股息的蓝筹股都是受欢迎的。对于想在工资之外定期得到一笔额外收入的投资者来说，派发股息的股票当然比不派发股息的股票更有吸引力，一家有着两三年定期提高股息记录的公司是你的最佳投资选择。投资者青睐派发股息的股票的另一个理由是：派发股息的股票更具有抗跌性，不派发股息会导致股价更大幅度地下跌。除此之外，一些小公司由于不派发股息可能会增长更快，他们把本来应该用来派发股息的资金用来进一步扩张新业务。

（6）账面价值——搞清楚公司的账面价值是否被高估。比如纺织厂积压的布料尽管账面价值是4美元，但实际上没人买，这对公司的增长是完全没有好处的。公司的财务报告上的账面价值往往与公司的实际价值没有什么关系，账面价值经常严重高估或者低估公司的真实价值。当你为了账面价值而购买一只股票时，你必须仔细考虑一下那些资产的真实价值是多少。

（7）隐蔽资产——林奇认为一些公司的账面价值也会经常低于公司资产的真实价值，而在这种公司的股票之中你可能会找到隐蔽资产型的大牛股。例如：公司拥有的自然资源，如土地、木材、石油或者贵金属的入账价值往往只有其真实价值的一小部分而已，再比如公司的商誉价值、特许经营权、产品专利，这些都是公司资产的组成部分，但也常常会被忽略或低估。在一家大型母公司全部或者部分控股的子公司里面也会隐藏着被严重低估的隐蔽资产。一家公司拥有的另外一家独立公司的股份可能也是一项隐蔽资产。

3.彼得·林奇选股方法——分门别类制订操作策略

在《彼得·林奇的成功投资》一书中，作者不着痕迹地从案例过渡到价值投资的主题探讨之中，详尽而系统化地介绍了他选股的程序，以及不同类型公司的选股操作要点。

林奇在分析股票时，总是首先确定这家公司股票所属的不同类型，然后相应确定不同的投资预期目标，再进一步分析这家公司的具体情况，分别采取不同的投资策略。因此，林奇认为："将股票分类是进行股票投资分析的第一步。"

林奇分析公司业务的方法主要是根据公司销售或产量的增长率将其股票划分为六种类型：缓慢增长型、稳定增长型、隐蔽资产型、快速增长型、困境反转型、周期型。

（1）缓慢增长型公司：一般来说，这些公司都是规模巨大的公司，很难关闭。林奇会在这类公司的股票上涨30%到50%后卖掉它，然后购买那些没有上涨的类似公司的股票。始终保留一部分此类股票，以防资产组合的价值在经济衰退期间下跌过多，因为此类公司的股价相对稳定。

（2）稳定增长型公司：这些公司通常定期支付较高的股息。如果你购买这样的股票主要是为了分红，你应该考虑公司是否一直在增加股利，而不是考虑公司是好是坏，经济是否衰退。

（3）隐蔽资产型公司：不仅是账面上的资产，如土地、现金、矿产、某些开发权等，还有一些无形资产，如用户数量等难以用数字准确估计的资产。如果你想要购买这类公司的股票，你应该了解该公司的资产是什么，它值多少钱。

（4）快速增长型公司：通常为规模较小、充满活力且相对较新的公司。应选择资产负债表良好、利润丰厚的公司，要弄清楚该公司的成长期何时结束以及资本构成。

（5）困境反转型公司：遭受重创和衰退的公司。一旦这种类型的公司成功转型，它将赚很多钱。就像国内ST股票一样，重组也是一个永恒的话题。当投资于这样的公司时，人们应该考虑公司的补救计划是否奏效，资产和回报是否增加。

（6）周期型公司：如航空、钢铁、汽车、化工等行业。了解其所处的循环是关键。如果你想购买这类公司的股票，你应该考虑当前的行业状况是否有所改善，以及该公司最近的情况是否改善。

林奇提醒投资者，一家公司的增长率不可能永远保持不变，公司也并不总是属于某一类型。在公司发展的不同时期和不同阶段，公司的增长率不断变化，公司往往会从原来的类型转变为另一类型。

请记住林奇的忠告，“绝对不可能找到一个各种类型的股票普遍适用的公式”“不管股市某一天下跌50点还是108点，最终优秀公司的股票将上涨，而一般公司的股票将下跌，投资于这两种不同类型公司的投资者也将得到各自不同的投资回报”。

4.寻找十倍股——彼得·林奇选择投资目标的标准

林奇在书中提出了一个诱人的目标——寻找十倍股。他凭自己几十年的从业经历告诉你："寻找十倍股的最佳地方就是在自己住处的附近，不是在院子里就是在大型购物中心，特别是你曾工作过的每一个地方。普通人一年中可能会碰到两三次赚到钱（额外收入）的机会，有时可能还会更多。"

一般来说，十倍股公司有以下十三个特点：

（1）人们不断购买其产品（药品、饮料等）。

（2）业务属于"乏味型"。

（3）在回购自己的股票。

（4）业务属于"令人厌烦型"。

（5）名字听起来很傻很可笑。

（6）通过抽资摆脱做法独立出来。

（7）处于增长率为零的行业（缺乏竞争，容易做大）。

（8）机构投资者不会购买其股票，分析家也不会关注其股票的走势。

（9）职员购买本公司的股票（代表对公司的发展有信心）。

（10）经营的业务让人感到郁闷。

（11）受到一定"保护"（比如专利、地区优势、贸易壁垒，等等）。

（12）公司被谣言包围。

（13）运用高技术生产产品（生产中更可以节省成本）。

此外，林奇还给出了他避而不买的六种股票公司类型：

（1）被私底下议论的公司（前景不确定是明显的，风险很大）。

（2）其产品供应的公司单一或较少（公司在再定价方面没有发言权，易受到其他公司影响）。

（3）处于高增长和热门行业、无法受到保护的公司（热门股涨得快，跌得也快）。

（4）名字花哨的公司（在进入市场的初期，就会有大批投资者被公司名字吸引，有一定的"泡沫"风险）。

（5）被吹捧为“××公司第二”的公司。

（6）试图多样化经营但失败的公司。

5.确定投资组合与买卖时机——彼得·林奇的投资观点

林奇认为，每个人都应该根据自己的情况设计自己的投资组合，而且还要随年龄和经济的不同而变化。

对投资者来说，找到一个固定的模式并不是投资的关键。投资的关键是根据实际情况分析某一股票的优势，并尽可能多地持有这类公司的股票——对公司有足够的了解且公司发展前景好。

与巴菲特的投资哲学不同，林奇认为投资一只股票是不安全的。扣除成本和佣金后，投资股票一般会获得12%~15%的回报。一般来说，一个小的投资组合应该包含3~10只股票是最合适的。在此范围内，你拥有的股票越多，资产组合调整的灵活性就越大，十倍股出现的可能性就越大。一般来说，林奇30%~40%的基金资产为稳定增长型公司，10%~20%为缓慢增长型公司，10%~20%为周期型公司，其余为困境反转型公司。总而言之，投资多元化是将投资风险降至最低的一种方式。

除了分析投资组合外，林奇还详细阐述了自己在股票买卖方面的心得。

林奇认为，买入估值过高的股票是不幸的，因此投资者应该具备买卖技巧。

如果你找到了一只价格合适的股票，那你就赶紧买，因为这是最佳时机。林奇认为正确的买入时机有两个：年底和市场崩盘、回落、微跌、直线下跌时期。前者是由于年底有低税拍卖以及机构会在年底重新调整其投资组合；后者的关键是能够承受心理压力，如果你能做到这一点，你将能够把握住不寻常的购买机会。

谈到抛售时机，林奇坚决反对设立止损点。他认为，一旦你因为股价下跌10%而卖出它，那就真的是一种损失，卖出后你会看到反弹。这与另一位投资大师威廉·江恩形成了鲜明对比，江恩认为许多人无法从股市中赚钱的主要原因之一是他们没有即时止损，这可能导致持续下跌后的巨额亏损。在林奇看来，如果你确切地知道你为什么要买某只股票，你就确切地知道什么时候该卖它。他说："这些天，当我对股市的一些现象感到困惑时，我会回想当初为什么要买这只股票。"

6.对投资的误解——清除错误认知

林奇认为有十二种对股价的认识是非常危险的，带着这些错误的观点去操作股票，只会增加投资的风险。

（1）股价上涨了，所以我一定是对的；股价下跌了，所以我一定是错了。

（2）买低价股票会有什么损失？

（3）黎明前总是最黑暗的时刻（但有时在黑暗之后，会有更黑暗的时刻）。

（4）我损失了这么多钱，再也不买股票了。

（5）股价势头很明显，不会再有任何变动了（事情发生可能需要一点时间，当你放弃的时候，一些重大的事情就会发生）。

（6）股价反弹时就卖掉它。

（7）股价已经跌了这么多，就不会再跌下去了。

（8）股价如此之高，它们怎么可能进一步上涨呢？

（9）我总能知道股市何时触底。

（10）我在担心什么？保守的股票波动不大。

（11）最终股价会回升。

（12）我已经错过了一只好股票，我必须赶上下一只。

趣味延展

你是否听过林奇有趣的"鸡尾酒会"理论？林奇担任麦哲伦公司总经理后，经常在家里举办鸡尾酒会，他也因此总结出了一个奇妙的股市周期理论。

在第一个阶段，市场经过一段时间下跌之后，人们都不再谈论股市了。鸡尾酒会上，人们通常只是与林奇碰杯致意，然后就礼貌地走开了。即使不走，他们也会很快把话题转到天气情况上，随后他们就会同旁边的一位牙医谈起有关治疗龋齿的问题。当十个人宁愿与牙医谈论有关治疗龋齿的问题，也不愿意与一位基金经理谈论股市的时候，在林奇看来，股市极有可能出现转机了。

在第二个阶段，当股市已经开始触底反弹，但是很少有人会留意这一点。鸡尾酒会上的客人只会在去和牙医谈话之前，在林奇的身边多聊几句，目的是和他谈论一下股市的投资风险，这时人们谈得更多的依然是治疗龋齿而不是股市。

在第三个阶段，股市已经有了一个较大幅度的上涨。酒会上一大群人整晚都围在林奇身边，客人们开始询问该买哪只股票，甚至牙医也开始对这个话题感兴趣。酒会上的每个人都把钱投在了某一只股票上，并且他们都在谈论股市的走势。

在第四个阶段，林奇一下子成了酒会上的“明星”，但这一次是他们主动向林奇推荐股票，牙医也在预测哪只股票会涨。当客人们都大谈特谈股票投资时，林奇认为征兆已经很明确——股市已经达到高点并且到了该下跌的时候了。

04 |《学以致富》 彼得 · 林奇

讲述商业活动及股票市场运作的基本原则，写给初学者的投资指南

名著导读

彼得 · 林奇，被誉为有史以来最伟大的基金经理人，美国证券业的超级巨星。他的《学以致富》是一本专为普通投资者所写的投资指南。

彼得 · 林奇属于典型的现代派投资家。现代派投资家是不管什么种类的证券，实值股也好，成长股也好，绩优股也好，只要是有利可图就买，一旦证券价格超过其价值就卖。彼得 · 林奇常说："要投资于企业，而不要投机于股市。"在他看来，任何一个产业或板块，哪怕是所谓的"夕阳产业"，都可以从中找出潜在的投资目标，甚至认为"女士的丝袜好过通信卫星，汽车旅馆好过光纤光学"，只要公司潜质好，股票价格合理，就可以买。1982年大举建仓艾科卡领导下的克莱斯勒汽车公司的股票，20世纪80年代末重仓持有储贷行业股票，都是非常成功的例子。

在《学以致富》一书中，彼得 · 林奇将资本主义在美国的发展、股市的风云变幻、投资的概况、选股的实务等投资的基础知识向读者娓娓道来。股市新手更应阅读本书，因为它介绍了资本主义、公司制、股票、基金和其他投资品种的基础知识，而且绝对不像教科书那么枯燥。它重点宣扬的是从生活中发掘优质公司以及长期持股的理念。在中国资本市场对世界开放的今天，他的这些理念越来越适合中国的股票市场。

如果要给自己的孙子送生日礼物，《学以致富》是最好不过的了。

——沃伦·巴菲特

如果让我选择谁是最完美无缺的，整体来看，我只会选彼得·林奇。他的人品可称第一。他就像希腊神话中的大力神，在华尔街是个“神”级人物。还有一点让我钦佩的是，他知道什么时候退出，回归家庭。

——罗伊·纽伯格

理论精读

1.波段操作——不要掉入短线进出的陷阱

林奇在书中说过这样一句话：“任何做波段操作的人都喜欢做市场预测，而且往往希望在短期内获得最大收益。”确实，有些人从中赚到钱，但不可能会一直如此。如果有人能提出一个完美的市场预测，那他将会成为载入史册的世界三大富豪之一，富比沃伦·巴菲特和比尔·盖茨。

喜欢做波段操作的人经常会卖低买高，当他们发现这种情况发生在自己身上时，他们通常只会怨天尤人或者觉得运气不好。事实上，这种情况发生的原因是他们试图挑战不可能，因为没有人比市场更聪明，可以打败市场。人们还认为在股市崩盘和逆转时投资股票是非常危险的，因此他们在这个时候卖出了持有的股票，但更大的损失是，当股市复苏时，他们在股票上根本没有半点投资。

其实投资者之所以会掉入短线进出的陷阱，最主要的原因是投资者去做“波段操作”，一些投资者可能会否认自己是在做波段操作。但事实上，林奇指出，任何受市场高低而非公司基本面变化驱动去进行股票交易的人，基本上都是波段操作者。喜欢做波段操作的人的另一个共同特征是，他们喜欢做市场预测，往往希望在短期内获得最大回报。确实有人因此赚到过钱，但林奇说过，这绝对不是永远可以遵循的法则。

大多数普通投资者绝不可能知道市场在短短几天内会发生多大的变化，也不知道这会对自己的投资回报产生多大的影响。所以要想从股票市场中获利，尤其是如果你还年轻，还有时间的话，最好把你所有的闲钱都投资在股票上。你可能会赔钱，但如果你不卖掉它，你就永远不会真的赔钱。

在这一点上，我们有两个要点：第一是投资股票，第二是长期投资绩优的个股。从长远来看，投资小公司比投资大公司更有利可图，小型股通常比大股票波动性大得多。

2.慎选持股——不要盲目进入股票市场

林奇认为，如果想在股市中获利，投资者只需要在十年内选择几只涨跌幅度大、交易活跃的股票。如果你手中有多只股票，只要其中有两三只是涨幅较大的股票，其余都是跌股，也能弥补损失，不担心资金耗尽。一旦你熟悉了如何跟踪一家公司的发展，你就可以在成功的公司购买更多的股票，并减少购买不良股票的机会。对于普通人来说，购买上涨了三倍的股票这种概率不大，但一生中只要有几次就可以为你带来不菲的收入。

生活中的许多人在对股票研究一窍不通的情况下，已经在股票上损失了一大笔钱。听起来是不是不可思议？然而这却是事实。例如，一些投资者会在还没有弄清楚投资的基本概念和最常用的股票交易术语时，只听别人讨论就盲目跟风投资股票，这种事太多了，也十分危险。

这就引出了股票选择的方法问题。对投资者来说，未经仔细选择就购买股票是非常危险的。这种行为将大大降低你获利的可能性。因此，在决定投资之前，你应该努力学习投资方法，更多地了解股市和上市公司，永远不要拿自己的钱开玩笑。

3.投资成功的公司——为自己选个长牛股

林奇强调投资者应该选择投资成功的公司，一般来说，长期表现较好的股票表明该公司长期经营良好，所以，投资成功的关键就是寻找成功的公司。投资者应该多花一点时间研究个别公司，而不只是追踪股价，当你决定买进一只股票时，你应尽可能知道你所选股票的公司的相关资讯。

事实证明，如果投资者没有在合适的时间购买一只绩优股，并不会亏钱。但是，如果买了一只错误的股票，且又在它下跌的时候低价卖出去了，那才是真正的损失。

那么，投资者在选股时应注意哪些问题呢？

（1）不要迷信专家的意见。并不是说专家的意见不值得听取，只是你有没有想过会有这种情况呢？某个专家认为某只个股适合现在买入，但是当这个专家改变想法时，你却无法知道，除非他又回到节目说明而你刚好也在收看，否则，你可能一直抱股不放，完全不知那个专家早已不看好你所持的那只股票，这将间接造成持股风险。

（2）自己研究股票是最好的方法。这样你就不会盲从，有自己的判断。最重要的是，你可以自己选股及决定买点。研究股票表现，需要两种资讯：一种是目睹的，另一种就是数字。学会以投资者的眼光看世界，就会发现到处都是潜在的投资机会。数字资料包括现金情况、负债、业绩成长率、以往获利情况及未来获利能力等。另外，也需要评估公司的股价是否合理、股利分配情况及公司盈余、营收情况等。这些重要数字都是选股者不可忽略的。

（3）不要惧怕投资风险。投资不是一门单纯的科学，所以无论你研究得多深入，或多了解该公司过去的表现，都无法准确论断其未来的表现，未来的事都只能凭空预测。投资者所能做的只是挑个较便宜的股票，然后密切注意该公司相关的任何消息，再运用你的知识把风险降到最低。

（4）不要让自己被信息狂轰滥炸。我们身在这媒体爆炸的时代，每个人只要有十五分钟媒体曝光时间，就可成为知名之士。股市消息可能会让你的情绪每天有360度的大震荡，它让你精疲力竭，却又不见得对投资有好处。事实上，如果你是位长线投资者，根本不必担心股票今天、明天或下个月的涨与跌。

4.股价不代表投资价值——不要被股价涨跌迷惑

林奇认为，以股票价格来判断公司股票是否值得投资，是投资者最错误的做法，因为这会让投资者在股市持续下跌或股价盘整时，对公司丧失信心，而往往他们会在股价跌到最低时，卖出手中持股；同时，只以价格做买卖股票的判断，也会让投资者错失最好的买点，因为这意味着，即使是一个本质好的公司，在其股价回档过程中，这类型投资者也不敢贸然买进。

我们都知道，股票价格与公司的盈利能力密切相关，因为股票价格本身有一个涨跌循环，专门研究股票报价系统的投资者会习惯性地观察股票价格的涨跌。他们研究交易模式，绘制股票价格的波动曲线，尝试了解何时买卖某些公司的股票最为恰当。事实上，他们不需要花费太多的时间和精力，只要了解公司的基本面和利润前景就够了。如果收益继续增长，股票价格注定会继续上涨。它可能不会立即上升，但毕竟是一种上升趋势，这是大家能清晰看见的。而如果收益下降，股票价格就会下跌，这是不可避免的，收益的下降会降低公司的投资价值。

在选择股票时，未来几年盈利是否会继续增长是一个重要的参考指标。股票价格本身并不能清楚地表明你的投资是否正确，如果你想了解哪只股票更值得入手，那么市盈率是一个值得深入了解的复杂课题。

有一个事实是，对于股东来说，公司赚钱，自己不一定就能获益。因为公司大多会用以下方式来处理这些钱：

（1）把钱转入再投资。从长远来看，这对所有股东都绝对有利。

（2）该公司还可能在公司装修、增加高管薪酬或高价并购等方面浪费资金。这些不必要的费用将损害原有的正确投资。

（3）该公司也可以用这笔钱在市场上回购自己的股票。如果公司在股价低的时候购买自己的股票，对投资者来说就更好了。

（4）公司还可以将赚来的钱作为股息分配给投资者。股息是股东最大的一项收益。

公司的基本状况可以揭示公司的未来价值，这一点不容易看清楚。但只要你对公司很了解，而且非常看好公司的投资前景，你的投资就不会白费。

趣味延展

林奇对股市的迷恋几乎到了狂热的程度。他和妻子卡罗琳第一次约会时，他们没有说一句甜言蜜语，自始至终都在谈论股票和股市。即使在他的梦里也充满了令人眼花缭乱的股票，而不是他的妻子卡罗琳。

在吃饭、睡觉甚至逛街时，林奇也不会忘记探索投资机会。林奇不会在商场里瞎逛，他认为购物中心是研究上市公司基本情况的绝佳场所。他会一家店接着一家店去参观和研究。有时候在购物中心逛一天了解的上市公司的情况比参加一个月的投资研讨会的收获还要多。

1990年，林奇从公司离职，回归家庭，但他并没有告别投资领域。他先后呕心沥血创作了《彼得·林奇的成功投资》《学以致富》和《战胜华尔街》这三本书，作者将自己的投资经历和经验传授给广大业余投资爱好者，他建议："拥有小额资本的投资者可以使用'5股原则'，也就是说，将他们的投资组合限制在5只股票上。只要你的投资组合中有一只股票上涨10倍，即使其他4只股票没有上涨，你的投资组合整体也是上涨的。"

05 |《金融炼金术》 乔治·索罗斯

一部令全球投资者醍醐灌顶的伟大著作，原来金融亦哲学

名著导读

《金融炼金术》是乔治·索罗斯的投资日记，也是一本具有永恒价值的投资指南，阅读本书你将欣赏到乔治·索罗斯如何分析个股，如何把握市场转变的时机，如何面对不利的市场行情并及时调整对策，从而在风云变幻的金融市场中立于不败之地。

乔治·索罗斯是一位具有高知名度的富有传奇色彩的金融投资大师。他与“商品大王”吉姆·罗杰斯合伙成立了“量子基金”，曾获利20多亿美元，被称为“打垮英格兰银行的人”，1992年乔治·索罗斯个人收入达6.5亿美元，在华尔街收入排行榜名列榜首。时至今日，乔治·索罗斯仍一如既往地在纽约中央公园旁的办公室里评判市场，不断发表令市场为之震颤的独家观点。

本书战略构思宏大，分析深刻透彻，相信读者在阅读后一定会有所收获。

需要提醒读者的是，阅读本书不宜抱有太过功利的想法，不然你会很容易失望或者被误导。乔治·索罗斯自己在本书导论中也强调“本书并非股市致富实用指南”，其讨论目的指向对一般性历史过程的理解。

一部伟大的著作，你可以从中了解当代最成功的投资家是如何进行投资决策的。精彩绝伦！

——《华尔街日报》

令人激动不已，索罗斯是大师级的大师……披露了近年来金融市场的游戏规则……只有索罗斯才能对如此复杂的事态做出透彻的分析。

——《时尚先生》

一部讲义形式的投资读物……应该逐句、逐段、逐页地细读，反复咀嚼其中的每一个概念……索罗斯是有史以来最出色的职业投资家……很可能还是当代最杰出的市场分析家。

——B.M.比格

理论精读

1.反身性理论——从市场的情绪波动中获利

反身性理论是索罗斯在《金融炼金术》一书中首先提出来的，索罗斯吸收了物理学家沃纳·海森堡的“不确定性原理”、哲学家卡尔·波普尔的“试错法”和经济学家罗伯特·卢卡斯的“合理预期”理论的内容，并且对其加以糅合，从而形成独树一帜的证券市场理论。应用反身性理论，从市场的情绪波动中获利，这是投资大鳄索罗斯投资的成功之谈。

索罗斯认为，自然科学和社会科学的研究对象本质上是完全不同的。自然现象和科学家的陈述完全不同，自然现象可以作为独立的客观标准，科学以此来判断其陈述的真实性或有效性，但在社会科学中，没有这样的客观标准。因此索罗斯提出了自己的反射性理论：由于不完全理解的问题，事件的参与者会存在自身的固有偏见，在固有偏见影响下做出的决策进一步影响到事件的进程。事件的参与者将与事件本身形成反身性关系，二者互相影响，互为反馈，因而不会有平衡的结果，只有一个永无止境的变化过程。

从上面的表述中我们可以知道，所谓“反身性”是指我们不完全的认识是影响事件的一个因素，而被扭曲认识影响的事件又反过来影响着我们的认识。如果用反身性的语言描述股票市场的行为，那就是价格变化的本身也会影响人们的预期。

我们不妨解释得再简单一点，在金融市场中，市场的变化导致市价的变化，这是一个核心观点。当股价上涨，投资者们感到自己富裕了，于是会花更多的钱，结果公司的销售额和利润都上升了。而这时候，股评家们，或是分析家们，会指出这些“经改善的基本面”，鼓励投资者们买入。这会让股价进一步上涨，让投资者感到自己更富有，于是他们的支出又会增加。这个过程会持续进行下去。

这一过程被索罗斯称为“反身性过程”——一个反馈循环：股价的变化导致公司基本面发生变化，进而推动股价的进一步变化。相反，推动股价下跌的过程是相同的。

那么，反身性理论与基本面分析有什么关系呢？

（1）股票价格一定会对基本因素产生影响，但多数情况是间接的。

（2）参与者对基本因素的认知必然存在某种缺陷，起初也许不明显，但以后会表现出来。

（3）任何情况下，反身性理论都不能取代基本分析，它的作用仅仅是提供基本分析中欠缺的部分。基本分析试图确立潜在价值如何反映在股价中，反身性理论则表明股价是如何影响潜在价值的。

反身性理论能够发掘过度反应的市场，跟踪市场在形成趋势后，由自我加强推进最后走向衰败的过程，而其转折点恰恰是可以获得最大利益的投资良机。

索罗斯的反身性理论一方面指出了市场本质上不均衡、不稳定，有别于传统经济学，指出它与传统经济学关于市场的区别是事实与幻想的区别，并根据趋利避害原理在现实加以运用；另一方面，在理论上解释了价格趋势运动的原因和过程，从而阐述出了市场真正底和顶的意义。

2.盛衰循环——股市周期荣枯现象

索罗斯认为，市场中存有泡沫，而泡沫的本质就是一种先自我增长，然后又自我毁灭的循环，即盛衰循环。那么这个循环是如何形成的呢？

循环中的人往往认为自己是基于某一客观事实而趋利避害，但事实上，正是自己选择的结果才构成了这种“客观事实”，也就是说，参与者的主观判断和选择依次确认、突出，强化了所谓的“客观”事实。在这些条件下，事态加速发展到“偏离平衡”和不可持续的地步，并最终迅速崩溃。

读者或许会觉得索罗斯在《金融炼金术》中的表述晦涩难解，那么在这里我们不妨把盛衰循环理论用更浅显的文字来表述：

索罗斯认为市场不确定因素越多，盲目跟风的人就越多，盲目投机行为影响就越大，偏离真相就会越来越远，这种影响也成了影响市场走势的原因之一，而由此带来的过度反应的市场最终就会导致盛衰现象的产生。

如果索罗斯的盛衰循环理论仅仅停留在哲学想象的层次上，是不会引起世人关注的。正是由于他把难以具体化的抽象思想，成功地运用于金融市场的操作中，才使自己成为世人所公认的特立独行的投资大师。

20世纪90年代美国资本市场上开始盛行并购游戏。那时候，有些公司据信具有较好的成长性，所以资本市场乐于给予较高估值；而另一些公司虽然每年挣钱不少但是被认为成长性欠佳，所以市场上股权交易价格的市盈率比较低。于是，有些成长性公司用定向发行新股的方式收购市盈率较低的公司，由于两家公司估值比例的差异，并购者用较少的股权获得了较多的每股收益，合并报表之后新公司的每股收益相对于此前出现了增长。而这种数值的增长反过来证实了市场对公司成长性的预期，从而使得它的高估值看起来的确有道理。索罗斯很快察觉到了这里的泡沫特征，所以先是搭乘顺风车，做多那些并购股票，然后在这类游戏难以为继的时候反手做空。在并购泡沫的自我增长和破灭过程中，索罗斯利用他的盛衰循环理论挣到了钱。

3.信贷周期——衡量货币信用张缩速度

在《金融炼金术》一书中，索罗斯对信贷周期非常推崇，在其看来，信贷周期是分析经济及金融，特别是找到其漏洞并发起金融狙击的关键点。索罗斯说：“我将由易到难、由浅及深，逐渐讲解较复杂的事例来讨论实际含义，这个步骤与我认识反身性过程的历史顺序大同小异，都是先研究股票市场，再研究货币市场和国际债务问题，最后是所谓的信贷周期。”

应当说，索罗斯敏锐地意识到了经典货币理论存在的问题，意识到信贷周期的重要性。但正如他在《金融炼金术》中说的，他还没有形成成熟的想法，以至于《金融炼金术》的理论内容流于重复和啰唆。作者自己显然也意识到这点：“我可以向读者保证，本书的其余部分再也没有比导言更纷繁的内容了。”

索罗斯对信贷周期的认识可以用精练的文字表述如下：

从信贷扩张过程来看，人们先通过信贷或其他方式获得货币收入，然后购买生活必需品。购买完成后，人们获得自己的货币收入，并用收入对冲贷款、抵消债务，同时进行下一轮信贷扩张，从而周期性地使资本扩张和生产扩张同时进行。在每一轮套期保值和还款中，相应的债务被抵消，但该轮的收入和产品购买没有被抵消。因此，如果只计算最终的新贷款余额，中间收入和产品购买将被忽略。事实上，这是一个资本流动的过程，所以资本流动必须是累积的。

央行货币扩张是否过量，其判断指标有两个：一个是货币总量，它体现了失业货币因素；另一个是基础货币总量中非央行信贷独立货币的比例。它们都同样因为存款利率低于贷款利率，且不需要抵押，所以使得货币更容易低成本迅速扩张。

这样，如果发现某个时候货币总量过大，其真正的经济含义应是下面四条中的几条：①在经济运行中的经济主体自有货币不足，使得信贷扩大；②新注入市场的独立货币过多，使得利率降低；③经济运行之外的失业货币过多，为弥补信贷危机，使得货币总量扩大；④当前经济体的投资或者消费总量过大。

4.索罗斯投资理论的基石——市场总是错误的

索罗斯提出了关于市场的一个观点：市场总是错误的，市场的估值总是失真的，市场的价格并不是潜在价值的被动反应。

在分析索罗斯的市场错误论之前，我们需要了解一下与之相悖的均衡理论。均衡理论就是唯市场论，认为市场永远没有错误。索罗斯认为，这个命题可以分解为下面两个命题：

（1）市场总是趋于某种趋势。

（2）市场能够对它预期的事物产生影响。

这两个命题告诉我们，市场总是正确的。基于这一观点的分析理论，如随机漫步理论，认为股票在市场上的价格已经反映了其基本价值，其价值虽然不会变动，但人们无法预知股市走向，无法预知股价的升跌方向，人们不能超越市场。

但是，索罗斯却认为凡是不能证明真假的都是没用的。从某种意义上说，市场的有效性正是因为它与基本面存在一定偏差。金融市场能够有效地配置资金，因为金融市场不能充分反映实体经济。我们很难想象，如果一只股票的价格能够根据公司的基本情况准确地计算和确定，并且在一段时间内保持不变，那么在这样一个股票市场上是否会有资金进行投资？同样，我们无法想象一个没有投机者的市场。如果没有投机者来吸收市场风险和提供市场流动性，整个市场是否会变成一个停滞池？

投资者必须认识到索罗斯所谓的“市场总是错误的”，并不意味着市场与其基本面完全分离，而是市场与基本面之间总是存在偏差。这种偏差应该是市场运作的成本。就好像所有的手表在走了很长一段时间后都会有偏差，这是由手表本身的运动引起的，这是手表运动的成本。只要市场在运行，就需要为运行支付成本，市场与其基本面之间就会存在偏差。

趣味延展

在20世纪90年代初期，东南亚国家的经济出现了奇迹般的增长，为了加快经济增长的步伐，各国纷纷放宽金融管制，推行金融自由化。但是繁荣之中也酝酿着危机，东南亚各国的经济增长主要依赖于外延投入的增加，在此基础上放宽金融管制，就等于将各自的货币无任何保护地暴露在国际游资面前，极易受到来自四面八方的国际游资的冲击。

东南亚出现如此巨大的金融漏洞，自然逃不过“金融大鳄”索罗斯的眼睛。

泰国在东南亚各国中问题最为严重。因为当时泰国的贸易自由化程度最高，泰铢紧盯美元，资本进出自由。同时，泰国经济的“泡沫”最多，泰国银行将外国流入的大量美元贷款移入了房地产业，从而导致资产质量加剧恶化。

1997年3月，当泰国中央银行宣布国内一些财务公司存在流动资金不足的问题时，索罗斯发动了攻击：索罗斯及其他套利基金经理开始大量抛售泰铢，泰国外汇市场立刻动荡不安。泰铢一路下滑，5月份最低跌至1美元兑26.70泰铢。泰国中央银行在紧急关头采取各种应急措施，如动用120亿美元外汇买入泰铢，提高隔夜拆借利率，限制本国银行的拆借行为，等等。这些强有力的措施使得索罗斯的交易成本骤增，一下子损失了3亿美元。但是索罗斯并没有平掉原来的头寸，甚至还增加了头寸。3亿美元的损失根本无法吓退索罗斯，他对狙击泰铢志在必得。

1997年6月下旬，索罗斯筹集了大量资金，并再次对泰铢发起猛烈攻击。主要交易所陷入混乱，泰铢暴跌，交易员疯狂抛售泰铢。泰国政府动用300亿美元的外汇储备和150亿美元的国际贷款试图扭转局面。然而，与国际游资相比，这450亿美元的资金只是杯水车薪，毫无用处。

1997年7月2日，泰国政府由于再也无力与索罗斯抗衡，不得已改变了维系13年之久的货币联系汇率制，实行浮动汇率制。泰铢由此下跌，1997年7月24日，更是创下最低纪录——跌至1美元兑32.63泰铢。至此，泰国政府损失了约40亿美元，泰国全国上下包括政要富豪在内的许多人都损失惨重。

06 |《证券分析》　本杰明·格雷厄姆/戴维·多德

股神巴菲特反复研读的投资路线图，实现出乎意料的超高收益

名著导读

本杰明·格雷厄姆——被誉为“证券分析之父”“华尔街教父”。本杰明·格雷厄姆作为一代宗师，他的金融分析学说和思想在投资领域产生了极为巨大的震动，影响了几乎三代重要的投资者，如今活跃在华尔街的数十位持有上亿资本的投资管理人都自称为本杰明·格雷厄姆的信徒。

《证券分析》被奉为华尔街的经典著作，一出版就震动了美国和华尔街的投资者，一时之间，该书成了金融界人士和投资界人士的必读书目。在该书中，本杰明·格雷厄姆进一步丰富和发展了自己先前的证券投资理论，系统地阐述了投资选股的秘诀——当价格低于内在价值时投资，并且相信市场趋势会回升。在深刻思考了华尔街股市由兴旺到崩溃的全过程后，本杰明·格雷厄姆号召广大投资者重视投机的风险，极力主张投资者们不要把注意力放在市场行情上，而要把股票看作公司的份额，它的价值始终应和整个公司的价值相呼应。本书所阐述的计量分析方法和价值评估法减少了投资者盲目投资的行为，使投资者的投资决策增加了更多的理性成分。

自1934年出版以来，本书发行了六版，共有数百万册。它为无数美国最杰出的投资者提供了启蒙课程，凭借本杰明·格雷厄姆和戴维·多德两人在华尔街的不朽成就，《证券分析》成为投资领域最受关注的书，被誉为投资者的“圣经”。

《证券分析》中寻找“物美价廉”的股票和债券的方法依然适用于今日的证券市场。

他（格雷厄姆）为选股奠定了方法论的基础，而在此之前，选股与赌博这门伪科学毫无差别。

——沃伦 · 巴菲特

理论精读

1.固定价值类投资——债券投资

在分析固定价值类投资时，格雷厄姆首先给出了固定价值类投资包括的证券种类：

（1）优质普通债券和优先股。

（2）优质附权证券，但其权利价值过小，可以忽略不计。

（3）通过担保或优先权而占有优质高级证券地位的普通股。

我们先来说说债券投资，因为债券收益有限，我们首先考虑避免损失，所以选择债券可以用排除法，优胜劣汰。

格雷厄姆给出了债券投资的四项原则，也许你可以从中受到一些启发：

（1）极高的利率也无法弥补安全性的不足。

（2）在萧条时期应该比在繁荣时期观察得更多。

（3）特定留置权或者其他合同权利其实并不能衡量证券的安全性，能衡量证券安全性的是证券发行人履行所有义务的能力。

（4）选择任何债券作为投资都应遵循排除原则，并根据法律规定的具体量化指标进行测试，以控制储蓄银行的投资活动。

要特别提醒投资者的是，最好不要将债券看作对某一资产（抵押品）的要求权，这样做对你的投资没有任何益处。比如当公司经营失败时，公司的资产价值也随之萎缩，很多资产除了设想的用途外几乎没有什么用。另外，债券持有人的法定权利在行使过程中会遇到困难，清算时也会遇到拖延及其他不良影响。因此将债券看作对某一公司的要求权更为合适。综上所述，我们可以看出，有无抵押或留置权无关紧要，关键是要购买健全公司的债务。如果你选择了收益率较低的抵押债券而不是收益率较高的信用债券，那就表明你对公司的实力信心不足，如果信心不足到了一定程度，就要考虑是否应该在这家公司的债券上投资了。

或许是担心投资者仍然无法把握债券投资的选择，格雷厄姆又给出了如下投资原则：

（1）有效的保险运营要求风险分布尽可能均匀，以降低运气的影响程度，并允许概率法则发挥最大的作用。

（2）中小工业企业的稳定性本来就不够，不宜用债券融资。

（3）即使是在正常时期似乎很高的安全边际，在经济持续萧条时期也可能变得不足。

（4）投资者的角色不应该是从冒险中获益。相反，投资者的利益应反映在通过向他人支付保险费获得免遭损失的保险。

（5）投资者的选择应是经过重重筛选的。宁愿接受收益率低但安全性好的债券，也不要拿自己的本金去买收益高但不稳定的债券。

（6）以安全为代价追求回报率往往是不值得的。如果证券发行人发行的证券质量不高，那么就必须提供足够的利润潜力，以补偿投资者承担的风险。

2.普通股投资理论——要点与原则

格雷厄姆坚信1964年之前的普通股长期收益率还是不错的，长期持有的投资者假以时日一定能获得成功，因此他专门为普通投资者总结了一套投资理论。

格雷厄姆关于普通股投资的理论要点包括三个方面：

（1）普通股分析的有效性受到两个变化的侵害——有形因素的不稳定性和无形因素的主导性。

（2）在过去，投资普通股之前必须考察三项标准：适当而准时的股息回报率、稳定而充足的收益记录、足量且有保障的有形资产。

现如今人们都开始关注收益的变化趋势，用以往的记录来研究未来发展可能依循的方向。这种理论的具体内容是：普通股的价值取决于它的未来收益，好的股票肯定是高品质、高利润的投资，是那些收益呈现上升趋势的普通股，但是这些说法显然是谬论，切记不要忽视投资与投机之间的根本区别。

（3）根据趋势判断未来的危险性——收益递减和竞争加剧最终会压平任何陡峭的增长曲线。同样，随着商业周期的起伏，总会有特殊的危险。当经济面临悬崖时，收益率曲线可能令人兴奋。

相应地，格雷厄姆给出的普通股的投资原则如下：

（1）价格是投资决策中的一个重要因素。证券只有在其内在价值与支付的价格相称时才具有吸引力。因此，价格因素是所有投资决策的重要组成部分。不仅在购买时如此，在随后的持有过程中也是如此。

（2）未来的收益并不完全取决于运气和有效的管理技能。资本、经验、声誉、贸易合同以及构成过去盈利能力的所有其他因素必然会对公司的未来产生相当大的影响。

（3）新时代的一个特点是投机性兴趣集中在过去属于投资级别的证券上，这在所有金融人士的头脑中造成了极大的混乱，摆脱这种混乱是一个耗时的过程。

让我们牢记格雷厄姆那句发人深省的话吧：“证券投资的变迁和灾难，虽然像地震一样是不可预测的，但留给我们一个信念：正确的投资原则一般产生正确的投资结果。”

3.对公司进行评估——基于盈利的投资

格雷厄姆认为对股票的内在价值评估是困难的，但是好在我们可以通过评估一家公司来分析其股票的内在价值。

（1）评估公司的收益利润。

格雷厄姆提醒投资者，公司当期收益对股票价格的影响程度要大于长期平均收益，这个事实构成了股票价格剧烈波动的主要原因。比如投资者会在收益暂时缩减造成股价降低时吸纳股票，并在异常繁荣促成股价膨胀时将股票抛出。

竞争、监管、收益递减规律等是无限扩张力量的强大敌人，但阻碍持续衰落的一些力量却要弱得多。

必须关注几年内的收益情况，首先是因为持续和重复性的表现总是比昙花一现更有说服力，其次是因为较长时期的平均值吸收并抵消了商业周期对收益的影响。

不要迷信巨额的利润，因为巨额的利润往往是昙花一现的。

（2）评估公司的平均收益。

（3）评估公司的资本结构。

4.财务指标分析——价值投资分析

格雷厄姆提出的资产分析方法，到现在仍在世界范围内为价值投资者所推崇，其对于资产负债、损益等财务指标的分析非常值得投资者学习。

（1）资产负债表分析。不要过分看重资产负债表中的账面价值。老实说，资产负债表的账面价值几乎失去了它的全部意义，这种变化发生的原因在于：固定资产的价值如报表中所示通常和真实成本毫无关系，在更为常见的情况下，这些价值与资产出售可获得的数字没有联系，也和与收益相称的数字不符。

在流动资产价值的确定方面，一般来说，流动资产价值可以看作清算价值的一个粗略指标，而评估清算价值的第一条法则就是：负债总是确定的，而资产的真实价值却令人怀疑。通常情况下，流动资产中的应收账款的清算价值只有账面价值的70%，而存货价值能有50%就算不错了，特定的固定资产基本可以当废弃物处理，而公用性的建筑物的价值可能高于账面价值，至于无形资产对于破产的公司则没有任何可以乐观估计的理由。

巨额的银行债务是虚弱的信号。我们知道财务困难几乎总是伴随着即将到期的银行贷款或其他债务而出现的，换句话说，虚弱的财务状况很少仅仅是因为日常交易的应付账户而产生的。

对于一段时间内资产负债表的比较，这一部分的证券分析涉及以下三个方面：每股收益报告的对账；公司损益对公司财务状况的影响；公司资源与盈利能力之间的长期关系。

（2）损益表分析。资产负债表和损益表之间的内在关系为内在价值分析提供了双重检验，而仅仅依靠这两种检验的判断是不可靠的。只关注损益账户会使自己处于极大的劣势。

此外，投资者还应掌握一些常见的财务“作假”手段，例如“净利润”和“经营性现金流”的差额越来越大，应收账款周转天数延长，存货周转天数延长，等等。

（3）折旧和类似费用分析。对于一个损益账户的折旧处理，可以问三个问题：收入金额是否从摊销费用中扣除？摊销率是否合理？用于摊销的成本或基数是否合理地反映了这些资产的公允价值？

如果在计算已获利息倍数或固定费用保障倍数时需要考虑折旧，则可以根据公司过去的折旧准备与资本支出之间的差额来衡量公司折旧的充分性。低估这些费用比完全忽视这些费用并承认事实更危险。

通过一次性贬值资产，公司可以大大提高其股票盈利能力，从而提高其股票价格。这种高股价是建立在低资产价值和高净资产收益率的基础上的，净资产收益率是通过会计变动获得的。资产负债表将揭示这些估值的不合理性。

总之，折旧和摊销的费用应该与正常和合理的公司实际运营情况相符。

趣味延展

为了说明投资者的盲目投资行为，格雷厄姆曾讲过一则寓言故事：

当一名石油勘探者正要进入天堂时，圣·彼得拦住他，告诉他一个非常坏的消息："你确实有权进入天堂，但分配给石油勘探者的空间已经满了，我不能让你进去。"石油勘探者听了，想了一会儿，然后向圣·彼得提出请求："我可以进去和住在天堂的人说一句话吗？"圣·彼得答应了他的请求。

于是，石油勘探者向天堂里的人们喊道："在地狱里发现了石油！"说完，天堂里所有的石油勘探者都跑到了地狱。圣·彼得看到这一点很惊讶，他邀请石油勘探者来天堂生活。但是石油勘探者犹豫了一会儿，说："不，我想我还是跟那些人一起到地狱中去吧。"

格雷厄姆用这则寓言警告投资者不要盲目跟随趋势。在许多情况下，股市发生剧烈变化是由于投资者的盲目跟随，而不是公司自身收益变化的影响。格雷厄姆对华尔街的投资专业人士感到非常困惑，尽管大多数人都受过良好的教育，拥有丰富的投资经验，但他们却不能保持理性，常常受到市场情绪的影响，保持对市场形势的追逐。

07 |《聪明的投资者》 本杰明·格雷厄姆

巴菲特导师的经典著作，永远的“股票投资圣经”

名著导读

《聪明的投资者》是本杰明·格雷厄姆的代表作。《聪明的投资者》初版于1949年，后来不断修订，不断加印，可以说，几乎所有美国的对冲基金的管理者都认真研读过本杰明·格雷厄姆的这一佳作，并将书中的名言名句引为“圣旨”。

巴菲特是这本书的早期受益者之一。《聪明的投资者》为巴菲特提供了他最重要的商业理念之一——投资不应该受情绪影响。对利润的期望不高，也就不怕亏损了，更不用说随大流，在别人买股票的时候盲目地买了。此外，本书还为外行提供了适当形式的投资战略指导。本杰明·格雷厄姆不鼓励投资者在短期内进行投机，更注重发现公司的内在价值，强调“理性投资的精神态度比技能更重要”。他强调，投资者应牢记“安全投资的极限”原则，确保所购买的股票价值远远高于其在股市的投资价值，只有股票的价格和价值才是真正重要的。

早在1950年这本书首次出版后我就阅读了此书，当时我19岁。那时我就认为这是有史以来最伟大的投资著作。现在我依然这样认为。

——沃伦·巴菲特

理论精读

1.格雷厄姆投资策略——践行个人投资原则

格雷厄姆在《聪明的投资者》一书中开篇便给出了两个投资建议：

（1）如果总是做显而易见或大家都在做的事，你就赚不到钱。

（2）对于理性投资，精神态度比技巧更重要。

格雷厄姆认为人性基本上是一样的，就像利弗莫尔所说的，“华尔街没有新鲜事”，尽管时代的变化导致了证券类型的巨大变化。

格雷厄姆还简明扼要地总结了三条不变的基本原则：①如果你投机，你最终（可能）会赔钱；②在大多数人（包括专家）悲观时购买，当他们非常乐观的时候卖掉；③研究后再投资。

作为一名坚定的价值投资者，格雷厄姆认为价值投资者寻求的是在资产价格大大低于实际或者是内在价值时购买。为了让投资者更好地把握这一点，他提出了以下三个要素：

（1）全面分析。股票不仅仅是电脑显示器上的几张纸或电子报价单，而是真实公司的部分所有者权益。因此，在购买公司股票之前，你需要对其业务及前景进行彻底分析。在无限量的股市数据中，找出无用的东西与找到有价值的东西一样重要。

（2）安全性理论。巴菲特喜欢谈论两条投资规则：第一，不要赔钱；第二，永远不要忘记第一条。毫无疑问，巴菲特从格雷厄姆那里继承了他的投资风格，讨厌不断的资金损失。要想在投资上取得成功，你所需要的不是找到下一只微软或戴尔的股票，而是避免巨额亏损。

（3）充足的回报。在格雷厄姆看来，一项投资充分或令人满意的回报率是指投资者愿意接受的回报率或回报额，即使回报率很低，只要投资者愿意接受，这就是理性和明智的投资行为的结果。许多投资者认为投资股票的最佳方式是投资低成本共同基金或外汇基金，如标准普尔指数500。指数基金允许投资者投资于整体保持增长的美国经济中，在过去的一个世纪里，美国经济一直表现良好。因此，如果你决定建立自己的股票投资组合或动态管理基金，你的投资回报必须超过低成本指数基金才能被视为足够的回报，否则投资指数基金更有意义。

2.衡量公司绩效——把握六种基本因素

每只股票后面都有一家公司，做价值投资首先要能够把握公司绩效。在这方面格雷厄姆能够给我们很多帮助，在衡量公司绩效时他最注重分析六种基本因素：收益性、稳定性、增长性、财务状况、股利以及历史价格。

衡量公司盈利能力的指标很多。例如，每股净收益可以直接反映公司的利润水平，投资回报率可以检验公司所有资产的盈利能力。然而，格雷厄姆更喜欢使用销售利润率作为衡量公司盈利能力的指标，因为该指标不仅可以衡量公司产品销售收入的盈利能力，还可以衡量公司在销售过程中控制成本和费用的能力。公司产品销售过程的成本和费用越低，公司的销售收入就越可观。由于公司的大部分收入通常来自主营业务收入，即产品收入，因此销售利润率可以用来判断公司的发展。

格雷厄姆认为，可以以10年为一个周期衡量一家公司的盈利是否稳定，观察每股收益的变动趋势，公司过去3年的每股收益可以与其变化趋势进行比较。如果每股收益水平稳步上升，则意味着公司的收益水平十分稳定。反之，不稳定的变化趋势可能暗含一些原因和问题，可能会对未来造成潜在的危害。这一指标对于发展中的公司特别重要。

公司的财务状况决定其偿付能力，偿付能力可以衡量公司财务的灵活性和风险。

至于股息，格雷厄姆认为公司不应该中止股息发放，发放期限越长越好。同时，股息发放也增加了股票的吸引力和凝聚力。投资者应避免购买在过去3年中有2年暂停或减少股息的股票。

虽然股票的历史价格不是衡量公司业绩的关键因素，但它可以从一个侧面反映公司的经营状况和业绩。

3.投资是一次成功的投机——投资与投机的区别

格雷厄姆说：投资是一次成功的投机，而投机是一次不成功的投资。在《证券分析》中，格雷厄姆给出了教科书般的解释：投资是指根据详尽的分析，实现本金安全和满意回报的有保证操作，不符合这一标准的操作就是投机。

我们知道在证券市场上既有投资，也有投机，而两者并不难区别。第一，投资者是风险回避者，他们购买证券一般希望获取稳定收益，本金又相对安全，而投机者恰恰相反；第二，从投资的时间长短来看，投资者着眼于长远利益，买入证券往往长期持有，按期收取稳定的股息和资本增值，而投机者热衷于在短期的股价变动中获取价差收益，因此买卖极其活跃；第三，从分析方法看，投资者注重证券内在价值的分析和评价，常用基本分析法，而投机者关心市场价格的变动，多用技术分析法。

格雷厄姆反复描述了投资和投机的区别，认为投资是在充分分析确保本金安全的前提下追求令人满意的回报，投机则是试图从市场价格波动中获利。他分析，投机主要是由于人的本性使然："投资者潜意识和性格里，多半存在一种冲动，常常在欲望的驱使下，欠缺思考地产生投机行为，希望能够迅速地暴富。"

格雷厄姆最后很通俗地描述了投机者的特征：①意识不到自己的投机行为；②缺乏足够的知识和技巧时，盲目投机；③动用承受能力外的资金。

4.安全边际——制定投资决策的基础

《聪明的投资者》一书所有观点浓缩后的精华即安全边际理念。格雷厄姆指出，成功投资的秘密可以精练成四个字的座右铭——"安全边际"，这贯穿于所有投资策略的讨论。

格雷厄姆说："坚定地以安全边际原理为基础，能够产生可观的回报。"他总结了安全边际的原则，指出安全边际函数本质上不需要给出未来的准确估计值，但如果保证金较大，由于其投资者充分感受到时间变化的保护，那么这足以确保未来收入不会远远低于过去的收入。

这段话理解起来有点复杂：第一，本质上，安全边际不是一门精确的科学；第二，安全边际应保持足够大；第三，安全边际最终将通过时间的考验；第四，安全边际只是偶尔感觉到，大多数时候，安全边际并不存在。投资者需要认真琢磨。

格雷厄姆认为，当股本回报率（即市盈率的倒数）超过债券部分时，就是投资者的安全边际。超额部分将以股息的形式返还给投资者，部分将在公司资产未来增值时返还。正如格雷厄姆之前多次提到的，当普通股回报率超过长期国债利率的两倍时，就已经有了安全边际。一个是足够低的市盈率，另一个是高利率。值得注意的是，格雷厄姆提到的市盈率水平大多基于过去10年的平均收入。

他补充说，投资者为高质量股票支付过高的风险不是主要风险。投资者的主要损失来自以有利的商业条件买入了劣质股。他的意思是，当投资者只因为整体经济或市场表现良好而倾向于购买当下表现良好的公司的股票时，他们面临的风险最大，因为当整体市场出现问题时，这些公司会立即陷入困境。

格雷厄姆打趣道，很多投资者都假装是投资者，但他们的行为与投机没什么区别。因此，他认为，区分投资和投机的重要标准是坚持真正的安全边际，这可以通过数据、有说服力的推理和大量实践经验来证明。

此外，值得注意的是，格雷厄姆始终认为安全边际是30%的折扣。但在实践中，巴菲特似乎倾向于超过40%到50%的折扣。

5.价值投资——投资标准及原则

在投资界，格雷厄姆首先提出了价值投资策略。这种策略的基本思想如下：

首先，股票市场的价格波动带有很强的投机色彩，但是长期看来必将回归“基本价值”，谨慎的投资者不应该追随短期价格波动，而应该集中精力寻找价格低于基本价值的股票；其次，为了保证投资安全，最值得青睐的股票是那些被严重低估的股票，即市场价格明显低于基本价值的股票，投资者集中持有这些股票就能以较小的风险谋取较大的收益。

为了更好地理解格雷厄姆的价值投资策略，让我们来看看格雷厄姆1957年的投资选择标准：

（1）流动资本超过1000万美元。

（2）价格是每股净流动资产的2/3。

（3）市盈率不超过8倍。

（4）至少过往10年分过红利。

事实上，按照这个标准，格雷厄姆最后选出的股票仅有5只，但就是这5只股票，在两年后股价总体上涨了一倍。

让我们来看看格雷厄姆总结的价值投资的基本原则。他指出，投资者要想获得长期成功，必须遵循以下基本商业原则：

（1）知道你在做什么，换言之，投资者应完全熟悉其投资的业务，而不应将其盈利预期建立在公司正常的股权收入和股息基础上。也就是说，投资者投资的出发点，应该是持有商业伙伴的投资态度。

（2）投资回报不应基于信心，而应基于算术。

（3）运用你的知识、经验和勇气。如果你从事实中得出结论，并且知道你的判断是正确的，那么就行动起来，即使其他人可能会怀疑或不同意。换句话说：因为你的数据和推理是正确的，所以你是正确的。

6.进攻型投资者投资策略——获得超平均水平的业绩

一般来说进攻型投资者的活动特征可以被概括为以下四点：

（1）低价购买，高价出售。

（2）谨慎选择成长股。

（3）廉价购买各类衍生证券。

（4）购买“特别地位”。

如果投资者想要长期获得超出平均水平的业绩，那么在选择投资目标时就需要考虑到以下两点：

（1）它必须经过客观而又理性的公正分析。

（2）它必须不同于大多数投资者或投机者追随的目标。

格雷厄姆认为，投资者应该关注那些并不突出的大公司。选择大公司比选择小公司更有利。一方面，其资金和智力优势可以确保公司克服困难，在市场动荡后，更快地恢复正常运营；另一方面，市场对这些大公司的关注使大公司对市场的反应更加敏感。他进一步澄清，这一投资策略可以说是最保守、最有希望的投资方式。他研究了1939年至1959年间全球200只最佳公司股票，每5年更换一次选择。最后，价格最低的20只股票的回报比价格最高的20只股票高出1~3倍。

格雷厄姆指出，对于普通股而言，寻找廉价证券可以通过分析公司可辨认的资产价值与市场价格，还可以通过评估该公司未来可能产生的收益和资产增值。他进一步指出，当大部分普通股价格低廉时，其当前收益或近期前景可能不佳，但对未来平均值的稳健评估表明，其价值远远超过当前价格。因此，在低迷的市场中，勇敢而明智的人不仅用经验证明自己，而且用合理的价值分析来区分真假。

格雷厄姆认为，寻找这样的低价股票，有两个来源：第一，确切的、令人失望的结果（业绩和股价）；第二，长期受忽视、误解或被冷落。之所以出现这样的情况，是因为市场总是夸大其词。

格雷厄姆说寻找周期性公司的经营低谷买入，再到经营高峰卖出的行为不会使投资者在市场上大赚，因为操作难度非常大，因此周期性公司的股票并不适于进攻型投资者。

趣味延展

格雷厄姆于1894年出生于一个在商业经营和金融投资上都完全失败的英国商人家庭。事实上，格雷厄姆更适合搞学术，因为他极其热衷于学习，擅长写作，而且对数学极为精通。格雷厄姆本人也一直渴望在大学教书，但是由于家庭实在缺钱，他只能选择在喧嚣浮躁的华尔街找一份工作。结果，这个喜欢数学的年轻人彻底改变了华尔街，并在若干年之后被华尔街的新一代基金经理们敬畏地称为“华尔街教父”和“最伟大的投资者”。

一般来说，经济学专业的学生都会考虑让自己变得富有，让自己的生活成为聚光灯下的焦点，但也许对格雷厄姆来说，最重要的事情不是努力致富，而是避免困扰他的家庭的投资失败和破产。因此，格雷厄姆一生都是一个非常谨慎、防御性很强的投资者，他创造的“价值投资”的概念，与其说是为了投资回报，不如说是为了尽可能避免风险。例如，在美国股市年涨幅超过10%的时代，格雷厄姆仍然建议投资者接受3.5%的年回报率，事后看来这可能是极为保守的。事实上，“华尔街教父”已经厌倦了华尔街本身。当他已经拥有金融家所能拥有的一切时，他便认为留在华尔街没有什么意义了。

1956年，格雷厄姆结束了长达42年的投资生涯。从那以后，他一直致力于金融教学和研究，并继续发表自己的观点。同年，他在哥伦比亚大学的一名学生开始了他的投资生涯。这名学生6年前开始学习格雷厄姆的证券分析课程，获得了该课程历史上的最高分数，并帮助格雷厄姆进行了大量的投资分析。后人称这位学生为“股神”和“奥马哈的圣人”——他的名字叫沃伦·巴菲特。

08 |《巴菲特：从100元到160亿》 沃伦·巴菲特

摩根银行推荐给百万富翁的必读书目，史上最成功的投资策略精华

名著导读

《巴菲特：从100元到160亿》收录了投资大师沃伦·巴菲特写给伯克希尔·哈撒韦公司股东的信，是由美国著名法学教授坎宁安协助沃伦·巴菲特整理这些信件而写成的，书中不仅仅包括沃伦·巴菲特从平民成长为巨富的传奇经历，更重要的还有其"从100元到160亿"成功的投资理念。我们可以看到探讨的主题涵盖管理、投资及评估等，其中核心的精神是由格雷厄姆和多德提出的，书中论述了公司治理、公司财务与投资、普通股、兼并与收购及会计与纳税等内容，是一本既精练又富于实用性和教育性的投资手册。

沃伦·巴菲特是第一位靠证券投资成为拥有百亿美元资产的世界顶级富豪。沃伦·巴菲特执掌的伯克希尔公司的股票在1964年的账面价值仅为每股19.46美元，1998年6月，其每股价格达到了创纪录的80900美元，尤其难能可贵的是，伯克希尔公司在投资的年复合率达到24%时，已经是一家资产总额高达1300多亿美元的巨型企业了。读者看完这本书之后，想必会对沃伦·巴菲特的投资理念有深入全面的了解，也就不难想象他为什么会取得如此惊人的业绩了。

《纽约时报》将《巴菲特：从100元到160亿》誉为"历史上最成功的投资人的投资策略精华"。

《巴菲特：从100元到160亿》出版以后受到了美国及其他国家英语读者

的广泛好评。

理论精读

1.精选董事会——巴菲特公司治理的智慧

巴菲特说过："管理上小的愚蠢行为累积起来就会导致大的愚蠢行为。"他认为一家公司必须要有思想与言论上独立的董事存在，并负起监督的责任，当然他们同时也必须具有丰富的商业经验、积极的态度，并以股东利益为重，这是绝对必要的三项特质。

巴菲特认为，丰富的商业经验很重要，如果缺乏这一项，其他两项的作用就不大。一个董事如果缺乏丰富的商业经验，就可能没有足够的能力在董事会上评判某种方案的可行性，而这时候为了要掩饰个人的无知，他往往会选择沉默。只有完全具备这三项特质的人才谈得上真正的"独立"，真正的独立是指当公司发生严重的错误或是做出愚蠢的决定时，董事有勇气挑战强势的总裁。但是具有这种品性的人极罕见，除非这位董事品格高尚并且其利益与股东保持高度的一致。

巴菲特先是试着在伯克希尔公司内部寻找这类董事的人选，这是最方便的办法。巴菲特从现有股东名单中挑选长期持有伯克希尔公司大量股份的个人和家庭。那些符合标准的人自然符合后两个标准：他们关心伯克希尔公司，把股东放在首位。巴菲特还需从中挑选一位拥有丰富商业经验的人，这有点困难。2002年，巴菲特公开征求符合条件的股东。尽管没有董事责任保险或巨额赔偿，巴菲特还是收到了二十多封推荐信，其中大部分都是条件非常好的推荐信，许多以股东为中心的个人和家族持股超过100万美元。

伯克希尔公司有11名董事，他们每个人，包括家族成员，合计持有伯克希尔公司股票的总市值超过700万美元，且持股时间长，其中6名董事的家族所有的市值都超过数千万美元，持有时间为30年或更长。伯克希尔公司的董事们每年获得象征性的700美元，以避免在个人收入中占有过大份额。这样，伯克希尔公司所有董事的利益与任何其他股东的利益完全相同。事实上，董事的不利影响远远大于股东，因为伯克希尔公司没有任何董事责任保险，这意味着如果董事在履行管理职责过程中，因自身工作失误，导致公司经济受损时，他们将比股东损失更多。这种情况被巴菲特戏称为“所有者资本主义”。

当然，伯克希尔公司董事会的任何变动都不会影响巴菲特的经营方式，伯克希尔公司还是会像过去一样尽量避免董事会把时间浪费在各种形式主义之中。一旦巴菲特离去，其家族成员也将继续留在伯克希尔公司的董事会中，但他们不会接手经营伯克希尔公司，也不会领取其他额外的报酬。伯克希尔公司董事会监督的是一家以股东利益为重的企业，而其最终目的是保证公司以其所特有的经营原则持续运作。

当然，从中国国情和公司现状来看，完全复制伯克希尔公司的治理模式是困难的，也没有必要。巴菲特的公司治理模式只能为企业家提供一种方法、领域和思维。

2.关注管理层——被投资公司要有良好的管理人才

在选择投资目标公司时，巴菲特十分注意考察该公司的管理层——被投资公司的管理层。在做投资时，由于巴菲特从不介入管理，并且认为那并不是他们的专长，因此，要将公司托付给谁，是非常关键的。

对于被投资企业的管理层，巴菲特有几个方面的基本要求，只要管理层能够达到自己的要求，巴菲特就会放心大胆地把公司交给其管理。巴菲特所要考察的一个核心要点就是以所有者为价值取向。考察管理层，不但要听其言，更要观其行。管理层哪些行为是巴菲特看重的呢？

（1）关心公司并专注于管理。巴菲特认为管理层不应当关心股价的高低，不应以短期的利益和业绩来衡量公司的发展水平，而应该更多地关注公司的长期价值。

（2）善待股东。由于公司被管理层控制，公司利益和股东利益不是完全一致的，管理层把股东看成合伙人，除了希望股东抱着长期合作的态度持有公司股票外，还包含了对股东的尊重。要知道，公司最终所有者是股东而非管理层。

有两个方面可以反映这个问题。第一个是在向股东披露信息的时候，能够做到换位思考，就是说假如管理层处于股东的位置时，有试图了解的信息，那么作为管理层就应当主动披露；第二个是在经营决策上要优先考虑股东的价值是否会受到不利影响，例如在收购兼并的定价、新股发行、期权制度创设、留存收益等方面。

（3）管理才能。一般情况下，巴菲特收购或者投资的公司的经理们，已经在各种迥异的商业环境下的职业生涯中证明了自己的才华，他们在巴菲特投资以前就已经取得了管理上的成功。

在谈及对富国银行的投资时，巴菲特描述了好的管理者的几个特征：①主要管理者之间相互尊重和信任；②对能者支付高薪；③憎恨机构臃肿；④在盈利时与在亏损时，同等重视并积极地降低成本；⑤固守于他们了解的业务，并根据他们自身的能力来决定他们要做的事情。

3.价值投资——把握公司的内在价值

巴菲特曾经告诫投资者：把内在价值放在第一位。巴菲特之所以成功，是因为他很早就发现了价值投资这个真理，然后坚持用一生来实践。尽管巴菲特在股票和公司投资上的法则非常之多，但其核心仍在价值投资上。

在这里我们要解释一下，投资者常常认为账面价值表明了公司的价值，或者至少是公司价值的一个参考值。但事实上，这两种价值所表达的概念是完全不同的。账面价值衡量的是投入公司的资本加上留存下来的利润，而投资者真正应该关心的是将来能从公司里得到多少价值，这才是决定公司价值的真正要素——内在价值。

巴菲特在谈到内在价值时指出，任何股票、债券或公司的价值取决于在资产的整个留存期间能够产生的以适当的利率贴现的现金流入和流出。

债券有非常明确的测算前提和数据，计算是比较容易的。但是在估算公司股票的价值时，由于变量太多，即使有一个公式，但输入的数据因为有太多的主观性估计，特别是对未来现金流的预测，因此变化非常大。也就是说，内在价值是一个估计值，而且在利率变化或者对未来现金流的预测修正时必须进行相应改变。

按照巴菲特的看法，评估内在价值通常应考虑以下因素：

（1）折现率。巴菲特举了大学教育投资的例子。在忽略教育的各种重要的非经济效益的情况下，首先，我们必须估计毕业生在他的一生中得到的收益，然后从这个数值中减去如果他缺少这种教育将获得的收益的估计值。我们会得到一个超额盈利数值，因此必须按一个适当的利率将其折现至毕业日，这样计算出的收益等于教育的内在经济价值，而毕业生付出的学费其实是账面价值。

（2）分红政策的影响。现金红利由投资者取得以后，将脱离被投资公司的控制，不能累计计算，只有留存收益可以累计计算，也就考虑了复利的因素。

4.兼并与收购——巴菲特的投资方式

并购只是巴菲特的一种投资方式，从其投资经历就可以看出，巴菲特选择并购目标的标准和投资的标准是完全一致的。

一般情况下，巴菲特优先考虑100%的收购。这首先是基于巴菲特的投资思想，就是从公司的发展和盈利中获益，而不是以倒卖公司为目的。如果能够全部享有一家优秀公司的收益，为什么不全买下来呢？其次，100%的收购有一个好处，巴菲特可以在公司存在某些问题的时候有足够的发言权和影响，能够推动公司做出改变。当然，从机会成本而言，最好是公司不要出现问题。

市场上并购时有发生，但是巴菲特认为很多并购都存在问题：比如市场上大量并购行为的发生，是为并购而并购；比如并购的价格往往高估，完全不考虑经济上是否合理、划算。

对于并购，巴菲特有自己的想法和原则。1986年，巴菲特不惜斥巨资47000美元在媒体上刊登了这样一则购买公司的广告，从中我们就可以看出巴菲特并购公司的价值取向：①具备良好的管理能力（我们不负责提供管理）；②公司性质简单（如果涉及过多的技术，我们难以理解）；③在股票上有良好的收益，同时没有或几乎没有债务；④大型公司（税前盈利最少为5000万美元）；⑤显示始终如一的盈利能力（我们对将来的预期和“突然好转”的局势转变不感兴趣）。

5.套利——成功的投机交易

股神巴菲特发现被低估的股票，会等待它们价值的回归。但巴菲特在股票投资中最成功的地方是套利交易，套利交易不是简单的投机交易，它对投资者的理性、判断能力、把握和归纳各种市场现象提出了更高的要求。

巴菲特认为，在预测投资方向时，应该考虑套利机会。当然，并非所有股票都有这样的套利机会。

其他投资者也有套利行为，巴菲特的功劳在于他是根据第一手信息行事的，而不是道听途说。按照巴菲特自己的说法，他只做那些已经公开宣布的交易，而不做那些仅仅只是传言甚至猜测的交易。这也是巴菲特数十年来尽管进行了无数次套利交易，但是一次都没有失手的重要原因。

巴菲特一次又一次地权衡，考虑宣布的交易将发生的可能性、资金被占用的时间、相同资金在不同投资中的机会成本，以及如果交易失败将花费多少。1962年，美国股市不断下跌，巴菲特通过套利交易取得巨大收益。

巴菲特套利的方式很简单，甚至简单到我们很多人都不屑一顾。一般来说，在进行具体的套利操作之前，巴菲特总是要弄清楚这两个问题：

第一，所公开宣布的交易是否真的会发生？其最终不成功的可能性有多大（而一般来说，这种公开宣布的交易，其最终不成功的概率往往是很低的）？

第二，进行套利需要多长时间？这是一个金钱的时间成本问题，时间越长，同样的获利情况下，其套利的价值越低。这是衡量一项套利交易值不值得做的重要因素。

如果上面这两个方面都能获得满意的答案，那套利成功的可能性就非常大，而参与其中进行套利也就非常的值得。

巴菲特主要就是通过上面的方法，然后通过计算其成功与失败的可能性哪一个更大一些，决定是否进行套利交易。

6.买入并持有——巴菲特的长期持股策略

巴菲特始终坚持投资而不是投机的原则，坚持长期投资，远离短线炒作。实际上，买入并长期持有的策略是巴菲特关于投资公司股权、从公司的成长和盈利中获得收益的理念的逻辑推论。

巴菲特曾说："我从不打算在买入股票的次日就赚钱，我买入股票时，总是会先假设明天交易所就会关门，5年之后才又重新打开，恢复交易。"并且告诫投资者，任何一只股票，如果没有把握能够持有10年的话，那就连十分钟都不必考虑持有。

巴菲特于1973年以1060万美元收购了《华盛顿邮报》，到1999年其价值已增至9.3亿美元，《华盛顿邮报》的股票在27年内上涨了86倍，尽管美国股市经历了几次大起大落，《华盛顿邮报》的股票在此期间出现了大幅波动，"跳水"和"飙升"多次，最终，巴菲特的"长远眼光和耐心"得到了回报。

但是投资者常会产生这样的疑问，践行买入并长期持有的策略，当股价一路下跌并向超跌演化的时候，是不是应该卖出？很显然，如果还有现金（巴菲特似乎总有现金），如果公司符合巴菲特的投资标准，巴菲特会在超跌时买进。而当股价一路上扬并远远超过内在价值的时候，是否应该卖出？就是说是否应当回避趋势的风险？这个问题，巴菲特似乎没有详细地说明。但是，巴菲特声称有几家公司的股票永远都不卖，那么换而言之，某些公司的股票是可以在高估的时候卖出的。假如从某家公司的发展预期来看非常符合巴菲特的标准，为什么要卖出呢？假如股价已经透支了未来数十年的收益，从机会成本的角度看，为什么不卖出呢？

因此，我们并没有看到巴菲特拘泥于这一策略，换而言之，巴菲特从来没有说对任何股票都是采取买入并长期持有的策略。

趣味延展

“股神”巴菲特虽贵为顶级富豪，却是出了名的“小气鬼”。《华盛顿邮报》前董事长葛兰姆女士曾经领教过巴菲特的吝啬。据说有一次她想问巴菲特借10美分打个电话，他竟拿着一枚25美分的硬币跑到很远去换钱，然后给了她10美分。被巴菲特从首富位置挤下来的比尔·盖茨，也曾打趣说，巴菲特取代他的方法就是“抠门”。

巴菲特在生活中非常“吝啬”。穿着简单，没有华而不实的设计师定制西装和闪闪发光的金表，巴菲特很容易被当成一名职员、一名会计或一名超市工作人员。有人曾经说过：“如果他和另外三个人一起走进来，我就不会认出他，除非他头上戴着五彩光环。”

谈到食物，巴菲特没有美食需求。他午餐经常只有爆米花、薯条和樱桃可乐。他还尽量不在高档餐厅吃饭，有时会在奥马哈的格拉特牛排餐厅吃饭，那里只供应牛排和土豆，而且他从不浪费几美元的优惠券。

巴菲特大约30年前在奥马哈买了房子，他家里的大部分家具都是从奥马哈市内布拉斯加家具城（那是他在1983年买下的一个商场）买来的。

巴菲特的汽车更加简陋。他并不费心买一辆名车，而是开着一辆1991年的林肯家用轿车，多年来，这辆轿车已成为真正的老爷车了。

巴菲特不仅在衣食住行方面如此小气，即使是他第二次结婚时的结婚戒指，也是他从自己旗下的一家珠宝店打折买来的，这也省下了一大笔钱。

09 |《风险投资家环球游记》 吉姆·罗杰斯

读万卷书行万里路，投资无时不在，投资无处不在

名著导读

吉姆·罗杰斯是一位著名的美国投资家，他与索罗斯共同创立了量子基金。但他们在1980年分道扬镳，因为吉姆·罗杰斯先生想用自己的方式进行投资——开车环球旅行。吉姆·罗杰斯进行了两次环球旅行，第一次环球旅行后出版了《罗杰斯环球投资旅行》，这本书卖出了50万册。在第二次环球投资之旅后他写下了《风险投资家环球游记》。

吉姆·罗杰斯是一位成功的投资者，他以丰富的个人经验向读者展示了巨大的投资前景。1999年1月至2002年1月，他和女友从冰岛驱车前往116个国家，包括安哥拉、刚果、苏丹和东帝汶等旅行者不太可能冒险的地方。本次跨世纪旅行可能也创造了持续时间最长的汽车旅行的吉尼斯世界纪录。当然，让我们着迷的不仅仅是吉尼斯世界纪录，更重要的是吉姆·罗杰斯是一位不同寻常的旅行者，他还是一位投资者。一路上，吉姆·罗杰斯凭借他对社会、政治和经济的洞察，记录了他的所见所闻，纠正了成见，并对投资前景做出了预测。

《风险投资家环球游记》中，吉姆·罗杰斯将他的投资理念融于他的浪漫旅行中，用自己旅行中亲历的故事来阐释学术化的投资知识，使其读起来生动易解。对于普通投资者来说，这本书可以点燃人们的投资激情，激励人们主动去把握生活中无处不在的投资机会。

学习历史和哲学吧，然后进行全球旅行，这样你才能挣大钱。

——吉姆·罗杰斯

罗杰斯是一个探索者，在所到之处，他总能发现当地的投资价值。

——西方书评界

理论精读

1.国家投资——国家才是最大的投资机会

罗杰斯认为，环球旅行让人很容易对世界范围的投资机会做出简单的判断，虽然，这样的机会判断是非常宏观和直觉性的，但是，也正是通过这种全球的实际走访，罗杰斯才更好地把握了一个国家的管理体系对这个国家的发展趋势所起的推动作用。

例如，在博茨瓦纳，罗杰斯惊讶地发现，这是一个拥有3年外汇储备、政府预算和外贸盈余的国家；城市里到处都是豪华汽车；可以自由兑换货币；有一个只有7名员工、7只股票，股价和现金分红都很低的股票市场。罗杰斯一下子买下了博茨瓦纳所有的股票，并委托一位经纪人买下了后来上市的每一股股票。2002年，《商业周刊》将博茨瓦纳评为10年来增长最快的国家，罗杰斯自然从博茨瓦纳的股票市场上获得了可观的利润。

罗杰斯依靠自己广泛的历史、政治、哲学和经济学知识，在旅行中研究、分析了不同国家的情况，以确定他想要投资的国家和股票行业的风险和机会。他的主要标准如下：

（1）这个国家的经济和政治状况比人们预期的要好。

（2）股票很便宜。

（3）市场开放，贸易繁荣，政府鼓励投资，多种迹象表明经济发展趋势向好。

（4）货币可自由兑换，出入境方便。

罗杰斯认为，21世纪最显著的特征是人口、商品、信息和资本的惊人流动。21世纪经济学的主题将是通过货币交换来实现资本管制，只有当市场自由，其货币的价值具有合理性时，人们才会自然而然地开始行动，如开采绿松石，出口到法国，换欧元，然后把欧元卖给那些想进口葡萄酒或拖拉机的人。如果持有欧元的人不向他们出售，葡萄酒和拖拉机的进口商将会不断提高价格，直到卖家无法拒绝为止。拉丁美洲的经济领先于非洲经济的原因之一就是他们的货币可以自由兑换。

2.把握行业变化——从变化中牟利

罗杰斯对国内股票的选择，就像他对国家的判断一样，通常是基于整个行业的。他提出了一个广泛的投资概念，购买他认为有前途的特定行业的每一只股票。这与他通常购买一个国家所有股票的方式相同。罗杰斯说："发现低买高卖机会的方法是寻找未被认识或未被发现的概念或变化，通过变革和长期变革，而不仅仅是商业周期的变革，寻找即使在经济下滑的情况下也能表现出色的公司。"他寻求的变革有四种具体表现：

（1）灾难性变化。通常，当一个行业处于危机中时，行业内有两三家大公司破产，或者濒临破产，只要能改变整个基础情况，这个行业就有可能发生反弹。中国纺织业可能符合这一要求。

（2）表现良好的行业可能隐藏着恶化的因素。这就是树木不能长到天上的原因。罗杰斯对此类行业股票的做法通常是做空。做史无前例的事，一般都要经过仔细研究，因为一些价格很高的股票会继续走高。

（3）以政府扶持产业为重点投资对象。由于政府的干预，这些行业将发生巨大变化。当他在一个国家投资时，他也倾向于购买政府支持行业的股票。

（4）与时俱进，瞄准有潜力的新兴产业。20世纪70年代，当女性拥抱"自然美"，放弃或根本不化妆时，罗杰斯审视了雅芳公司的股票，认为即使该公司的市盈率超过70倍，但这一趋势已经形成，公司一定会受到冲击。他做空了130美元的头寸，一年后，该公司收盘价不到25美元。

上述四种变化，从本质上说还是供求关系的变化在起作用。罗杰斯说：“致富就是要让供需平衡，共产主义者、华盛顿和其他所有人都不能排除这种可能性。”

罗杰斯用石油工业的例子来证明这一道理。20世纪70年代石油价格上涨带来了一系列连锁反应，一般人都感觉石油价格是在石油输出国的组织下上涨的。但罗杰斯对此却另有看法：从1960年起，石油输出国组织每年都想抬升原油的价格，但是从来没有成功过，价格一跌再跌。价格上涨真正的原因要追溯到20世纪50年代。当时最高法院判定美国政府可以管制天然气的价格，政府的管制使得天然气价格低到生产天然气的公司根本无法获得利润，与此同时，消费者却越来越认识到天然气作为燃料具有很大的优越性，它比石油或煤炭更便宜、更干净。这样，居民也渐渐地转向了天然气，但天然气的开采却急剧下降。鉴于此种情况，罗杰斯对钻井公司进行了一系列的调查，他认为，让这些石油公司破产，并且停止全国范围内的家庭天然气消费是不可想象的。于是他买了油井的股票和这一行业相关的其他所有东西。不久以后，石油和天然气果然开始疯涨。

3.黄金投资——保值投资手段

罗杰斯对于黄金投资很感兴趣。1990年6月，罗杰斯旅行经过伯力时，发现西伯利亚人疯狂抢购黄金饰品，这激起了罗杰斯的好奇心，他为了弄清黄金对苏联有多重要，去见了当地金矿开采组织的领导，此人在当地矿业组织中极有威信。他们谈论了黄金和其他商品，以此来了解20世纪的苏联所赖以生存的是什么。

罗杰斯有一条投资原则是：不管赌什么，永远跟中央银行相反，永远跟现实世界一致。罗杰斯认为，每当中央银行在维护某种东西的低价时，聪明的投资者就应反其道而行之，在这个价位不断买入，这样做回报一定很丰厚。罗杰斯在20世纪70年代买入黄金，35年后，黄金的价格终于放开，价格上涨幅度巨大，这证实了罗杰斯的投资原则是正确的。

罗杰斯认为，供需之间的拉锯战最终会反映在价格上，价格反映了供需满足并持续的点。因此，黄金投资者可以通过计算供求关系而变得异常富有，而不必考虑抢购或疯狂购买。例如，第二次世界大战后，黄金价格在37年中一直保持在1盎司（1盎司＝28.3495克）35美元，但随着时间的推移，价格变得太低，因此黄金产量持续下降多年。后来，由于价格低廉，黄金开始广泛应用于日常生活，如牙科修复和电子产品。当黄金被过度使用时，需求就会多于供给，黄金价格开始上涨。

罗杰斯始终认为黄金的购买与其他的商品的买卖一样都受市场的运作规律支配着，沿着一个稳定的价格波动。由于供求平衡被打破，黄金的价格开始上涨，其价格上涨有其合理和合法的原因。一般的公众看到某块地或某种股票上涨了就知道可以从中大捞一笔，于是有更多的人跟进，大多数人还做着发财的美梦。买得早的聪明人会因选择了一个合适的高价位卖掉他手中的黄金（或股票、房地产）而美梦成真，而另一部分人则成全了别人的美事，自己却被高位套牢。当有很多人高位买进时，此时的供求平衡又将被打破，新一轮的下跌又将开始，“买进—上涨—买进—卖出—下跌”，市场就是这样在价值规律的支配下运行着、轮回着。黄金这一特殊商品也不例外。

从另一个角度来看，黄金几千年来一直是传统的保值手段。但是，它可能会在某个相当长的时期内落后于购买力。它在恶性通货膨胀的情况下本应该能够保值，但是，它今天不能保值的原因与20世纪70年代是不同的，因为在21世纪可能还存在着其他更好的保值手段，罗杰斯还不能确定它是什么。

4.关于中国——新兴市场中的投资机会

《风险投资家环球游记》一书中，罗杰斯用了三章的篇幅介绍中国，罗杰斯认为，到21世纪早期的某个时候，中国的经济会跃居世界第一（不是指人均水平），之所以这样认为是和罗杰斯对中国的了解（通过四次旅行）有密切的关系的。

罗杰斯认为，中国人有着相当悠久的经商传统，这可以追溯到几千年前。香港在21世纪初已经成为亚洲金融中心，它的影响正飞快地向北延伸。中国人的脑子里塞满了生意经，改革开放和市场经济让一部分南方人先富了起来。中西部受其影响，也正在发生巨大的变化。

中国还有一笔宝贵财富——海外华人。很多海外华人有资金、有技术，这给中国的改革开放和经济发展注入了新鲜的血液。没有人知道华侨到底有多少，他们遍布全球（泰国、新加坡、澳大利亚、加拿大、美国），马来西亚有三成的人口是华人。中国对海外华侨的投资永远是欢迎的，即使是从来都不知道怎样使用筷子、从来没说过一句中文的第三代华裔，对中国人来说也是中国人，中国随时都欢迎任何华裔回来投资。

如果你想在中国做生意，你应该找一家中国公司帮你做。例如，如果一家公司宣布计划直接进入中国市场，罗杰斯可能会做空其股票。但如果它与一家已经在中国取得成功的华侨公司有关，罗杰斯可能会乐意购买该公司或该华侨公司的股票。

罗杰斯始终相信中国人民的勤劳和智慧。他周游世界，访问了许多国家，并将其中一些国家与中国进行了比较，指出许多棘手的问题可以由中国人巧妙地解决。这可能是许多海外华人成功的根源，是中华民族的特点。

5.人在旅途——读万卷书不如行万里路

罗杰斯1991年旅行途经阿根廷，仔细研究了阿根廷的股市，罗杰斯发现，经过几十年的失败和总结经验后，这个国家已开始认识到国家在创造繁荣这方面的能力有限，当地的报纸也说新政府决心改变庇隆主义，因为庇隆主义把一切都国有化了。有一些经济和政治头脑的人就会知道这种中央集权管制下的经济政策只能阻碍经济的发展，并且使阿根廷处于长期的困顿局面中。为了更好地弄清楚他所要投资的国家的前景，罗杰斯去问了一些阿根廷政府的官员对政府的看法，得出的结论使他决定把钱投在政府已宣布将集中发展的3种行业——电信、旅游和采矿。促成罗杰斯买股票的一个原因是这里的股票非常便宜。经过研究，他买了19种股票，这些企业都是有发展前景并有很好的业绩支撑的。

途经厄瓜多尔时，罗杰斯满眼都是繁荣景象，基础设施很好，出入境手续非常简单，并且货币可自由兑换，罗杰斯又一次选中当地最大的一家银行，做起了股票投资。有意思的是，当罗杰斯走进银行股票部时，他发现其成员几乎是清一色的金发女性。在崇尚大男子主义的拉美国家，这种工作让女性承担，说明当地人对股票投资不够重视，意味着股市还处于发展初期，投资正是时候。几经周折，他买下了当时萧条的股市上最不景气的7种股票。

1991年的南美洲在罗杰斯眼里是一块投资宝地，这里旧的独裁统治和外汇管制几乎全部消失。没有中欧和非洲那样潜在的边境问题，形势更趋稳定。每一个投资者都不希望自己的钱投在一个满是战火和硝烟的地方。南美人正在发展真正的股票交易所，他们的货币也越发稳定了。鉴于这些有利因素，罗杰斯在除智利外（智利正处牛市）的另外几个国家（厄瓜多尔、秘鲁、玻利维亚、阿根廷、乌拉圭）都做了股票投资，想来收益也不会太差。

中美洲的旅行更接近家园，也受美国影响更多，到处都有美国人留下的痕迹。巴拿马城基本上就是美国的一个前哨，美元是巴拿马的正式货币，美国的干涉给巴拿马人带来的利益从一条巴拿马运河上即可看出，巴拿马运河是大西洋与太平洋的通道，一条运河也是一棵摇钱树。

途经哥斯达黎加时，虽然局势不太稳，但罗杰斯还是在那儿做了投资。因为这里的政府已决定发展股票市场，并且他还得知交易所的所长正在准备加入世界证券交易所联合会一事。哥斯达黎加拥有美丽的海滩、山脉，以及丛林，旅游业很有发展前途，曾在不同时期被美国人选作投资场所。哥斯达黎加的主要经济支柱产业是制糖、可可。除了咖啡及旅游业，其他行业一直处于熊市，罗杰斯相信这些农业市场会兴旺起来的，并且能带动整个国家经济的腾飞，牛市会来的。罗杰斯买了股票交易所最稳健的公司（最大的酿酒厂、最大的报纸、一家农业公司、一家银行等）的部分股票，并准备继续投资下去。

在萨尔瓦多，罗杰斯觉得那里当时的战争即将结束，预测咖啡和蔗糖价格以后肯定会上涨，并且战争结束后美国会投入很多美元，他认为最糟的事情已经发生，往后就会渐渐好起来，所以他也在这里做了投资。

趣味延展

罗杰斯在37岁那年怀揣着在股市上赚取的1400万美元宣布退休，但是退休并不等于告别投资。他强调说，自己儿时就梦想着有朝一日能够骑着摩托车环游世界。他相信，在耶鲁和牛津大学期间密集学习的地理学、经济学和历史学能在环球旅行和投资中派上用场。就这样，罗杰斯找到了环游世界和投资之间的契合点，开始一步一步接近自己的梦想。

事实上，他曾经两次环游世界，第一次在1990年。罗杰斯与女友塔碧莎骑着摩托车，去了50多个国家，花了近两年时间。在贝尔格莱德，他们感受到经济的衰败；在中欧，遭遇坠崖的危险；在西伯利亚，经历荒无人烟的糟糕路况；在非洲，又在战乱中一路逃亡；在南美洲，更是遭遇了杀人如麻的游击队，然而这一切无损浪漫。第二次是1999年，罗杰斯开着奔驰旅行车，历时3年，途经116个国家，行程24万公里。

罗杰斯非常喜爱中国，他在中国旅游期间与人打台球，访问老年婚姻介绍所，到中医诊所尝试针灸，观摩中国的气功和武术，他对中国一切的古老文化都感到新奇。

如果仅仅把罗杰斯的旅行看成一种娱乐那就大错特错了，出于天性，罗杰斯仍旧关注着具有前景的投资机会：在土耳其，他发现在中央强烈干预经济的体制下，过高的价位不值得投资；在奥地利，他预见沉睡的股票市场会因为周边国家的经济复苏而蓬勃发展，于是大举投资奥地利股票并获利颇丰；在智利，他预见自由化改革的阵痛将给该国带来长久繁荣；在秘鲁利马，他预见废除不合理债券将恢复秘鲁的昔日繁荣；在中国，他看到了经济发展蕴藏的投资机会，因而投资B股获利丰厚……

旅行中的投资充满着神奇的色彩，罗杰斯不愧是一个具有冒险精神的投资家！

10 |《怎样选择成长股》 菲利普 · 费雪

首次提出成长型投资，《纽约时报》畅销榜上的首部投资著作

名著导读

菲利普 · 费雪是长期成长型股票投资的倡导者，他也是一名价值投资者。他更关注企业的成长，被称为“成长型价值投资之父”。此外，菲利普 · 费雪的重要贡献在于提出对企业的研究和分析不能只停留在财务数据上，还要从对企业的访谈中观察企业的实际经营管理情况这一理念。

作为一名长期投资大师，菲利普 · 费雪在1928年至1999年超过71年的投资生涯中取得了巨大成功。他于2004年去世，与其他大师如纽伯格和邓普顿一样，菲利普 · 费雪是一位非常长寿的投资者。

在此书中，菲利普 · 费雪向读者解释了自己是如何挑选成长型公司的，他列出了成长股的标准、如何寻找成长股以及怎样把握时机的15个要点。这15个要点涵盖了市场营销和销售、公司管理、研发活动、收益状况、人事关系、会计控制、内部沟通以及财政预算等多个方面。

菲利普 · 费雪对巴菲特影响重大，巴菲特曾说：“当我读过《怎样选择成长股》后我找到菲利普 · 费雪，这个人和他的理念给我留下了深刻印象。通过对公司业务深入了解，使用菲利普 · 费雪的技巧，可以做出聪明的投资决策。”

多年来，《怎样选择成长股》一直是斯坦福大学商学院研究所投资课程使用的教材。

要了解经营者的意图，唯一的方法是观察他们如何与股东沟通，特别是面对困境的反应。

理论精读

1.判别成长股——成长股的四个考量方面

费雪认为，投资者应该更多地关注那些能够让他们以最低成本和风险获得最大回报的公司——真正的“成长型股票”。为此，他提出了选择成长型股票的十五个要点，认为如果一家公司能够满足相当多的要点，那么它就具有较高的投资价值，其发行的股票就可以称为“成长型股票”。简而言之，十五个要点可以围绕四个方面进行分组：

（1）公司面临的市场状况及其竞争力。公司的营业额在几年内会显著增长吗？有更好的销售渠道吗？这两个问题的答案是决定一家公司是否值得研究的基本标准。

销售增长前景首先取决于需求增长，公司的管理水平必须保持在较高水平。此外，对企业销售能力的分析往往被忽视，大多数分析师只满足于依靠一些粗略的指标来分析企业的销售能力。费雪认为，这些比率太粗糙，无法作为投资价值的良好指标，要了解一家公司真正的销售能力，需要与竞争对手和客户进行艰苦的研究。

（2）研发水平。公司研发活动的效率如何？为了进一步提高整体销售水平，寻找新的产品增长点，管理层决定如何推动研发活动？

费雪认为，维持公司财务稳定的最根本的因素在于不断开发新的产品线，以保证可观的利润，这直接取决于公司的研发水平。观察研发水平有两个最重要的角度：一个是研发活动的经济效益；另一个是公司高级管理层对研发活动的态度，他们是否能够认识到当前市场的增长极限并采取预防措施。

（3）公司的成本和收入。公司的成本控制水平如何？利润水平如何？有没有采取有效措施来维持或提高利润？是否有长期利润前景？

费雪是长期盈利能力的忠实粉丝，他总是寻找净利润率始终高于平均水平的公司。他表示“投资利润率太低的公司永远不会产生最高的长期利润”。因为利润率低的公司财务脆弱，最有可能在经济低迷时首先倒闭。

（4）公司的管理水平。员工和管理团队之间的关系是怎样的？公司的管理是否有足够的深度？在可预见的未来，公司是否会继续增资？现有股东是否会受到预期增长的严重影响？管理的完整性是毋庸置疑的吗？

费雪认为，良好的人际关系（特别是管理团队内部的良好氛围）和足够的管理深度是企业高效发展的基本保障。至于该公司的融资能力，他明确指出：如果该公司将在几年内发行新股筹集资金，而现有每股收益只是略有增加，我们只能得出结论，管理层的财务判断相当差，因此该公司不值得投资。

在决定一家公司是否值得投资的所有标准中，费雪将管理层的诚信列为最后也是最重要的标准。早在1959年，他就直截了当地写道：“投资者不应该认真考虑投资一家管理层对股东没有很强责任感的公司，无论他们在所有其他事项上有多高的重视。”

2.买进与卖出——成长股买卖时机

费雪并不主张投资者在市场崩盘后一定要寻找买入机会。他认为，尽管在1929年股灾后的两年里有勇气购买并持有一些股票的投资者收益良好，但那些在20世纪50年代以合理价格购买成长型股票的投资者也收获巨大。

他坚决反对投资者试图预测所谓的经济高点和低点，以此作为买入或卖出的依据。费雪认为，预测经济趋势是不值得的。他打趣道，如果投资者耐心参考每年在《商业周刊》上发表的经济学家对未来的预测，他们成功的机会将微乎其微。经济学家花在预测经济趋势上的时间，或许花在思考如何提高生产率上更好。

费雪认为，投资者应该选择由非常有能力的管理层领导的公司，公司在转危为安之前偶尔会遇到意想不到的问题，这时管理层的作用就凸显出来了。投资者应该意识到，这些问题是暂时的，不会永远持续下去。如果这些问题导致股价暴跌，但预计将在数月而不是数年内得到解决，那么此时可能是一个相当安全的买入时机。

但这并不意味着投资者忽视了经济萧条带来的问题。当你认为一家公司值得投资时，就去投资。对投机的恐惧或希望会对投资决策造成影响，应尽量规避。

综合来看，一个好的公司（符合上面选股标准的公司）+一个好的管理团队（符合上面选股标准的团队）+企业的危机或失误，就是一个好的买入时机。

除了股票本身，我们还要考虑的要素有：经济情况、利率趋势、政府对投资和私人企业的整体态度、通货膨胀的长期趋势，最后也许是最重要的一点要素是，新发明和新技术对旧行业的影响。

关于卖出，费雪认为有三个理由。第一，当初买进行为犯下错误，某特定公司的实际状况明显不如原先设想的那么美好。在某种程度上，要看投资者能否坦诚面对自己。第二，成长股成长潜力消耗殆尽，股票与持有原则严重脱节。第三，有更加前景远大的成长股可以选择。

费雪认为投资者不应该因为对空头市场的担忧而卖出股票（恐惧熊市的到来）。他认为这样做无异于要求投资者知道空头市场何时出现，以及何时结束（在空头市场底部买回股票）。但通常情况是投资者卖出后，空头市场并未出现，市场继续上扬，等到空头市场真的来临时，却从来没有见过在比卖出价格更低的位置买回相同股票的投资者。通常的情况是，股价并没有跌回卖出价，但投资者仍苦苦等待，或者股价真的一路下挫跌过卖出价，他们却又因忧虑别的事情而不敢买回。

费雪提醒投资者，不应该因为手上的股票涨幅过大就卖出股票。因为，“涨幅过大”“估值过高”，都是非常模糊的概念，没有证据表明多高的估值或者涨幅才是最高。

他进而推论出这个观点：如果当初买进普通股时，判断做得很正确，则卖出时机几乎永远不会到来。

当然，本书的成书时间比较早，而20世纪50年代正是美国国力蒸蒸日上成为全球霸主的时期。1932—1947年，美国股市经历了长期的萎靡，此时正好处于恢复上升周期，百业兴旺。而今的美国已经大不如昔了。如果你在花旗银行刚上市就买入它，并持有至今，收益率将会非常可怜，远远低于通货膨胀率。另外，数十年过去，企业的管理方式和管理理念都会有一些变化，竞争也更加激烈。因此对于费雪的买卖观点还要辩证地使用。

3.公司股票研判——选择优秀公司的要点

我们都知道，每一只股票背后都有一家公司，选股票实际上也就是在选公司。而对一般的投资者而言，如果是做长线投资的话，往往有两个选择：一个是大公司，这类公司由于具有资源优势，往往有较强的竞争力，同时由于它规模大，运营也相对比较规范；另一个是年轻的小公司，这类公司往往有具有发展前景的新产品和一个有生气的管理层。投资者从“成长”角度挖掘抗周期性行业的投资机会，可以说是进可攻退可守。

不管选择什么样的公司，费雪认为在考察公司时，都应把握以下要点：

（1）管理层是否存在“报喜不报忧”的现象？

（2）盈利能力是否在增长？公司是否有新产品或新技术？

（3）公司的管理方式和管理水平的深度。

（4）公司的销售网络。

（5）公司是否有短期和长期盈利前景？公司如何平衡短期利益和长期利益之间的矛盾？

（6）公司的利润率。

（7）公司的劳资关系好吗？特别是高管之间是否有良好的关系？

（8）公司在所在的领域是独一无二的吗？

（9）公司规模和研发投入的比例。

（10）公司的成本记录和会计分析如何？公司的标准化情况如何？

（11）公司为保持和提高利润率做了哪些努力？

（12）公司是否有未来发行股票的新计划？这会影响当前的股东回报吗？

4.不要掉入陷阱——投资人一定要避免去做的九件事

费雪为了避免大家掉入陷阱，用自己的亲身经历和经验来告诉投资者一些建议：

（1）不要分散投资。人的精力总是有限的，仔细分析大型、既定的成长性股票，至少有五只或更多，但最好是重叠的产品线，在考虑到风险更高的年轻成长股之前，应在这些股票和风险小的增长公司中进行投资。

（2）不要忽视市盈率分析。市盈率是一个非常重要的概念，但许多人没有意识到，当市盈率与公司运营特征相关时，它能反映公司价格的“含金量”。费雪认为，如果一家公司继续开发新的利润来源，并处于一个具有类似增长前景的行业，会表现出极高的市盈率。

（3）在购买真正优秀的成长型股票时，不要忽视时机。有时，你会成功地找到一只真正有潜力的成长型股票，但很有可能其正处于一种价格高得离谱的境地。费雪推荐了一种方法：研究一家公司过去成功的商业计划，在其发展过程中，这些计划必然会反映在股价上，在该点附近买入会是一个很好的机会，会让你在最低价附近买入一只有前途的股票。

（4）不可过分依赖数字。这里的数字基本上是指前几年的股票价格表、普通投资者的每股收益状况等数据。费雪的一个关键原则是“未来而非过去驱动股价”。原因是股价与当时的情况有关，而且情况已经过去，不会再来，所以过去的价格没有参考价值。因此，在决定是否购买某只股票时，其过去几年的价格走势或每股收益等都是无关紧要的。

（5）不要随波逐流。也就是说，大多数情况下，人们对经济状态的反应是不正确的，而且过分悲观的情况更多一些。说明在投资界，悲观的概率永远大于乐观的概率。

（6）不要太挑剔。费雪对许多投资者为他们想要买卖的股票设定的心理价格的批评是正确的：作为一个希望在几年内基于股票增长获得巨大收益的投资者，为了一个小的价差放弃交易是不划算的。

（7）不要担心在战争阴影笼罩下买进股票。费雪认为，20世纪发生了十次大的战争，每一次都是在战争正式爆发前股市下跌，但一旦战争爆发，则股市开始走稳，战争结束后即开始狂飙。究其原因，就是战争使得政府创下巨额开支，从而摊薄了货币的购买力，也就是导致通货膨胀。因此，在战争爆发后持有现金是最不明智的做法。正确的做法是，在战争爆发前小心地逐步购买，战争爆发后马上加快购买速度。而如果本国战争失败，那本国的货币也将变得一文不值，投资者不管是持有股票，还是持有现金，结果都一样。

（8）不要被股票过去的数据记录所影响，特别是注意不要以为买入那些过往股价没有上涨的股票就是安全的。影响股价的主要因素是未来而不是过去。

（9）不买处于创业阶段的公司。费雪认为创业阶段的公司，投资者只能看到它的运作蓝图，并猜测它可能出现什么问题或可能拥有什么优点，这事做起来困难得多，做出错误结论的几率也高出很多。投资者应该坚守原则，绝不买进创业阶段的公司，不管它看起来多有魅力。老公司里面多的是绝佳的投资机会。

5.竞争壁垒——寻找有竞争优势的公司

费雪提出了“竞争壁垒”观点。费雪指出，投资者应该寻找那些成本比同行业更低，但利润率却高于同行的企业。

这类公司往往并不只依靠技术开发和规模经济两个层面。首先，这类公司必须在其提供的产品或服务的品质和可靠性上建立起声誉。其次，公司必须有某种产品或服务提供给许多小客户，而不是只提供给少数大客户，这样做的好处是使它的竞争对手，必须去争取众多的客户，才有可能取代这家公司的地位。

这类公司具有高于平均水平的利润率或投资回报率，但不应该高出业界平均水平好几倍。实际上利润或回报率太高，反而可能成为危险之源，引来众多竞争对手一争长短。公司具有特殊的性质，具有某些内在经济因素，使得高于平均水平的利润率并不是短期现象。

费雪认为有竞争壁垒的公司可以以低于行业水平的价格向公众提供产品或服务，大多数客户信任公司及其产品或服务，低成本和高效率的运营将使该公司在很长一段时间内保持略高于行业水平的利润率。

为了便于投资者掌握，费雪对企业的竞争优势的论述可以归纳为以下几点：

（1）抑制竞争，以很高的效率营运使得潜在竞争对手没有加入的诱因，知难而退。

（2）业界领袖地位创造出很强的竞争优势，从而吸引投资人。

（3）抢先踏进新产品市场，夺得第一。

（4）公司根基稳固，有强大的市场地位。

（5）发展科技、培养消费者的“忠诚”、提供卓越的产品或服务可以助力公司取得业界领导地位，同时还要有能力对抗对手，保卫自己的市场。

趣味延展

费雪1907年生于旧金山，父母均是各自家中众多儿女里排行最小的，父亲是个医生。他与祖母特别亲近。小时候费雪就知道股票市场的存在以及股价变动带来的机会，这缘于费雪上小学时，有一天下课后去看望祖母，恰好一位伯父正与祖母谈论未来工商业的景气，以及股票可能受到的影响。费雪说：“一个全新的世界展开在我眼前。”两人虽然只讨论了十分钟，但是费雪却听得津津有味。不久，费雪就开始买卖股票。20世纪20年代是美股狂热的年代，费雪也幸运地赚到一点钱。

1928年，费雪从斯坦福大学商学院毕业后，正巧碰到旧金山国安盎格国民银行到商学研究所招聘一名主修投资的研究生，费雪争取到这个机会，受聘于该银行当一名证券统计员（即后来的证券分析师），从此开始了他的投资生涯。

1929年，股市仍在上涨，但当费雪评估美国基本产业的前景时，却对股市感到悲观，他看到许多产业存在供需问题，前景不稳定。1929年8月，他向银行高管提交了一份报告，称“25年来最糟糕的大型空头市场即将展开”。这可以说是他有生以来最令人印象深刻的股市呼吁，但费雪坚持“看空做多”。他后来对这种矛盾的做法给出了解释：“我被股市迷惑了，所以我四处寻找便宜且值得投资的股票，因为它们还没有上涨。”他在3只股票上投资了数千美元。这3只股票的市盈率都很低，分别是火车头公司、广告看板公司、出租汽车公司。美国股市最终崩溃了。尽管费雪预测到股票会暴跌，但他却没有从自己的正确预测中受益，在这次的股市崩溃中，他损失了很多钱。

1930年1月，费雪成为该部门的负责人。但不久，费雪就被一家利润丰厚的经纪公司挖走了。经纪公司给了他相当大的自由，让他自主挑选股票进行分析，然后将报告分发给公司的销售人员，帮助他们推广业务。股市崩盘后，这家经纪公司倒闭了，费雪找到了一份办公室文员的工作——这是在当时的环境下他唯一能找到的工作，但这是一份让他抗拒的“枯燥”工作，他仍然梦想着管理客户的投资事务来收取费用——成为一名投资顾问。

1931年3月1日，费雪创立了费雪投资管理咨询公司，终于开始了他的投资顾问生涯。起初，他的办公室很小，没有窗户，只有一张桌子和两把椅子，但到了1935年，他拥有了忠实的客户和盈利的事业。

1954—1969年是费雪投资生涯最辉煌的15年。他投资的股票涨幅远远超过了指数：1955年购买的德州仪器，到1962年增长了14倍。德州仪器公司随后暴跌80%，几年后又创新高，是1962年峰值的两倍多，换言之，是1955年价格的30倍。

费雪在20世纪60年代中后期开始投资摩托罗拉，并持有了21年。期间该股从1美元涨到20美元，不包括股息，平均每年增长15.5%。

1961年和1963年，费雪受聘于斯坦福大学商学院，教授高级投资课程。

费雪于1999年退休，当时将近92岁。

2004年3月，一代投资大师去世，享年96岁。

11 |《股票作手回忆录》 埃德温·勒费弗

从5元本金到月入1亿，“百年美股第一人”的传奇人生

名著导读

这是一部有关有史以来最伟大的证券投机商之一——杰西·利弗莫尔——的传记小说。作者埃德温·勒费弗从1922年开始在《星期六晚邮报》上连载以拉瑞·利文斯顿之名描写杰西·利弗莫尔大起大落的股市生涯人物传记。埃德温·勒费弗主修矿业工程，19岁时却成为一名记者，在这部小说发表后，他声名大噪，成为知名的财经作者。

《股票作手回忆录》中堪称永恒的见解鼓舞了无数投资者，使其成为有史以来最好的经典投资书籍之一。

尽管大多数现代投资者和交易者都熟悉这部经典之作，但许多人并不知道《股票作手回忆录》最早出现在《星期六晚邮报》上时是一系列插图文章。这本书的中文版是在20世纪末出版的。

几十年来，一代又一代证券投资者都在阅读这本书，以了解金融操纵的态度、反应和感受。

华尔街没有新事物。因为投机像山岳那样古老。股市今天发生的事情以前发生过，以后会再度发生。

——杰西·利弗莫尔

历经20年的岁月沧桑，《股票作手回忆录》仍是我一生最钟爱的图书之一。

——肯尼斯·L.费希尔

在对当代最杰出的三十位证券交易员的采访中，我向他们提出了同样一个问题——哪一本书对其最有启发？迄今为止，独占这榜单首位的，仍然是70多年前出版的伟大著作——《股票作手回忆录》！

——杰克·施瓦格

理论精读

1.逆向操作——杰西·利弗莫尔的投资策略

我们知道投资策略主要包括顺势投资策略和逆向投资策略。那么，究竟什么是逆向投资策略？它的内在逻辑是什么？

利弗莫尔认为逆向投资策略就是投资者衡量一般投资大众的意见，当发现大众的观点、认识、方法和思维趋向一致，达到极端不合理的状况时，所采取的反其道而行之的交易策略。它的基本逻辑是：如果群众持有某种看法，而且每个人都根据那个看法采取行动，那么市场上就没有新资金可以继续推动股价朝那个方向前进，那么此时利用极端意见，就很有把握短时间内从中获得巨大利润。

关于这个操作思路，利弗莫尔已经成功地进行了验证，书中写道："在利弗莫尔加码空单的第二天，传来了旧金山大地震的消息。关于对消息的反应，权威人士趋向一致的观点为：不要管消息是好是坏，而是要看市场的反应。意外的是，利弗莫尔发现在这样一场可怕的大灾难之后，股市并没有反映真实的状况，开盘时仅下跌了几点。这时利弗莫尔坚信：'大盘并非总是立刻就说真话。'因此他继续保留着空单。让人敬佩的是，在隔天传来了完整的报道以后，在市场反应仍没有应有的那么强烈的情况下，利弗莫尔仍坚持自己的信念并再次加码放空。不久，市场终于反映了现实，这时利弗莫尔全部回补，短短几天赚得了极大的利润。”

当然，现在的投资者大多推崇顺势操作，顺势操作交易理念也日渐成熟，然而在众多的假突破日益增多之际，作为一名合格、出色的交易者只运用顺势交易策略参与交易显然有些不足。尤其是在期货市场里，如果你不能及时察觉顶部的异常，那么你不仅不能利用难得的机会获取暴利，反而会使整个趋势中辛苦赚来的利润，在一天或几天内大幅消失。

因此，投资者应该学习一下利弗莫尔的这种逆向操作思维，当然这并不是一件简单的事情。首先，逆向投资思维打破了以往大众循环式的思维模式，即牛市期间高度兴奋，熊市期间极度压抑。这样剧烈的情绪转变对投资者来说无疑是一个巨大的挑战，如果没有足够的经验和磨炼，其投资决策不可能不被情绪影响。其次，根据绝大多数投资者的分析习惯，在需要运用逆向投资策略的时候，无论是基本分析还是技术分析，它都保持完好发展势头，几乎没有任何征兆，而这时能够帮助投资者分析和决策的只能是大众心理分析和逆向思维。然而，心理分析和逆向思维恰恰又是众多投资者所欠缺和难以掌握的，因为心理分析和逆向思维的运用，不仅需要投资者保持视角的多样性和灵活性，还需要从人性角度和现实角度去观察问题。最后，逆向投资策略的实行也需要投资者合理的资金管理方法，需要严格的执行操作能力，更需要打破常规的莫大勇气。毕竟在市场大众意见趋向一致时，它在短期内推动的力量是极其快速和巨大的，一旦交易者无法承受这个压力，那么极有可能又会随大众趋势而行，以致放弃逆向投资策略。

2.从投资中赚钱的诀窍——评估整个市场和它的趋势

从实际操作中利弗莫尔明白了一个道理：赚大钱不是靠股价起伏，而是靠主要波动，更确切地说也就是不靠解盘，而靠评估整个市场和市场趋势。能够同时判断正确又坚持不动的人很罕见，利弗莫尔发现这是最难学习的一件事情。但是股票作手只有确实了解这一点之后，才能够赚大钱。

利弗莫尔发现，他的想法从来都没有为他赚过大钱，倒是当他持股观望的时候，却赚了大钱。利弗莫尔因此明白投资成功的重点在于评估整个市场和它的趋势。

对此，他说："我学到的差不多就是这些——研究总体情况，建立仓位，并且坚持不动。我能够没有半点不耐烦地等待，也能够毫不动摇地面对下跌，因为我知道这只是暂时的现象。"

"没人能够抓住所有的波动。在多头市场里，投资人的游戏就是买进后捂着，直到你认为多头市场已近尾声。"

"（关于做波段）我知道如果我这样做，可能就会失掉我的仓位，从而肯定会失去赚大钱的机会。"

3.个股趋势跟随大盘趋势——以研究大盘趋势为基础

利弗莫尔在做交易时从来不会忘记一个原则，那就是以研究大盘趋势为基础。他一定要等到大盘上涨时，才开始买进，或者在大盘下跌时，才开始放空。利弗莫尔说世界上最强、最真实的朋友，那就是大盘趋势。当市场犹疑不决或是上下震荡的时候，他总是待在场外。

事实上，在利弗莫尔整个的投资生涯中，他一直不遗余力地一再重复这些原则：一厢情愿的想法必须彻底消除；假如你不放过每一个交易日，天天投机，你就不可能成功；每年仅有寥寥可数的几次机会，可能只有四五次，只有这些时机到来，才可以允许自己下场开立头寸；在上述时机之外的空当里，你应该等待市场酝酿下一场大幅运动。

利弗莫尔认为，个别股票的大幅波动取决于整个市场的基本条件，决定我们交易的市场性质比其他任何事情都更为必要。在做多头之前，我们需要等待市场进入多头趋势，在做空股票之前，我们需要等待市场进入短期趋势。在这里，他强调了大市场趋势的重要性。

"显而易见，我们应该在牛市做多，在熊市做空。"

"这是我第一次以一个绝对有远见的计划运作，我考虑了整个市场，而不仅仅是一两只股票。"

"无论有没有炒作集团，我预计整个市场都会下跌。"

“这是我有生以来第一次，自从市场开始按照我的方向走以来，我觉得我有了盟友——世界上最强大、最真诚的盟友：（市场的）基本形势。他们竭尽所能帮助我，也许他们在转移后备队时有点慢，但他们非常可靠，只要我不太急躁。我不是在拿我的股票行情分析技巧或第六感打赌，我在照本宣科，我对事情必然性的思维定式在替我赚钱。”

4.追随领头羊——强势的股票带来最大的收益

利弗莫尔提示投资者最好买入行情中那些最强势的股票。

一般来说，领头羊股票的一个重要特征是冲出阻力区并创新高，或者冲出整合区并在熊市结束时进入牛市趋势并创新高。随着时间的推移，一些高利润行业将衰落，而其他行业将进入高速增长期，但上一轮牛市的领头羊很少能继续成为今天的领头羊。

要抓住领头羊股票就要保持思想的灵活性，记住，今天的领头羊也许不是两年之后的领头羊，因为一切都在变化与更替。由于经济和商业情况的变化，市场将产生更大预期利润的新的交易机会，所以以前牛市中的领头羊股票很难成为新的牛市中的领头羊股票。

那么怎样具体辨识领头羊股票呢？利弗莫尔给出了我们答案：

“当我注意到那些行情的领头股票从最高点开始下跌——很多个月首次出现——并不再回头时，我早已预期的警告就来临了。这些股票的下跌势头明显很快，这一点清楚地说明我有必要调整我的交易策略。”

“那些股票已跟随趋势数月。如果这些股票停止跟随趋势，就意味着对于这些特定的股票而言，其牛市行情已经结束了，尽管此时牛市仍然强劲。而对于其他的股票来说，其趋势仍是明显上升的。”

5.完善资金管理——执行向上的金字塔买入原则

利弗莫尔提醒投资者，一定要做好自己的资金管理，特别是在资金量并不大的情况下。

股票的价格永远不会太高，高到你不能买进，也不会低到不能卖出。但是在第一笔交易后，除非第一笔出现利润，否则别做第二笔。利弗莫尔说，如果你的头笔交易已经处于亏损状态，就绝不要继续跟进，绝不要摊低亏损的头寸，一定要把这个想法深深地刻在你的脑子里。只有当股价不断上涨的情况下，才可以继续购买更多的股份。如果是向下放空，只有股价符合预计向下的走势，才可以一路加码。这对国内那些动辄补仓摊平的投资者来说应该有一点启示。

而对于股票的买入，利弗莫尔认为，投资者不应该一次把所有资金全部都投入进去，而要考虑到出错的可能。我们需要等待股价走势自己来证明我们对趋势判断的正确性。他建议当股价像我们希望的那样上涨的时候，分批买入，仓位由小到大。

关于金字塔买入原则，利弗莫尔给了投资者如下提示：

（1）在开始行动时，除非你确信情况完全正确，否则全部买进或卖出是很不明智的。

（2）在第一笔交易之后，除非获得了利润，否则不要做第二笔，要等待和观望。

（3）这是一种简单的算术，用来证明赢的时候下大赌注、输的时候只输小钱的做法是明智的。当然，如果按我说的方法下赌注的话，就总能赢得大赌注。

6.投机行为不是赌博——投机是智慧与情商的综合游戏

利弗莫尔的母亲在儿子赚足一万美元时，劝儿子用这笔钱做踏实的生意，而利弗莫尔回答说：我并不是在赌博，投机是一场精确的计算。

利弗莫尔认为并非每个人都适合操作股票。愚蠢、懒惰、情绪有欠稳定，尤其是想一夜致富的人，不适合从事这一行。冷静的头脑是操作成功的关键素质，唯有如此才能维持健全的精神平衡状态——不被希望或恐惧牵着鼻子走。利弗莫尔认为以下三种特质不可或缺。

（1）控制情绪。足够的情绪控制能力可以降低交易者的心理层面对决策的影响。

（2）拥有经济学和景气状况基本面的知识。这是了解若干事件对市场和股价可能造成什么影响的必要智慧。

（3）保持耐心。愿意放手让利润愈滚愈大是杰出交易者不同于平庸交易者的特质。

另外，他认为以下四种关键技能和特质也是必备的：

观察——只看事实资料；记忆——记住关键事件，以免重蹈覆辙；数学——了解数字和基本面，这是利弗莫尔天赋异禀的才能；经验——从你的经验和错误中学习。

对此，利弗莫尔解释说："价格像所有其他的事情一样，会沿着抵抗力最小的路线进行。如果上涨的阻力比下跌的阻力小，价格就会上涨；反之亦然……我只是去了解价格最可能移动的方向。我也会用额外的测试，检讨我自己的交易，以便决定重要的心理时刻。在我开始操作之后，我是用观察价格行为的方式来做这一点。观察、记忆、数学和经验——这些就是成功交易者必须依靠的事情。他不但必须观察精确，还要随时记住所观察到的一切。他不能赌不合理性或不能预期的事情……他必须始终根据可能性来下赌注——也就是尝试预测可能性。"

此外，利弗莫尔认为频繁交易（每天或者每个星期都会进行操作）的投资者，是不会取得太大的成功的。操作股票获利的时机有许多，但有些时候，应该缩手不动，绝不操作。当市场缺乏大好机会，经常休息和度假是很明智的选择。因为在纷纭的市场中，有时退居场边当个旁观者，可以比日复一日不断观察小波动，更能看清重大的变化。

趣味延展

对于利弗莫尔，可能很多投资者都不太熟悉，事实上他可能是美国历史上最伟大的投机家，曾被美国经济新闻媒体称为"少年赌客"。在20世纪初，利弗莫尔就通过投机股票和农产品市场赚了几千万美元；在1个月的交易中赚取过1000万美元的利润；甚至在三个小时的市场搏杀中，赚进20万美元——这在当时被人们视为天文数字，要知道那时美国人的年均收入不过才1000美元。

利弗莫尔于1877年7月26日出生于马萨诸塞州，是美国历史上最伟大的投机家。他家境贫寒，父亲是一位农民，但利弗莫尔却不甘于与父亲相同的命运。

1893年，16岁的利弗莫尔初涉股市就取得成功，从此他走上职业交易者的道路。赚到第一个1000美元时，利弗莫尔辞去了工作，将所有时间都用于投机商号进行股票投资。1000美元实际上对于当时的投资商号也不算一笔多大的财产，但利弗莫尔每次都能在资金的一进一出中收获巨大的利润——他的第一次交易利润高达63%！

1907年，美国的经济恐慌越来越严重。当此之际，大银行家摩根开始介入，他的行动之一是亲自要求利弗莫尔停止做空，因为利弗莫尔在恐慌期间一天内做空了300万美元，这是市场无法承受的。利弗莫尔在和摩根的意见达成一致的第二天即反手做多，在摩根大通向陷入困境的银行提供资金后，市场反弹，利弗莫尔获利丰厚。

1909年，利弗莫尔受邀到白宫做客，在那里威尔逊总统甚至请求他把自己的棉花期货平仓以救国急。不过好景不长，后来利弗莫尔惨败了一次，超过90%的本钱蒸发掉了，他被迫卖掉两条游艇还债。此后一段时间他在股市上连受挫折，以至于债台高筑，利弗莫尔后来回忆说："那几年是很长的一段贫困岁月，1911年到1914年没有钱可赚，根本没有机会，所以我的情况比以前更糟糕。"在巨额债务的压力下，他在股市中的操作屡屡出错。不得已，他宣布破产。

1915年初，"战争新娘"的繁荣推动了市场的好转。债务压力缓解后，利弗莫尔利用他人提供的机会购买了伯利恒钢铁公司的500股股票，再次赚了14万美元。1916年，他通过做多卖空赚了大约300万美元。他于1917年回到纽约，还清了所有债务。为了避免再次破产，他为妻子和儿子留出了一些钱，分别设立了信托基金。

利弗莫尔最著名的一次投资是在1929年美国股市大崩盘即将来临之际，通过“宏观经济分析”，预判英美两国中央银行即将提高市场利率而大肆卖空股票。因此，当大多数投资者的巨额财富化为乌有时，利弗莫尔却悠闲自在地喝着香槟酒。为此，一部分金融历史学家甚至将1929年的美国股灾归咎于他，因为当时的利弗莫尔绝对有控制整个市场的实力。

就这样，利弗莫尔经历了多次暴富和破产，并在资本市场屡次的熄火中产生了一系列投资理念，如探测法和金字塔交易法，这些理念被广泛效仿。

12 |《摩根财团》 罗恩·彻诺

一部恢弘壮阔的华尔街史诗，被评为“美国金融史第一书”

名著导读

《摩根财团》以广泛的采访内容和新开放的家族和商业档案为基础，展现了史诗小说般的宏大场面和磅礴气势，追溯了J.P.摩根帝国从维多利亚时代在伦敦默默创业开始，一直到1987年股市崩溃时期的历史。

本书是一卷丰富的历史全景图，描述了摩根四代人和他们所创造的威力巨大而又秘不外露的公司——J.P.摩根公司、摩根士丹利和摩根建富；表述了在第二次世界大战结束以后，摩根的诸公司如何从绅士风度的典范演变为一个充满着敌意兼并、垃圾债券和杠杆收购的咄咄逼人的新世界中的先锋；循着摩根进入日本、法国、沙特阿拉伯和巴西的足迹，阐述了摩根各公司与许多著名人士交往的情况，其中包括亨利·福特、鲁伯特·默多克和保罗·沃尔克。

《摩根财团》引人入胜地叙述了一个不寻常的机构及其管理者，鞭辟入里地审视了隐藏在历史事件、著名政治家和在一个半世纪以来改变了世界众多工业帝国背后的真正的威力——金钱。

《摩根财团》讲述了银行业和金融社会150年的历史，跨越了华尔街和伦敦金融区的繁荣和恐慌，并对现代金融世界的崛起进行了全面分析与描述。

《摩根财团》于1990年获得美国国家图书奖，被人称为有关美国金融王朝的第一部鸿篇巨著。

理论精读

1.借势借力——善用政府力量来扩张

权力和财富的关系从来就密不可分，摩根财团的政治冲动也和有利可图的机会完美地结合在一起了。

摩根财团的创始人老摩根出生于一个金融世家，祖父和父亲都一直从事银行和保险业工作。150年来，老摩根和他的后代都极善于利用政治和权术来达到经济上的目的，从而使得摩根财团的规模得以迅速膨胀，成为主宰华尔街乃至全球的金融霸主：在两次世界大战中，摩根成为超脱交战双方的通吃赢家；在两次毁灭全球金融市场的经济危机中，摩根两度使美国经济起死回生；甚至在2008年全球金融风暴中，摩根还扩张了自己的势力范围……

摩根把世界上众多总统和亿万富翁当作棋子和工具；摩根率先启用非家族成员担任CEO一职，这成为家族企业的典范；作为世界上第一个使用电灯的家庭，安装灯泡的电工是爱迪生本人；与其辉煌成就相对的是，老摩根总部一直静静地坐落在华尔街拐角处，没有任何标志。

1861年，美国内战爆发后，老摩根趁机向政府大肆出售各种枪支弹药，赚了一大笔，这些积累成为摩根财团日后四处扩张的资本。第一次世界大战期间，摩根公司利用其国会关系专门包办了美国对西欧的金融业务。摩根为英国和法国政府筹集了30亿美元的战争债务，仅从佣金中就获得了3000万美元的利润。第二次世界大战期间，摩根财团是政府最大的军火承包商。

摩根财团领导的国会军火商的游说，最终促成了美国政府对《租借法案》的签署。第二次世界大战期间，美国向租借军备物资的盟国提供了数百亿美元的武器和资源，附带利息和本金。谁知道摩根财团从中赚了多少钱？第二次世界大战后，摩根家族从未停止过武器交易。战后，美国政府在世界各地发动战争，摩根基金到处购买武器。越南战争爆发后，摩根财团下属的通用电气公司仅在1967年就收到了14亿美元的订单。无论是金融垄断还是军火承包商，如果没有政府的支持，所有这些有利可图的生意都不可能流向摩根。摩根家族长期参与高层政治圈。老摩根是克利夫兰总统的首席财务顾问，直接干预白宫的经济决策。

20世纪初，老摩根将西奥多·罗斯福捧为总统，作为回报，罗斯福政府不得不处处听从摩根集团的指示。伍德罗·威尔逊总统也在摩根财团的支持下赢得了总统宝座，摩根财团后来促使这届美国政府参加了第一次世界大战。赫伯特·胡佛被摩根财团的金钱送入政治舞台，并最终成为美国总统、摩根财团的代言人。在20世纪50年代的杜鲁门政府时期，三位国务卿均与摩根财团有联系。艾森豪威尔政府的三位国防部部长与摩根财团关系密切。20世纪上半叶，摩根财团对政府保持着长期的控制，政府也为其提供了各种经济保护和稳定的政府订单，摩根财团从中获得了暴利。

摩根财团的主要势力集中在西欧和加拿大，但在19世纪和20世纪上半叶的殖民主义时代，摩根财团也扩展到了亚洲、非洲和拉丁美洲的落后国家。例如，在中国清政府时期，它获得了修建广州至汉口铁路的权利，但后来由于中国人民发起的大规模抗议运动而作罢。但摩根财团借此机会向清政府索赔了600多万美元。当然，随着1949年中华人民共和国的成立，摩根财团在中国的经济利益和特权消失了。

摩根财团利用1893年的经济危机取得了美国西部铁路的建设特许权，从而控制了美国铁路总长度的30%。1901年，它又收购了13家钢铁公司，形成了世界上最大的钢铁行业垄断，而一些世界上最大的钢铁公司（如美国钢铁公司）也由摩根财团控制。第二次世界大战前，它已经统治了美国的金融业和钢铁、电力、运输、电信等行业，总资产高达300亿美元，占当时美国八大财团总资产的一半，其声势发展到顶峰。

2.完成垄断——整合无序竞争产业的金融手段

内战结束后，美国钢铁业迅速发展。随后的美西战争和布尔战争使钢铁价格一路上涨，利润飙升，但无序的价格战也出现了。摩根认为，需要更多的整合和重组来建立钢铁行业的适当秩序。

为此，他首先选择了约翰·沃恩·盖茨的钢铁公司。摩根采用了各种各样的方法，比如胁迫和诱导盖茨的律师来达成协议，在共和钢铁公司的基础上组建一家联邦钢铁公司。

摩根随后与安德鲁·卡内基展开了著名的谈判，最终以近5亿美元收购了他的钢铁公司，并在1901年组成美国钢铁公司。

为了加快公司的发展，摩根一方面设定了较高的产品价格，以提高行业门槛，挤压中小钢铁企业；另一方面，当这些中小企业面临财务压力时，摩根会继续收购——美国钢铁公司吞并了700多家钢铁公司。

摩根的美国钢铁公司之后立即开始降价，这一策略非常有效，在其顶峰时期，其委员会控制了美国六成的钢铁产量，掌握了近17万钢铁工人的命运。美国钢铁公司也由此成为第一家资产超过10亿美元的美国工业公司。

今天，垄断时代已经结束，世界商业力量分散在不同的机构中。正如摩根所说，再也不会有像摩根财团这样强大、神秘和富有的银行了。

3.组织结构——摩根家族体系管控

第一次世界大战结束后，美国作为一个债权大国，企业合并浪潮再次高涨。到了1923年，这股浪潮更加强劲。1929年是经济大萧条的第一年，此时的摩根体系中的金融资本配置又是什么样的呢？摩根家族体系包括银行家信托公司、保证信托公司和第一国民银行，总资本为34亿美元。

摩根同盟总资本超过48亿美元，由国家城市银行和契约国家银行组成。摩根同盟和摩根家族统称为摩根联盟。

在摩根联盟中，以摩根为轴心，实行董事链式领导。五大金融资本旗下20多万家主要金融机构互联互通，形成了结构庞大、组织严密的“摩根体系”。这个金融集团拥有全国33%的金融资本，总价值200亿美元。保险资本125亿美元，占全国保险业的65%。

摩根财团在金融业方面有很强的基础。它的主要支柱是J.P.摩根公司（摩根大通）。摩根公司是世界上最大的国际银行之一，它控制着三十余家外国商业银行、开发银行、投资公司和其他企业的股份。此外，还有制造商汉诺威公司、纽约银行家信托公司、西北银行公司、美国谨慎保险公司以及纽约人寿保险公司等。

摩根士丹利在美国众多制造业大公司中拥有董事席位。这些公司包括美国钢铁公司、通用汽车公司、肯尼格特制铜公司、得州海湾硫黄公司、大陆石油公司和通用电气公司等。

据统计，大萧条前的摩根体系总资本为740亿美元，相当于美国所有公司资本的1/4。当时的华尔街，被一百余名摩根体系的董事控制着，他们甚至建立了一个可能推翻白宫的垄断业。

4.摩根士丹利——摩根财团的耀眼“明珠”

摩根士丹利是一家成立于美国纽约的国际金融服务公司，提供包括证券、资产管理、企业合并重组和信用卡等多种金融服务，目前在全球42个国家的1300多个城市设有代表处，雇员总数达6万多人。摩根士丹利在全球金融界享有盛誉。它提供金融及市场执行方面的专业优质服务，构建起一个高效的金融网络，并凭借摩根的理念和雄厚资金为实现客户的金融目标而努力奋斗。

摩根士丹利是摩根银行在受到《格拉斯–斯蒂格尔法案》的压力下催生出的产物，1935年春天，摩根财团做出了将摩根银行拆分成两部分的决定：一部分为J.P.摩根，继续从事传统的商业银行业务；另一部分被分离出来成立一家完全独立的投资银行，名叫摩根士丹利。

离开摩根银行组建摩根士丹利的20个人中，高级职员几乎完全掌握了50万美元的普通股，并且拥有投票控制权，但真正的启动股本金为700万美元的无投票权优先股，J.P.摩根及其合伙人拥有其中的660万美元。开幕之夜，一名看门人摆好桌子，准备接受客人的鲜花。当他第二天上班时，他发现摩根士丹利门前的街道两旁排列着200多个花篮。摩根士丹利的竞争对手和华尔街同行以这种方式表达了他们的敬意。

众多公司在第一周就开始找上门谈业务，以至于当一家大公司的总裁来谈融资时，哈罗德·士丹利说：“让他下周再来。”在其第一年的业务中，摩根士丹利以惊人的10亿美元发行了股票，席卷了1/4的市场。当时公司只有

20名员工。

1935年至1970年，摩根士丹利在世界上的统治地位令人印象深刻。今后再也不可能有像这样的投资银行了。当时甚至出现了这样一种言论："如果上帝要筹款，他也要找摩根士丹利"，所以有人说："摩根士丹利继承了美国历史上最强大的金融集团——摩根财团的大部分贵族血统，代表了美国金融巨头领导现代全球金融市场的辉煌历史"。因此，摩根的策略是"让客户感觉他们被允许进入私人俱乐部，他们的账户相当于贵族社会的会员卡"。

1974年，摩根士丹利通过其第一次大规模的敌意并购，主宰了残酷的敌意收购世界。此后20多年，摩根士丹利一直是美国领先的并购顾问。其股本回报率超过30%，在2000年之前一直是最盈利的上市证券公司之一。

直到2008年9月，摩根士丹利受次贷危机影响经美联储同意转变为传统银行控股公司。

5.精于计算——从经济危机中牟利

在摩根财团的发展史上，曾经遇到数次经济危机，但是摩根财团在恐慌中不断寻找"机遇"，结果不但安然度过危机，甚至还从中找到了谋利机会。

美国在1837年、1857年、1873年、1893年连续发生经济大萧条，就是由于"银行家们有规律地放松银根，等待经济过热产生严重泡沫后又收缩银根"制造的结果。金融寡头们在精确计算这次金融危机的时间和预计成果："首先必须能够震撼美国社会，让事实说明，没有这样的中央银行，美国社会是多么的脆弱；其次能够挤垮和兼并中小竞争对手，特别是信托投资公司，再次就是得到垂涎已久的企业或行业。"

1907年危机爆发前的几个月，纽约的"摩根系"一直在伦敦与巴黎之间度假，会晤各大国际银行家。等他们回到纽约，即1907年10月，有关"几个重要投资公司破产"的流言迅速像病毒一样蔓延，出现"挤兑风潮"，现金严重短缺，银行也要求投资公司立即还贷，危机开始爆发，到10月24日，纽约交易所几乎停盘。

这时摩根以救世主的身份出现。纽约证交会主席来到摩根的办公室，祈求他出手帮助解决资金困难，否则除了关闭股票市场别无他路。经过开会，16分钟筹集到2500万美元，以“高息发放借款，解决资金短缺”，挽救了“纽约证券交易所”。但是有八家银行和信托投资公司倒闭。摩根又到纽约清算银行，以“发放票据”作为临时货币应对严重的现金短缺。

随后的11月2日，以同样的手法，“摩根”为拯救风雨飘摇中濒临倒闭的摩尔斯莱公司（田纳西矿业和钢铁公司的主要债权人，拥有田纳西、佐治亚、亚拉巴马州的铁矿和煤炭资源），提出“一揽子方案”，这将大大加强摩根控制下的“美国钢铁公司”垄断地位。但这个方案必须得到总统的批准，逃脱垄断法案的制约。于是11月3日（星期日）晚上，摩根派人到华盛顿，劝说“对反垄断一点都不含糊”的总统西奥多 · 罗斯福：“务必在11月4日纽约股票市场开盘之前，批准拯救摩尔斯莱公司的‘一揽子方案’生效。”摩根的态度很明确，也就是必须按时批准。

结果，在巨大的金融和政治危机面前，总统顾及其产生的巨大影响，离周一开盘前五分钟被迫签署城下之盟。当天股市闻讯大振。

每一次金融危机都是一场经过精心策划和精确定向的爆炸，在数千名破产者的废墟上建立起闪亮的新金融大厦。摩根以4500万美元收购田纳西公司时，其实际市值超过10亿美元。

趣味延展

摩根财团著名的人物约翰 · 皮尔庞特 · 摩根从年轻时就敢想敢干，很富有商业冒险和投机精神，两次成功投机奠定了摩根发达的基础。

摩根大学毕业后，父亲介绍他到纽约一位朋友开的邓肯商行实习。有一次摩根去古巴为邓肯商行采购物资，船在新奥尔良停靠。他在法国街上遇到了一位陌生人，这个人问他：“先生，你想喝点咖啡吗？”

这名男子告诉摩根，他是一艘咖啡货轮的船长，接受委托运送一批咖啡，但买家破产了，不得不自己推销。他愿意以半价出售，以便迅速出手。船长看到摩根穿着考究，看上去像个有钱人，就来找他谈生意。

他们两人在酒吧喝了一杯后，摩根看到了商品，经过深思熟虑，决定买下咖啡。当他把咖啡样品带到其他城市时，他的朋友们提醒他要小心：价格虽低，品质也好，但很难说船舱里的咖啡是否有与样品一样的品质。不过摩根认为船长是一个值得信赖的人，于是他买下了所有的咖啡，并给邓肯商行发了电报。邓肯商行把他叫了回来，指责他放肆，命令他停止交易。但这件事已经做了，摩根不得不向父亲求助，老摩根毫不犹豫地支持了儿子的行动，用他在伦敦的账户偿还了摩根从邓肯商行挪用的款项。在他父亲的支持下，摩根不仅买了船长的咖啡，还根据他的推荐从其他咖啡船上买了咖啡。

结果证明摩根是对的，船舱里满是好咖啡。他买了这批货后不久，因巴西受到了寒冷天气的影响，咖啡的价格暴涨了2~3倍，摩根就此发了财。

这一年摩根年仅22岁，他的第一次冒险成功了，此时的他也正沉浸在亲人刚刚去世的悲痛之中。一方面为了安慰儿子，一方面出于对儿子能力的信任，老摩根在华尔街为儿子开了一间摩根商行，在这里，摩根开始了他的发迹生涯。

1862年，美国的南北战争已经爆发。一次在和朋友闲聊中，摩根得知，北军伤亡惨重，他顿时联想到，战事不好定会引起金价上涨，于是他和朋友设了个圈套。他们先秘密买下了500万美元的黄金，在将其中一半汇给当时的金融中心伦敦时，故意泄露出北军战败的消息，由此引起金价上涨，然后抛出手里剩下的那一半，他们因此大赚了一笔。

尝到甜头的摩根愈发意识到，抓住机会，冒险就是财富。

13 |《高盛文化》 里莎 · 埃迪里奇

华尔街“反派”的内部秘密，高盛百年不衰的投资秘籍

名著导读

《高盛文化》是一本至今少有的，揭示一个伟大机构——华尔街上最后一家私人合伙制公司——内部秘密和华尔街金融世界运转情况的高水平著作。里莎 · 埃迪里奇是美国麻省理工学院管理专业和城市规划专业硕士，曾是高盛公司副总裁和外汇交易员。

高盛银行是华尔街最后一家保留合伙制的银行。1998年8月，高盛公司合伙人会议决议将高盛公司改组成股份有限公司，从而结束了合伙制的投资银行的历史。但是高盛的合伙制度在它的发展进程中起到了至关重要的作用，它独特的性质使得高盛的经营、管理以及财务状况对外界一直保持着相当的神秘性。

在20世纪初，高盛只是一个很小的家庭企业，如今已成为世界最著名的投资银行之一，它的成长史可谓是20世纪中最伟大的金融公司发迹史。高盛成功的三大支柱：领导层、职员和公司文化。

作者身为高盛的前副总裁，凭借着对公司的了解和人际关系，给我们讲述了高盛如何从一个很小的家庭企业成长为世界最著名的投资银行的成长历程和幕后故事，揭开了高盛的神秘面纱……一部让人爱不释手的作品。

——理查德 · 伯恩斯坦

至今少有的，揭示世界最著名投资银行的引人入胜的作品。高盛的成长历程是20世纪最伟大的金融公司发迹史。

——威廉姆·史麦赫司脱

《高盛文化》向我们讲述了华尔街上最后一家私人合伙制公司的独特成功文化——忠诚、合作、低调和神秘……作者身为高盛的前副总裁，将笔墨聚焦于高盛成功的文化——团队合作和对长期利益的追求。高盛的成功正是源于对这种文化的长期坚持。

——罗杰·罗文斯坦

理论精读

1.优秀领导层——领导力是发展的核心动力

在高盛公司漫长而辉煌的历史上，让人最赞叹的便是其领导团队的草根性。高盛领导层几乎没有出身豪门的世家子弟，大多从基层做起，靠个人才华和勤奋，一步一步努力，才取得今天的财富、地位和影响力。现在让我们来认识一下这些优秀的领导者。

马库斯·戈德曼，高盛创始人。他曾是德国的一名教师，1848年迁居美国，到美国后先是以拉车为生，后来在费城开了一家小店，1869迁至纽约，开始经营借据经纪业务，这就是高盛的前身。

西德尼·文伯格，现代高盛之父。在1930—1969年间担任高盛董事长的西德尼·文伯格是华尔街历史上的传奇人物，称得上“一代金融巨子”。但出身贫穷的他最初却是在高盛的办公室当勤杂工，工作之一是替合伙人擦皮鞋。

西德尼·文伯格很小就出来工作了，他为工厂送过皮毛，卖过报纸，还做过投资公司的传话员。为了找工作，他乘电梯上了当时纽约最高建筑的顶层，然后一层层往下走，一层层地问需不需要新手。被拒绝了23层后，西德尼被位于二层的高盛雇佣为杂工，职责就是清洗痰盂和合伙人的汽车。

西德尼·文伯格在担任高盛领导的整个任期内，不间断地与工商界联系，尽心竭力地为公司谋求了更多的发展机会。他幽默，善于与人攀谈，通用电气、福特汽车等许多公司的老总都与其私交甚好，西德尼·文伯格曾同时担任三十家公司的董事。

格斯·利维，继西德尼·文伯格后高盛的最高领导人。利维16岁时父亲就去世了，18岁时来到纽约开始他的职业生涯。在这段时间里，他白天工作，晚上上夜校学习商务和金融。在高盛的时候，利维每天5:30起床，7:30后到达自己的办公室，而且很多时候他都是第一个到达办公室的。在持续的高强度工作下，利维在1976年在纽约开董事会时倒在地上，然后就再没有醒过来。

约翰·文伯格和约翰·怀特海德，是格斯·利维的继任者。他们的管理特点是“以身作则”。通过亲自会见客户、处理事务、长途出差等行动，他们向公司成员发出这样一个信息：高盛的每一位员工都应该是一个实干者，管理仅仅是工作的一部分。

亨利·保尔森出生于伊利诺伊州的一个农民家庭。尽管他在2005年时是华尔街薪酬最高的高管，年薪3830万美元，但他仍然过着普通的生活。周末，他经常开车去他的家乡伊利诺伊州郊区巴林顿镇陪母亲。父亲去世后，他留给母亲一块五英亩的土地。这里没有豪宅，只有保尔森25年前在高盛当职员时建造的一座小房子。他们一家在这里吃的基本上是保尔森母亲自己种植的蓝莓、桃子和蔬菜。在这里，保尔森会穿着短裤和运动衫，像其他美国农民一样坐在长凳上休息。

高盛的高层们告诉员工：“我们不生产人们的生活必需品，也没有生产什么独一无二的东西。除了管理层和员工的努力工作之外，我们与任何其他投资银行都没有什么不同。想想看，我们在同一栋楼里工作，使用同一台电脑，乘坐同一架飞机，住同一家酒店，甚至拥有同一个客户。”高盛股票业务联席主管加里·科恩说，他每天至少思考十次这句话。科恩从小就患有阅读困难症，一直到初中都在和这种障碍做斗争。“我们都经历过逆境，”他在谈到高盛的高层出身时表示，“多年来，人们一直告诉你，你会失败，但这正促使你说‘等着瞧吧！’”

2.卓越文化——高盛的公司文化不可复制

高盛的公司文化一直为人们所称道，在华尔街，是具有传奇色彩的存在。这种文化要比其他任何东西更能将高盛和其竞争对手们区分开来。由于存在过多的羡慕和模仿，高盛有时会被别有用心地描述为因循守旧者，然而，少有异议的是，高盛文化已产生了非常积极的效果。

不得不提到这两条高盛经营原则。第一条：公司的资产是员工、资本和声誉。“这三者中的任何一个受到损害，都需要很长一段时间恢复，其中，声誉是最难恢复的。我们承诺完全遵守管理我们的法律、法规和道德规范的文字含义和精神。我们的持续成功是因为坚持不懈地遵守这一标准。”第二条：诚信是公司业务的核心。“我们希望我们的员工在他们所做的一切中保持高道德标准，不仅是在他们为公司工作的过程中，而且在他们的个人生活中。”

高盛卓越的公司文化吸引并保留了最佳的雇员和客户。在马库斯·戈德曼先生于1869年创立高盛公司起，团队合作、诚信守法、追求完美和开拓进取的企业精神就一直植根于高盛文化之中。

高盛与众不同的是，它将个人对财富、声誉的贪婪与野心成功转化成了真正的团队精神。在高盛，只有“我们”，没有“我”。高盛大部分的部门有两名负责人，这种小团队模式让高盛不像别的公司那样纵容个人，即便是华尔街最优秀的个人。高盛不向任何人保证将在未来数年中，给予多少薪酬，也不按交易员赚取的利润给他们提成。

此外，高盛的公司文化中重要的一点就是客户至上，对客户做出的承诺是公司一切业务的核心。为了维护本公司的竞争优势，满足公司客户较高的期望值，高盛的公司文化在不断发展演进。高盛致力于创造一种领导素质和多元化并重的企业环境，并推动实现企业内部的融合。

此外，高盛员工对他们工作和生活的社区有强烈的责任感，通过世界各地的组织网络积极参与各种慈善活动是该公司长期以来的企业传统之一。同时，高盛悠久的公司文化也吸引了世界各地的优秀人才。

3.合伙人制度——高盛的人才核心思想

高盛公司认为，员工是其最宝贵的财富之一，为了加强员工的忠诚度、激励其进取心，高盛采取了很多措施，慎重选人，大胆用人，让每一个服务于高盛的员工都能获得成功的满足感。高盛向来对于人才选拔比较苛刻，不会提供过高的年薪，但会提供给年轻人更好的职业上升空间及做事的机会。通过合伙人制度，高盛吸引并且培养了一大批有性格而且能够带动整个公司进行“破坏性创新”的人才。可以说，每个人在高盛获得成功都有其特别的方式。

一名优秀的员工，是公司的无价之宝。高盛公司在物色员工时，采取的是“少而精”的战术，只求质量，除受过相当的高等教育外，还需具备视野开阔、勇于创新、善于冒险、诚信至上、善于学习、具有远见等素质。“物色最适当的人选、拥有最优秀的人才，才配称为最优秀的公司”，这是高盛的用人之道。跨进高盛公司门槛的员工，都有着过五关斩六将的经历。当公司准备招聘新员工时，要从大量的应聘者提交的简历中精心筛选，然后对入围者进行全面的考核，并进行15次、20次甚至25次的反复面试，每次面试时间都在0.5~1个小时，应试者要与公司的不同领导人分别交谈，最后进行综合打分，确保所选择的是最适合的人选。这种入门考试对任何人都一视同仁。人员选定后，还要进行系统的职业培训和考核，这样才能正式成为高盛公司的全球化员工，能到高盛在北京、香港、纽约、伦敦等世界各地的任何一个分支机构工作，组成公司的团队。正是由于拥有这样的优秀人才群体，才使高盛久盛不衰。

招收了一流的人才，又怎样才能留住这些人才呢？在经济全球化的时代，人才流动成为常态，而高盛公司的人才流失现象却极少发生，大部分员工均对公司有归属感、忠诚感，以在高盛公司工作为荣。这一方面是因为高盛所有资源是全球共享的，当一名员工在工作中遇到困难需要帮助时，通过电话、电子邮件，可以立即得到遍布全球同事的支持，而且公司的业务是无缝隙的，保证一天24小时，每周7天运转，因而员工成长快，工作效率高，容易取得成功，并获得满足感。另一方面是因为高盛的组织结构是扁平式的，等级观念淡薄，一名普通员工可以直接向高级领导进言，表达自己的观点，而且正确的观点通常会得到采纳。

此外，高盛公司一直实行合伙人制，在高盛的等级体制中，成为合伙人是升迁的重要步骤。在高盛全球两万多员工中，只有极少数人能成为合伙人，他们年薪可达60万美元以上，并可参与公司分红。合伙人每两年就重新评选一次，竞争非常激烈，大多数合伙人的任期都很短暂。这一竞争正在加剧。在20世纪80年代，高盛合伙人平均任期达10年，而现在仅有8年。激烈的竞争使得高盛员工工作起来格外卖力，往往在华尔街其他银行想到要拜访某客户之前，高盛就已经拜访过了。

在这样的制度下，两年一次的合伙人选拔就成为一件非常严肃的事情，往往一选就是7个月。上万名员工都想成为千余名中层中的一员，而千余人又个个想成为百名合伙人之一。这一机制的特点，很好地保证了所有高盛员工一面努力赚钱，一面对共同利益进行高度监督。

一位合伙人曾经这样解释高盛的合伙人制度："高盛公司看起来就像有五六十个小部门在运营，并且他们有充分的自由去做他们想做的事情，在这个组织里，获得声望的唯一途径就是业务上的成功，得到经济利益和精神利益的手段则是相互合作。"

毫不夸张地说，当别的企业还在各部门间宣传协作精神时，在高盛，合伙人的经济利益已经将他们的命运牢牢地捆在一起，共同的经济利益还使公司文化更加稳固，合伙人的利益虽然在某些事情上有些分歧，但涉及盈利问题时，他们的立场则完全一致，因为所有的合伙人都只能从一个途径获得收入，合伙人的报酬很大程度上取决于公司的整体盈利（个人的持股量每两年调整一次，但是在任何一年里，这个比例都是既定的，合伙人的报酬是全公司盈利的直接相关函数）。这与其他一些公司形成了鲜明对比，在他们那里经营较好的某个部门的经理获利丰厚，然而经营状况不好的其他部门经理的收入则少得可怜。

从根本上来说，高盛卓越的业绩归功于其员工的贡献，他们中的大多数人相信自己有一天会成为合伙人，高级合伙人弗里德曼这样总结了所有权的价值："没有人会去清洁一辆租来的汽车。"

4.顺利转轨——合伙制转为上市公司

高盛作为一家合伙企业成功运营了多年。然而，1998年金融市场的合并使高盛处于不利的竞争地位，其业务发展需要更多的资金和更好的融资渠道，于是高盛适时地放弃了合伙制，改为上市公司。

合伙制有很多优点。合伙制具有很强的保密性，因此高盛不需要向社会公布其盈利状况，这很符合一般人的愿望，因为很少有人真的愿意向外人公布自己每年赚了多少钱；商业决策不会在媒体上被公开分析，发展战略不会被竞争对手模仿；合伙制让公司员工——特别是合伙人之间——产生一种相互依赖的家族式感情；成为合伙人是员工奋斗的动力，有幸成为合伙人不仅能够获得财富上的巨大回报，更意味着得到了公司的信任；合伙制下，一方面在回报、地位方面存在巨大的等级差异，另一方面又为员工提供了晋升的阶梯——优秀的员工可以通过自己的努力成为合伙人，合伙制因此能够吸引最优秀的人才进入高盛；公司内部的冲突不会被媒体炒作，从而避免更大的内部矛盾；合伙制让高盛不受股市短期行为的影响，公司决策可以不考虑股票价格波动的影响，从而可以专心于长远发展目标。

合伙制虽然有其独特的优点，但是随着经济发展、时间推移，其不足也表露出来——它不能给经济带来持续不断的动力。而就合伙制投行本身来说，突出的问题则是资金短缺。即使在公司拥有盈余资本的情况下，他们的未来仍然是不稳定的，因为当他们的合伙人退休时，会抽走自己的资本，从而缩小公司的财务基础。事实也证明，很少有合伙人在离开之后还把资金留在公司内部。

1999年，在种种因素的推动下，高盛终于决定上市，结束其长达130年的私人合伙人制度，高盛也是华尔街上最后一家放弃合伙制的投资银行。

趣味延展

高盛公司为什么能够获得巨大的成功，通过几个小故事，读者或许会对此有所感悟。

高盛首席合伙人约翰·怀特海德曾表示："我们能做的最重要的事情就是雇佣员工。"另一位合伙人康威对此很清楚。他在去斯坦福大学校园招聘的路上，福特公司请他过去谈一个潜在的项目。分身乏术的康威向怀特海德询问该怎么办。"当然是去斯坦福了，福特那边我帮你顶一下。""这是一种能告诉你公司领导者的信仰是什么的选择。"康威事后感慨地说。

1968年的一天，一名高盛交易员收到一个机构客户的订单，要求购买一家公司的50000股股票。这一订单在当时是罕见的大订单，因此自然在高盛的交易大厅引发了一阵骚动。交易员完成操作后出去吃午饭，回来时发现他的秘书在桌上放了一堆粉红色的纸条，告诉他尽快给下订单的客户打电话。电话接通后，只听到客户惊慌地说道："我……我犯了一个大错误，这次我肯定会被炒鱿鱼！"原来，客户错误地将"卖出"指令下达成了"买入"，他本应卖出50000股，而不是买入50000股。

高盛的交易员将此事汇报给当时高盛的首席合伙人李维。

李维询问："是我们犯的错还是客户的错？"

"是客户犯的错。"他如实回答。

"他们是不是好客户？"

"是好客户。"

"既然他们是我们的好客户，那么让我们把他们变成我们更好的客户。这次交易错误算我们的，我们来买单。"

在美国出现敌意收购的早期，有一天高盛合伙人弗里德曼在一家律师事务所与律师讨论一宗案件。这时，律师事务所的一名员工拿着第二天的《纽约时报》样本进来，那上面写着一位收购者打算在第二天对盖洛克纸业公司进行恶意收购。弗里德曼知道这件事后，对自己的下属说："打电话给盖洛克，告诉他们两件事：第一，他们明天将受到敌对攻击；第二，我们准备帮助他们。"从那以后，高盛负责并购业务的团队每天晚上10点都会有人专门打出租车到离《纽约时报》印刷点最近的地方，等待新鲜出炉的第二天的报纸。在他们看来，比别人快的几十分钟可能是他们的交易和竞争对手的交易之间的区别。

20世纪70年代，一家著名薯片公司的老板卖掉了他的公司，套取了一大笔现金。许多投资银行的私人客户服务代表蜂拥而至。高盛行动略晚，当他们与老板约好时间时，另外一家投行已经基本锁定了这位大客户。但高盛合伙人费佛思考之后还是选择去赴约，两人并没有过多讨论投资，他们在海边烧烤时聊了一晚上哲学和家庭。费佛对这个项目没有抱太大希望，但一个月后，客户打电话告诉费佛："我决定把财富管理业务交给你们。"费佛感到非常惊喜。客户问费佛："你想知道我为什么选择你吗？"费佛说："当然。"然后客户说："你知道，在你之前，很多投资银行找过我。你们看起来一样，穿着一样，说话也一样，但你是唯一一个在晚饭后起来帮我们洗碗的人。所以我认为你与众不同。"

14 |《大交易》 布鲁斯·瓦瑟斯坦

操盘美国最紧张、刺激的行业，用简单策略实现上亿收益

名著导读

在《大交易》中，布鲁斯·瓦瑟斯坦先生揭示了现代交易是如何发生变化的：20世纪60年代和70年代是一个整合时期；20世纪80年代的气氛是好斗的；20世纪90年代，每一笔交易都是一笔数十亿美元、精心策划的巨额交易。

布鲁斯·瓦瑟斯坦还很关注并购浪潮。他解释了为什么媒体、电信、金融、医疗等行业正在发生如此巨大的变化，以及市场的基本发展如何引发最新的并购浪潮。

布鲁斯·瓦瑟斯坦在风险极高的兼并与收购业中操作得如鱼得水。他做了1000多笔交易，其中很多都是大交易。布鲁斯·瓦瑟斯坦介绍了过去30年来改变商业格局的大型销售、合并和收购。布鲁斯·瓦瑟斯坦于2009年10月14日死于心脏病，享年61岁，结束了长达30年的华尔街传奇人生。

这本书比《大收购》更具可读性。作为一名参与者、观察者和分析师，布鲁斯·瓦瑟斯坦的《大交易》对美国最激烈、最激动人心的行业之一进行了彻底的考察。

没有一个美国公司不是通过某种程度、某种方式的兼并而成长起来的，

几乎没有一家大公司主要是靠内部扩张成长起来的。

——乔治·斯蒂伯格

理论精读

1.并购浪潮——并购与反并购变迁史

20世纪60—70年代，不同行业的公司之间的合并使经济得到了极大的发展。与前一次浪潮相同的背景是，股市都出现了暴涨，从而为合并提供了充足的资金。1950年，美国国会通过了《塞勒–克福弗法》禁止了同行业企业之间的合并。很多企业有充足的现金但又不能收购同行的竞争者，于是它们开始收购其他行业的公司来实现自身的多元化，甚至纯粹是为了扩大规模，因此产生了我们称为“集团式企业”的庞大企业帝国。除了禁止同行业的并购以外，《塞勒–克福弗法》还弥补了1914年《克莱顿法》第七部分的不足，禁止了企业间以购买资产的方式进行合并，并使联邦政府有权宣布那些可能造成市场垄断的资产合并为非法。在此之前，《克莱顿法》只禁止了使用股票来进行妨碍竞争的合并，而没有对资产的购买做出规定。

到了20世纪80年代，股市又出现了猛涨。企业掌握大量资金预示着又一轮并购浪潮的到来。受芝加哥经济学派的影响，里根政府采取了自由放任的反托拉斯政策，放松了对《反托拉斯法》的执行，不再继续对市场进行干预。两位芝加哥大学商学院的教授指出，政策的放松使得沉寂了30年的大规模行业内并购再次成为可能。这个时期的并购案主要有两种类型：第一种是一个业务比较集中的大公司购买同行业的另一家大公司，并购以后去除了一些不相干的业务，但是大部分的资产得以保留，这种并购主要出现在燃气管道、食品、银行、航空以及石油行业；第二种是分拆出售，被并购的公司是一个典型的集团化企业，收购者将其资产交给专业顾问分拆后再出售给不同的收购者。数据表明，1984—1986年的恶意收购案中，将近1/3的公司财产被再次出售了。在17件收购案中，50%的资产被再次出售。70%的资产被重新卖回了各自的行业。另外，在第三次兼并浪潮中许多并购了太多其他行业企业的公司感觉到了经营困难，因为他们不能消化收购进来的公司，只好将他们再卖掉。

20世纪70年代和80年代的合并浪潮见证了历史上最大的杠杆收购案：雷诺兹–纳贝斯克公司的250亿美元杠杆收购，其中纳贝斯克支付了几乎两倍的市值与另一家收购公司KKR竞争。随着更多交易的完成，纳贝斯克并购案标志着第四波合并浪潮的结束，该浪潮在20世纪80年代末的美国经济衰退和债券市场的崩溃中结束。

另外，恶意并购也在此时出现并到达高峰。由于这种并购直接威胁到了目标公司高管的生存以及公司利益，因此公司高管层游说州政府通过了一系列关于反并购的法律。公司内部也出现了许多反兼并策略，著名的“毒丸”就是在这一时期诞生的。这些反并购策略和法律也加速了第四次并购浪潮的结束。

值得一提的是，在此期间，日本国内经济蓬勃发展，许多日本公司开始将目光投向海外。占领国际市场，特别是美国市场是当时日本企业国际化的主要目标。许多日本公司来到美国，通过战略性收购进入市场，利用收购来拓展新的业务领域，如索尼收购哥伦比亚电影公司，进军美国电影和娱乐业。

2.波涛暗涌——兼并行为的隐藏要素

瓦瑟斯坦在《大交易》一书中指出，尽管企业兼并行为看上去个案色彩极浓，但内外部环境中各个要素的变动对兼并行为的影响却往往暗含着某些隐蔽的秩序，“有五个基本因素在推动着兼并活动不断发展：管制和政治的改革、技术革新、金融市场的波动、管理层的决策，以及扩大规模与精简裁员之间的背离”。其中管制和政治的改革、金融市场的波动以及管理层的决策，是三个最重要的驱动因素。

（1）管制和政治的改革。就传统的经济运作模式而言，各种管制障碍无疑限制了发展。基于企业并购行为有可能导致的损害竞争、降低效率并增加金融不稳定性等问题的存在，美国逐渐形成了严密的法律体系。比如，美国反垄断法的框架就是经过一百多年的实践逐渐形成的。值得一提的是，中国自2008年8月1日实施《反垄断法》以来，反垄断法律体系不断完善，2021年《反垄断法》又迎来了首次修订，进一步提升了我国反垄断监管能力水平。

以美国为例：美国国会在1996年《电信法案》中重新制定了传媒和电信行业的管制条例。而过去，各种电信公司都有自己固定的活动领域：地方电话公司和长途电话公司不能相互竞争；有线电视公司基本上是垄断性的。新法案允许地方和长途电话公司涉足对方的领域。有线电视公司也获准提供地方性节目。电视和广播公司则获准拥有更多的站点。这一法案使美国的电信行业经济结构由此发生巨大转变。

（2）技术革新。技术带来了新的变化，使旧的管制限制变得过时。例如，传媒和电信行业正受到技术革新和管制变化的双重影响。技术革新方便了市场参与者之间的联系。近些年出现了许多新技术公司，这也将进一步加速企业的兼并。

（3）金融市场的波动。金融市场波动的影响也同样重要。高涨的股市刺激人们进行购买，而通胀时期实物资产的增值速度快于股票，如果此时出现了一个低利率的低迷的股市，这种影响就更大了。此时，通过在股市上收购公司而间接地购买实物资产更加有利可图。利率的下降和资本的丰富加速了这一进程。

（4）管理层的决策。公司之间的联合，管理层的作用很关键——这些“骑在马背上的人”领导公司进行变革。经济决策和管理一样，一个人制定许多基本原则，其他人只是对他产生影响而已。美国的反并购浪潮中有一个主流观点认为：大部分兼并活动都是公司管理层（而非股东）出于自身的利益而组织的。因为在公司管理层主持的并购案中，出现了一种极具争议的财富转移形式——从股东向管理层及其财务伙伴的转移。公司管理层作为股东财富的管理者和为自身谋利的兼并者，这种双重身份造成了一种无法回避的利益冲突。比如，著名的“门口的野蛮人”罗斯·约翰逊在与雷诺兹-纳贝斯克公司的交易中曾试图将其以低价卖给自己的杠杆收购集团。

管理技术的进步，也为公司管理层说服股东操纵并购提供了冠冕堂皇的游说工具。追逐市场份额领先的麦肯锡公式，强调用现金牛供养明星、抛弃瘦狗的波士顿矩阵，基于竞争环境分析的迈克尔·波特五力模型，加里·哈默尔和C.K.普拉哈拉德联合提出的核心竞争力理论等，一轮又一轮的战略模型模糊了股东的双眼。而瓦瑟斯坦冷酷地指出了结局的真相："现实中的情况是，过去的牛市为战略兼并者提供了一个安全网。无论交易所依据的战略能否实现，资产都在不断地增值，时间和股市挽救了许多失败者。未来的风险可能会是收购的时机正好选在了股市的最高点"。

（5）规模与简化之争。规模很重要，对大多数经理来说，"越大"意味着"越好"。这可能是由于大众的压力，技术和全球化的需求，或是竞争的考虑，甚至仅仅是为了满足自己的虚荣和自尊。但不可否认的是规模的本质。值得注意的是，当大多公司盲目追求规模的时候，有一部分公司却在缩减开支，专注和简化也同样重要，"越小"也可能"越好"。

3.操作时代华纳并购案

回顾瓦瑟斯坦的"辉煌战绩"，就如同回溯华尔街的经典历史片段。作为投行业的重量级大佬，瓦瑟斯坦操作和见证了无数起重大并购和资本运作，从20世纪70年代至2009年，完成了约1000次交易，总价值达2500亿美元，其中就包括著名的时代华纳合并案。

1989年，时代公司与华纳公司的合并案中，瓦瑟斯坦担任了重要的顾问角色。

当时美国最大的出版和电影唱片公司分别是时代公司和华纳公司，这两家公司长期以来都是美国资讯和娱乐业的领头羊，在同行纷纷被日本、德国、英国、荷兰所兼并的残酷现实下，两家公司产生了危机感，认真思索了合并的可行性，并最终完成了合并，增强了竞争实力。

时代公司拥有美国发行量最大的《时代周刊》和《运动画报》、最大的付费有线电视台HBO以及丛书出版事业。时代公司约有21000名员工，1988年营业额为45亿美元。

至于华纳的子公司，则包括华纳兄弟娱乐公司、大西洋唱片公司、DC漫画公司和《Mad》杂志，等等。华纳公司约有14000多名员工，1988年营业额为42亿美元。

这两家公司在各方面都很匹配，平等的合并将对双方都有利。合并后，它们不仅避免了被日本和德国公司接管，而且于1996年完成了对特纳广播公司的并购，取代迪士尼，再次成为世界上最大的媒介集团。更重要的是，它是世界上少数几个能够利用任何媒体进行制作和营销的媒体之一。

瓦瑟斯坦在时代和华纳的合并中发挥了重要作用，这一合并经过了两年多的讨论，于1989年3月最终确定。这家新公司名为“时代华纳公司”，双方各有12名董事。新成立的时代华纳公司的目标是成为世界上销售额最大的出版和唱片公司。这场著名的并购案成了瓦瑟斯坦的经典之作。

2000年瓦瑟斯坦再度为时代华纳提供顾问服务，促成了时代华纳与AOL的合并。在1991—2006年的15年里，时代华纳集团支付给瓦瑟斯坦的并购顾问费用估计总值高达3000万美元。

趣味延展

2005年，在华尔街按公司市值取酬的CEO中，瓦瑟斯坦是收入最高的CEO。拉扎德投资银行股价一路飙升，他成了名副其实的亿万富翁。1997年，瓦瑟斯坦以1050万美元的价格买下了纽约927第五大道的第十层，又于2001年以1500万美元的价钱买下了第11层。后来在安联的交易中他收取了6.25亿美元现金的佣金，为逃避纽约市和纽约州政府的征税，瓦瑟斯坦移民到了伦敦。

瓦瑟斯坦在伦敦和巴黎各拥有一套公寓，但直到他在贝尔格雷夫广场38号的新家大规模装修前，他在伦敦的公寓仅仅只是个工作间，贝尔格雷夫广场离白金汉宫仅仅几个街区，是与德国、葡萄牙和土耳其使馆所在区相当的高档社区，这里被一片1826年由乔治·贝西威设计的4.5英亩的私人花园所围绕，环境十分优美。

瓦瑟斯坦还拥有其他的固定资产，分别为位于圣巴巴拉、亚特兰大的海滩别墅和纽约东汉普顿的14000平方米的高级住宅。据说他曾在1984年花400万美元买了栋公寓，接着请人把旧房拆除，然后又花400万美元盖了栋新的，据估计现在那栋公寓连地皮一起价值7500万美元。他最喜欢的那套隔离式的房子里，有七个卧室、七个壁炉、一个网球场和一个游泳池，据说为了寻找灵感，他时常在这里的海滩散步。瓦瑟斯坦还常常乘坐拉扎德投资银行给他专配的湾流小型私人喷气飞机，频繁地往返穿梭于他在世界各处的豪宅和拉扎德投资银行29楼的办公室之间，他对公司给他配备私人飞机充满感激。

2007年春季在全球并购市场的一片繁荣中，拉扎德投资银行的股票达到了历史的高点，在世界并购交易榜上位列第十一位，瓦瑟斯坦也为自己赢得了声誉和人们的尊重。瓦瑟斯坦以前的好友认为，瓦瑟斯坦具备的各种能力能让他完美地开展工作，他的激情激励着他前行。

15 |《共同基金常识》 约翰·博格尔

在市场波动中，最容易遗忘的往往是常识

名著导读

约翰·博格尔是美国最大的基金管理公司先锋集团的创始人，集团拥有1000多万股东和40亿美元资产。从1949年起，他就开始深入研究共同基金。1997年，他因在这一领域的杰出贡献，被斯坦福·戴维斯的《金融服务领导者》杂志评为20世纪全球七位“创新型领导者”之一。1998年，他荣获“投资管理与研究协会卓著服务奖”。1999年，他的母校——普林斯顿大学授予他沃顿·威尔森奖。同时，他还是位畅销书作家，出版了一系列如《共同基金常识》等投资类专著。

约翰·博格尔在本书中批判性地审视了共同基金这一产业，明示我们如何投资，如何改变投资策略，化繁为简规避基金风险。约翰·博格尔认为在长期内，要想获得最大可能的市场收益率，就必须降低买入和持有基金的成本。而投资者要做的，就是购买运行成本低、没有或很少有佣金的基金，尤其是低成本的指数基金，然后持有尽可能长的一段时间。

对投资者来说，本书最大的启示就是投资者财富的变化与管理其财富的共同基金的治理结构是分不开的，共同基金的治理结构对个人投资者财富的影响的深刻见解是本书的最大卖点。

基金行业作为一个整体，它的庞大规模其实是一种束缚。敏捷的猎豹变成了笨重的犀牛。

——约翰·博格尔

《共同基金常识》一书代表了华尔街上一个极需灵感的职业的顶级水平。不仅提高了投资者的收益，更是提升了基金界的整体水准。

——唐·菲利普

理论精读

1.回归简单——指数化投资法

“面对复杂，请回归简单”，投资大师博格尔这样说。博格尔深信，战胜市场的最简单，同时也是最有效的方法，就是以最低成本买进并持有一个国家的全部上市公司的股票，而做到这一点的最佳方法，就是指数化投资法。博格尔曾断言，世上并不存在能够战胜市场指数的基金。作为这种指数化投资理念的实践者，先锋集团成立第二年即推出了第一只指数基金——先锋标普500指数基金。

一般来说，被动型投资基金在发展初期不可避免地受到冷落，热衷于短线炒作且幻想高额回报的投资者，大多青睐于能给他们带来无限畅想的高佣金共同基金产品。然而抱有这种想法的投资者实际上是陷入了投资误区，正如博格尔所言，“过分主动往往是回报率的敌人”，先锋指数基金是“无限接近市场，投资于低成本行业并接近市场指数运作”的“被动”投资策略，被时间证明了其简单而有效的价值。而由于低至0.25%的管理费用（一般股票型基金平均水平约为2.8%），也使得其低成本的优势随时间逐步放大。

博格尔遵行的以指数和低成本为基点的被动运作理念，日益得到了市场的认可。跟踪标准普尔指数的先锋标普500指数基金，2000年一度成为世界上最大的基金，由1000多万美元资金规模的小公司，一跃成为高达8840亿美元资产规模的世界著名基金管理公司，先锋指数基金也成为赫赫有名的指数型共同基金产品。著名的股票交易人吉姆·克莱默曾公开表示对博格尔投资风格的赞同，他说："我不得不承认，博格尔对共同基金的观点使我产生了加入他的想法，而不是试图与他对抗"。

那么如何更好地在指数基金上获取显著的财富效应？那就是定期投资，长期持有。套用博格尔大师的话："定投指数基金，不怕它跌，就怕它涨。"因为证券市场始终是螺旋式波段向上的，投资者的最佳投资点位当然是相对低点，越低越好。可是低点不是轻易能够把握得到的，那只有通过定期买入，也就是分批持续买入。这样虽然你每次都没有买到最低点，但是同样你也不会买到最高点，而且长期持续的买入，会摊低你的平均买入成本，尤其是市场指数出现大幅快速下行的时候，实施分批买入。比如熊市时，每个月都坚持买入指数基金，不仅可以买到更便宜的价位，充分降低平均持有成本，而且可以买到更多的基金份额，加大你的持有仓位，日后等指数出现恢复性上涨，投资账户中立刻可以见到显著的投资收益。

2.控制成本——选择低成本基金

博格尔的建议：无论我们所了解到的是什么金融信息，都必须记住，我们处于一个不确定的金融环境中，应该时刻遵守选择低成本基金的这一常识原则。

在投资时，博格尔总是把投资成本放在第一位。博格尔慨叹说，基金的成本是个"饿鬼"，它的贪心很难满足。基金收取的管理费用一般在1.5%左右，同时还会发生0.5%的交易费用，那么总成本就要超过2%。

对于控制基金投资成本，博格尔建议从以下两方面考虑：

（1）被动型基金（指数基金）优于主动型基金。指数基金采用的是跟踪某个标的指数的被动投资方式，研发费用低（只投资标的指数成分股，不必花费过多的资金去进行上市公司调研），交易费用少（跟踪指数走势，不像主动投资型基金那样频繁进出）。

（2）主动型基金中，低换手率的优于高换手率的。基金买卖过程的交易成本看似被掩盖了，但实际上这些成本同样吞噬着投资者的收益。博格尔建议说："应该选择换手率较低的基金。成本只有40个基点的基金，好比帆船比赛中对付时速20海里的微风，有着150个基点的高成本基金，则无异于与时速130海里的台风抗衡。"

博格尔还提出了附加成本问题。很多投资者通过媒体介绍或机构推荐，接触并决定购买基金，而其中隐藏的附加成本，就是博格尔提醒投资者注意的问题。

《共同基金常识》成书时，美国市场约有3000只没有销售佣金、无发行费用的基金，博格尔认为，对于那些具备一定分析能力的投资者，选择这种基金是个可行的方案。在基金品种选择正确的前提下，购买无发行费用的基金，就等于把成本占未来收益的比例下降到了最小。

对于那些不具备独立决策能力、需要提供投资建议的普通投资者，博格尔建议这类人群关注那些优秀咨询机构的研究报告。但这些研究报告也只能用作参考，正如博格尔所说："我并不认为有人能够预先得知谁将是业绩最优异的基金管理者。"

至于基金换手率问题，投资者可以对比不同报告期的报表，通过观察整体仓位和主要持仓品种的变动，大体判断手中基金的风格是持仓相对稳定还是频繁买卖。

3.可疑的名气效应——不要过高评价明星基金

在国内投资者的眼中，明星基金是投资的重点，但博格尔对此并不十分在意，他说："或许业绩记录在评价'纯种马的速度'时有用——当然有时也会失效——但在估计资金管理者会如何运营时，却往往容易出现误导。"因为即使有人能够预见市场未来的绝对收益，也不可能预测出个别基金相对于市场的收益，至多是预测出指数型基金的收益。

博格尔认为，很有可能预测准确的只有两种情况：一是高成本基金的业绩，通常劣于相应的市场指数；二是历史业绩显著优于市场指数收益的明星基金，会向市场平均值回归，甚至低于后者。我们从美国市场看，从20世纪

70—80年代，以及1987—1997年这两个时间段内，业绩处于市场前25%的基金，大多都回归到了市场的平均值，甚至以下。

博格尔说："基金行业中几乎所有的绩优者，终有一天会失去他们的优势。基金发起人坚持花费巨资对过去的业绩广为传播，目的只有一个，就是吸引投资者投入大量新资金。"

对于历史业绩的真正参考意义，博格尔认为这些数据可以帮助投资者分析基金业绩是否具有可持续性，比如在经历上涨和下跌的完整过程中，基金是否始终能保持良好业绩；在相同的经济和政策环境下，目标基金是否显著优于其他同类型基金。

博格尔还向投资者指出，大的未必是好的。

博格尔曾提到这样一个例子：美国市场上某只成长型中市值基金，由于业绩出色吸引了大量的申购份额，但其业绩却随着基金份额的膨胀而不断恶化。1991—1995年，该基金在5年时间内有四年的业绩排名列行业第一梯队，基金规模也从1200万美元增加到20亿美元。1996—1999年，该基金规模最高达到了60亿美元，但业绩排名却跌到了行业末尾。

博格尔提醒投资者注意，一只低换手率、申购资金流入稳定的基金，要比采用积极操作、基金份额变动幅度大的基金更容易管理，因为后者需要更加频繁地交易。

博格尔说："太多的钱会损害投资效果。"原因一是规模提高了交易成本，而且规模越大，对所持有股票的价格影响也越大，这会在时间紧迫的交易中进一步加剧股票价格波动；原因二是为了保持基金的流动性和分散投资原则，大市值基金不得不以更小的集中度，持有更多数量的股票，而每一只持仓品种所能提供的收益也更小；原因三是相对于小市值的基金，大市值基金对于流动性要求更高，因此可以选择的股票品种更加有限。

4.分散持有是一种风险——不要持有太多基金

我们知道，在股票投资中持有超过五只股票将会产生巨大风险，国际著名基金评级机构的一项调查也显示，随机选取4~30只股票基金建立组合，并不能达到降低风险的效果。

在这一点上，博格尔更明确地说，没有必要持有超5只的股票基金，因为过度分散投资的效果类似一只指数型基金，但由于股票基金的高成本，最终的收益很可能低于指数型基金。

分散持有不同风格的股票基金，也未必是个明智选择。博格尔认为，假设建立由大市值混合型和小市值成长型基金构成的基金组合，这个组合将具有明显的波动性，这种比市场指数更具风险的组合没有意义。单一持有大市值混合型基金的风险，比任何基金组合更低。

5.领导者的品格——领导者自身因素会影响企业发展

《共同基金常识》中，博格尔特别指出一点：无论是企业的或是基金的领导者，都应该具备以下四种品格。

（1）洞察力。主要指把握机会的能力。在博格尔看来，这是领导者首先应该具备的品行。博格尔进入共同基金业有一定的偶然性，他在为自己在普林斯顿大学的毕业论文寻找主题时，无意中发现《财富》杂志中一篇题为《波士顿的巨大财富》的文章。该文介绍说“共同基金尽管现在看起来微不足道”，但是它却建立起了一个“迅速扩张的行业，有可能对美国经济产生巨大的影响力”。这些话深深吸引了他，他当即意识到随着家庭收入和财富的不断增长，人们对金融的理解越来越深入，投资教育的日益普遍，共同基金高速发展的时代必将来临。于是，博格尔以《共同基金》为题完成了他的论文，并在毕业后投身到这个方兴未艾的行业。

（2）远见。早在先锋集团成立之初，博格尔就确定了通过降低操作成本和节省销售佣金来为投资者提供高投资回报的目标。今天看来这一完全正确的观点，在20世纪70年代中期却不为同行所认同，甚至受到他们的嘲讽。指数基金最初也不是一帆风顺的，发售时博格尔曾预测能卖出1.5亿美元，而实际上只销售了1100万美元。更糟糕的是，1977—1982年标准普尔指数破天荒地以较大差距输给了大多数基金经理人。直到6年后，博格尔的指数基金资产规模才达到1.5亿美元。可以断言，如果博格尔没有过人的远见卓识和坚忍果敢的品质，他是很难成功的。今天人们欢呼指数基金的胜利时，又有多少人还能想到他初创时的艰辛呢？

（3）使命感。既然基金持有人把他们未来的财富托付给先锋集团看管，那么博格尔的使命和唯一目标就是更好地为基金的持有人服务。对于他而言，完成这一使命的手段就是削减成本，对此博格尔可谓不遗余力。为了使投资者能了解先锋集团的使命和做法，博格尔更是连续20多年坚持亲自撰写公司的年报，并且经常在公共场合发表演讲，宣传他的基金投资的理念。

（4）热忱。博格尔称世界上任何伟业都要依靠热忱来完成，热忱能激发人们的潜能。博格尔对共同基金的热忱起源于1949年。在毕业论文中他这样写道，共同基金的宗旨应该是服务于机构和个人投资者，而不是为基金公司的所有者创造价值，共同基金必须由最诚实的人以最有效、最经济的方式进行管理。惠灵顿基金的创始人沃特·摩根看到他的论文后，被博格尔的热忱和真知灼见所打动，决定将其招至麾下。

趣味延展

有这样一个传说：一位阿拉伯头目历经千辛万苦到各地寻找他梦寐以求的钻石矿，千金散去终不可得，最终死于绝望。几年后，他的后人在一个他留下的牧场上骑马散步时，偶然发现了一块黑色的石头。经过仔细检查，发现它原来是一颗钻石，并由此发现了几英亩的钻石矿。

先锋集团的创始人、前首席执行官博格尔始终认为，基金经理如此努力寻找的股票市场上的“钻石”就是所谓的市场指数。

博格尔20世纪50年代初跻身共同基金业，当时就萌发了类似指数基金的想法，但是到20世纪70年代，他才形成了明确的指数基金的经营理念，并有机会自己创业来实践这一理念。其后，更是经历了10年的低谷，到20世纪80年代指数基金才逐渐被人们认可，走上良性循环的轨道。

先锋集团成立伊始只负责基金的行政管理，基金的投资与销售却委托给了惠灵顿基金公司，身处绝境迫使博格尔采取了一个史无前例的决策，拿出了采用指数投资技术的绝招。1975年年末，先锋创立了第一个指数共同基金，这个基金以标准普尔500指数为模型。从此，先锋集团走上了指数基金的“华山一条路”。

平心而论，博格尔用他的崇高理想做出了冒险之举。没有基金经理“战胜华尔街”的故事，也没有其他基金公司那样优秀的广告宣传，指数基金以低成本和低风险让其所有者受益的纯粹理念却受到了冷落。

幸好时间最终证明了指数基金的可靠性。然而对于先锋基金来说，这意味着15年、20年的等待。难怪指数基金被称为“博格尔的荒唐事”。

从1974年到20世纪90年代，那些此后纷纷赢得诺贝尔桂冠的金融经济学与投资学大师，推出了资本资产定价理论、投资组合理论、期权定价理论与有效市场理论，资本市场求贤若渴，指数基金应运而生。

这也是大浪淘沙的年代，共同基金迅速崛起，许多喧嚣一时的明星基金却纷纷陨落。时间终于证明，大多数试图战胜大势的积极管理型基金最终成了指数基金的手下败将。

20世纪90年代，指数化投资开始迅速成长，指数基金资产高达1500亿美元，其中包括了28个针对各种不同市场指数的基金，迅速成为行业标杆。

16 |《道氏理论》 罗伯特·雷亚

洞察市场的股市投资哲学，股票交易技术分析的基石

名著导读

道氏理论是由查尔斯·道创造的。道氏理论最早被用于股票市场，以此判断股市的升跌，解读经济的兴衰。其后他的继承人威廉姆·P.汉密尔顿与罗伯特·雷亚将道氏理论发扬光大，让道氏理论成为推测投资市场走势的一种工具。

查尔斯·道曾经在股票交易所大厅里工作过一段时间。后来，查尔斯·道设立了道琼斯公司，出版《华尔街日报》，报道有关金融的消息。1900—1902年，查尔斯·道充任编辑，写了许多社论，讨论股票投机的方法。事实上，他并没有对他的理论做系统的说明，仅在讨论中做片段报道。查尔斯·道在1895年创立了股票市场平均指数，他的全部作品都发表在《华尔街日报》上。1902年12月查尔斯·道逝世，《华尔街日报》记者将其见解编成书，从而使道氏理论正式定名。随后，威廉姆·P.汉密尔顿和罗伯特·雷亚继承了道氏的理论，并在其后有关股市的评论写作过程中，加以组织与归纳而成为今天我们所见到的理论，其中罗伯特·雷亚所著的《道氏理论》也成为后人研究道氏理论的经典著作。

雷亚是至今为止最伟大的道氏理论家，也是最优秀的投资顾问之一。

——维克多·斯波朗迪

罗伯特·雷亚出版的《道氏理论》，使道氏理论成为较完整和正式的理论体系。

——马丁·J.普林格

理论精读

1.三个假设——道氏理论的设计原理

那么，道氏理论的精髓在哪里呢？道氏理论的设计原理是什么呢？

“道氏理论”是提升投机者或投资者的知识的一种工具或手段，而不是一种可以脱离基本经济条件和市场条件的技术理论。顾名思义，“道氏理论”是一种技术理论，换句话说，它是一种基于价格模式研究的预测未来价格行为的方法。

道氏理论提出了一个成为现代金融理论之公理的命题，即：任何一只股票所伴随的总风险包括系统性与非系统性风险。其中，系统性风险是指那些会影响全部股票的一般性经济因素，而非系统性风险是指可能只会影响某一公司而对于其他公司毫无影响或几乎没有影响的因素。

而这一套理论在很大程度上是基于以下三个假设：

假设1：人为操作——市场的趋势是稳定的或者是既定的，不会受到人的因素的影响，但短期指数的波动在一定程度上可能会受到人的行为的影响，比如市场短暂的调整的走势。

关于这个假设，一些股民可能会觉得庄家能够操作证券的主要趋势。事实上，就短期而言，庄家如果不操作，这种适合操作的证券也会受到他人的操作；而就长期而言，公司基本面的变化不断创造出适合操作证券的条件。总的来说，公司的主要趋势仍是无法人为操作的，只是证券换了不同的机构投资者和不同的操作条件而已。

假设2：市场指数会反映每一条信息——市场的波动受到很多因素的影响，比如自然灾害、战争等不可抗力因素，每个人由于认知、知识、喜好等不同也会产生不同的决策，导致市场每天的变化和波动。股市市场信息纷繁复杂，每个投资人都会将自己对于政策、行业的不同理解投注到自身的决策过程中，并且个人心理预期与心理承受能力的不同，也会导致每个人决策的差异，无数人在不同时间做出的不同决策造就了市场瞬息万变的行情，进而使得股市变得错综复杂，所以对于大多数股民来说，指数的波动和走势往往是难以准确预估和把握的。

假设3：道氏理论是客观化的投资理论，只有深入研究并且客观运营才可能从复杂的市场中赢得机会，但遗憾的是，市场中的绝大多数人都是主观化的投资者，所以市场中大多数人都是亏损的。

2.五个定理——道氏理论的精髓

定理1：股票指数与任何市场都有三种趋势——短期趋势，持续数天至数星期；中期趋势，持续数星期至数月；长期趋势，持续数月至数年。任何市场中，这三种趋势必然同时存在，彼此的方向可能相反。

三种趋势中，长期趋势最为重要，也最容易被辨认。它是投资者主要的考量内容，对于投机者较为次要。

投机者与投资者不同，主要考察的是中期趋势。实际中，中期趋势可能与长期趋势相同也可能相反，甚至在某个较长的阶段内，中期趋势会严重背离长期趋势，此刻被认为是指数走势的折返或者回调，并不能将其看作长期趋势的改变。

短期趋势最难预测，唯有交易者才会随时考虑它。投机者与投资者仅在少数情况下，才会关心短期趋势：在短期趋势中寻找适当的买进或卖出时机，以追求最大的获利，或尽可能减少损失。

对于股票投资者来说，只有尽可能地准确把握这三种趋势才能从股市中获利：第一，如果长期趋势是向上的，投资者可在次级的折返走势中卖空股票，并在修正走势的转折点附近，以空头头寸的获利追加多头头寸的规模；第二，上述操作中，投资者也可以购买卖权选择权或销售买权选择权；第三，由于投资者知道这只是次级的折返走势，而不是长期趋势的改变，所以投资者可以在有信心的情况下，渡过这段修正走势。投资者也可以利用短期趋势决定买、卖的价位，提高投资的获利能力。因此，不要仅仅把这三种趋势的研判当成是学术研究，它同样是一种很好的股票实战投资策略。

定理2：无法预测的“多头”或“空头市场”，投机者成功与否的根本在于能否准确判断市场的主要走势，遗憾的是，目前没有任何已知的方法可以准确预估市场的趋势。

一般来说，一位投机者如果对长期趋势有信心，只要在进场时机上有适当的判断，便可以赚取相当不错的获利。有关主要趋势的幅度大小与期限长短，虽然没有明确的预测方法，但可以利用历史上的价格走势资料，以统计方法归纳主要趋势与次级的折返走势。

说得再清楚一点，目前面临的价格走势，幅度与期间都非常可能落在历史对应资料平均数的有限范围内。如某个价格走势超出对应的平均数水准，介入该走势的风险便与日俱增。

定理3：空头市场的最大的特征就是市场价格的长期下降，虽然短期趋势中夹杂着短暂的反弹，但长期趋势仍然是下跌的，并且这种下跌只有在所有的不利因素剥离后才会逆转。

空头市场会历经三个主要的阶段：

第一阶段，市场参与者不再期待股票可以维持过度膨胀的价格。一般来说，空头市场要持续1~3年之久，空头市场开始时，通常会以偏低的成交量“试探”前一个多头市场的高点，接着出现大量急跌的走势。

第二阶段，卖压沉重，经济状况与企业盈余衰退。据统计，空头市场的平均跌幅是29.4%，经过一段相当程度的下跌之后，突然会出现急速上涨的次级折返走势，接着便形成小幅盘整而成交量缩小的走势，但最后仍将下滑至新的低点。

第三阶段，失望性卖压持续出笼，不论价值如何，许多急于求现的人都会卖出一部分的股票。空头行情末期，市场对于进一步的利空消息与悲观论调已经产生了免疫力。然而，在严重挫折之后，股价也似乎丧失了反弹的能力，种种征兆都显示，市场已经达到均衡的状态，市场笼罩在悲观的气氛中，股息被取消，某些大型企业通常会出现财务困难，于是一些投资者纷纷抛出股票。

定理4：主要的多头市场是一种整体性的上涨走势，其中夹杂次级的折返走势，平均的持续期间长于两年。在此期间，由于经济情况好转与投机活动转盛，所以投资性与投机性的需求增加，并因此推高股票价格。

多头市场也有三个阶段：

第一阶段，人们对于未来的景气恢复信心。多头市场的确认日，是两种指数都向上突破空头市场前一个修正走势的高点，并持续向上挺升的日子。统计数据表明，主要多头市场的期间长度平均数为两年又四个月。

第二阶段，股票对于已知的公司盈余改善产生反应。

第三阶段，投机热潮转炽而股价明显膨胀。这阶段的股价上涨是基于期待与希望，由前一个空头市场的低点起算，主要多头市场的价格涨幅平均为77.5%。

定理5：不管在多头市场还是在空头市场中，均伴随一定的次级折返趋势，比如空头趋势中的上涨、多头市场的下跌等，这种趋势一般持续的时间为三周至数月之间，并且每次折返的幅度为前次走势幅度的33%~66%。

次级折返走势经常被误以为是主要走势的改变，因为多头市场的初期走势，显然可能仅是空头市场的次级折返走势，相反的情况则会发生在多头市场出现顶部后。

次级折返走势是一种重要的中期走势，它是逆于主要趋势的重大折返走势。在雷亚对于次级折返走势的定义中，有一项关键的形容词——“重要”。一般来说，如果任何价格走势起因于经济基本面的变化，而不是技术面的调整，而且其价格变化幅度超过前一个主要走势波段的1/3，就称得上是重要。

一般来说大多数次级修正走势的折返幅度，约为前一个主要走势波段（介于两个次级折返走势之间的主要走势）的1/3至2/3之间，持续的时间则在3个星期至3个月之间。对于历史上所有的回调走势来说，其中61%的折返幅度约为前一个主要走势波段的30%~70%，其中65%的折返期间介于3个星期至3个月之间，98%介于半个月至8个月之间。价格的变动速度是另一项明显的特色，相对于主要趋势而言，次级折返走势有暴涨暴跌的倾向。

3.三种趋势——道氏理论的应用要点

平均指数包容消化一切，它反映了众多投资者的综合市场行为，包括那些有远见和最知情的投资者，其平均值考虑了各种已知和可预测的事件和条件，这些事件和条件可能会在公司债券的日常走势中，影响公司债券的供求关系。

“市场”一词意味着三种趋势中最重要的是基本趋势，它们是大规模的上下运动，通常持续几年或更多的时间，并导致股价增值或贬值20%以上，基本趋势在其演进过程中穿插着与其方向相反的次等趋势——当基本趋势暂时推进过头时所发生的回撤或调整（次等趋势与被间断的基本趋势一同被划为中等趋势）。最后，次等趋势由小趋势或者每一个波动组成，而这并不是十分重要的。

基本趋势——基本趋势是一个大规模的、中级以上的上下波动，通常（但不一定）持续一年或几年。只要随后的每一次价格反弹都高于前一次，并且每一次次等趋势回调低点（即价格从上到下的趋势反转）都高于前一次回调，那么基本趋势就是上升趋势，这就是“牛市”。相反，每一次下跌都会将价格推向一个逐渐降低的水平，这种基本趋势是一种下降趋势，被称为“熊市”。

一般来说，基本趋势是三种趋势中中长线投资者关注的唯一的一种趋势。中长线投资者的目标是在牛市中尽可能多地买入——只要确定牛市已经开始——然后一直坚持到（并且只有到）牛市结束、熊市开始，投资者可以放心地忽略各种次等回调和小动作。

次等趋势——次等趋势是与主要趋势运动方向相反的一种逆动行情，它的波动可以干扰主要趋势。在多头市场里，次等趋势表现为中级的下跌或

“调整”行情；在空头市场里，次等趋势则表现为中级的上升或反弹行情。通常情况下，次等趋势的持续时间不会特别长，一般是从三个星期到几个月不等。一般来说，次等趋势会使得价格回撤到基本趋势上涨幅度的1/3到2/3之间。以工业指数为例，在牛市中，工业指数可能会在二次回调之前稳定上涨30点，并有短时间或小幅度的停顿，而在新的中等规模上涨开始之前，工业指数可能会下跌10~20点。然而，我们必须注意，这1/3到2/3并非不可改变的，它只是一种可能性，大多数趋势都在这一范围内，许多在接近一半时停止，即回撤到前一个基本趋势前进的50%，很少少于1/3，但有些看起来根本不像是回调。

这样我们就有了两个标准用以识别次等趋势。任何与基本趋势方向相反、持续至少三个星期并且回撤上一个沿基本趋势方向上价格推进净距离（从上一个次等趋势的末端到本次开始，略去小幅波动部分）至少1/3幅度的价格运动，即可认为是中等规模的次等趋势。

小趋势——非常简短的（很少持续3周，一般少于6天）价格波动，小趋势是上述第三种趋势中唯一可被人为操纵的趋势。虽本身意义不大，但它们合起来构成次等趋势。一般情况下，由一连串（三个或更多）明显的小波浪组成。人们根据每日的波动常会推测出一些容易引起误导的推论。

4.牛市熊市——道氏理论基本趋势的阶段分析

牛市——基本上升趋势（如图1所示），通常划分为三个阶段：

第一阶段是怀疑期。这是一个建仓（或积累）的阶段，有远见的投资者知道，尽管经济衰退，但市场的形势即将逆转，因此他们在此时购入那些勇气和运气都不够的卖方所抛出的股票，并逐步提高其出价，以刺激销售，但财务报表仍然非常糟糕——事实上，在这个阶段将持续处于萧条状态，人们因被公开的股票市场状况所迷惑而完全脱节，市场活动停滞不前，但开始出现一些反弹。

第二阶段是乐观期。股市出现一轮稳定的上涨，随着公司业务的繁荣，交易量不断增加，公司的利润开始受到关注。正是在这个阶段，熟练的交易者往往会赚最多的钱。

第三阶段是狂热期。市场上所有信息都令人乐观，价格惊人地上扬，新股不断大量上市。此时，投资者们不应再盲目狂热而是应当警惕起来——涨势可能已经持续了两年，已经够长了，现在到了该考虑卖掉哪种股票的时候了。在这一阶段的最后一个时期，交易量惊人地增长，而“卖空”也频繁地出现；垃圾股卷入交易（即低价格且不具投资价值的股票），但越来越多的高质量股票此时拒绝跟从。

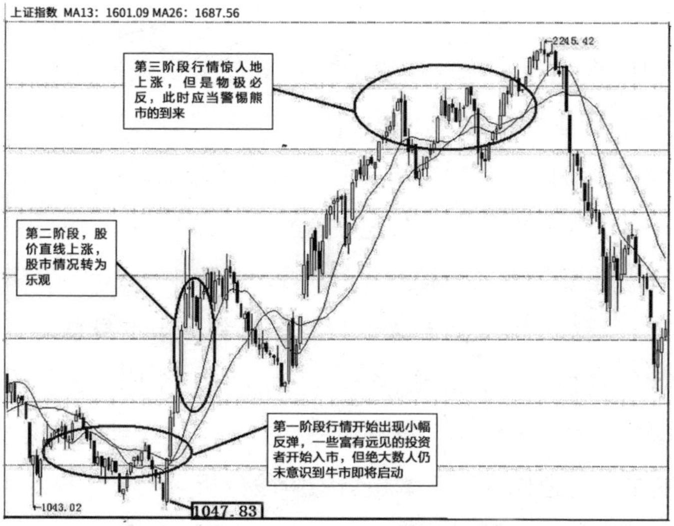

图1　牛市三阶段示意图

熊市——基本下跌趋势（如图2所示），通常也可以划分为三个阶段：

第一阶段是出仓阶段（实际开始于前一轮牛市后期）。在这一阶段后期，前瞻性投资者感觉到交易利润已达到异常高的水平，于是在涨势中卖出了自己的股票。尽管反弹逐渐减弱，但交易量仍然很高，公众仍然活跃。但随着预期利润逐渐消失，市场开始显得疲软。

第二阶段是恐慌阶段。由于买家越来越少，卖家越来越不耐烦，价格下跌速度急剧加快，当成交量达到峰值时，价格几乎直接跌至最低点。恐慌阶段通常与当时的市场状况相去甚远。在此阶段之后，可能会有相当长的次等回调或一个整理运动，然后第三阶段开始。

第三阶段是跌势持续阶段。那些在恐慌期幸存下来的人要么出于信心而抛售所持股票，要么因为股价低于几个月前的水平而买入，商业信息开始恶化。此时下跌并不迅速，但随着第三阶段的推进，下跌仍在继续，因为一些投资者急需现金而抛售所持股份。垃圾股可能在前一轮牛市的前两个阶段失去它们的收益，好股下跌得较慢，因为它们的持有者会尽可能坚持到最后一分钟。因此，在熊市的最后阶段，这类股票往往占据主导地位。当坏消息得到证实，预计跌势还会持续一段时间时，熊市就结束了。

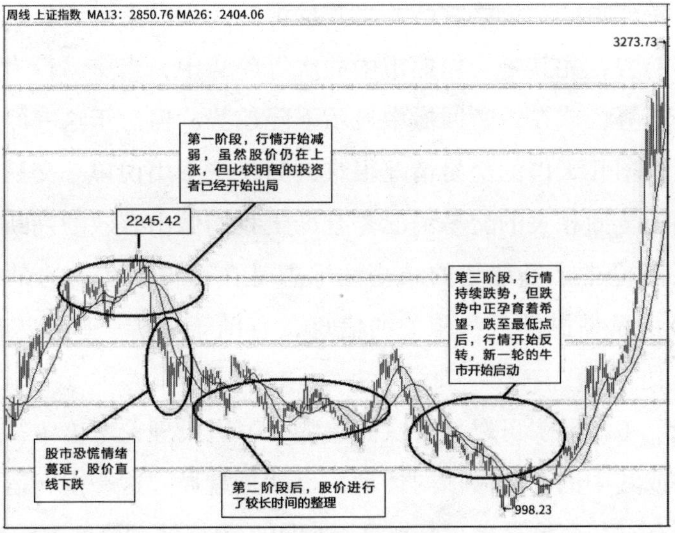

图2　熊市三阶段示意图

需要提醒股民朋友的是，没有两个熊市或牛市是完全相同的。其他人可能会错过三个经典阶段中的一个或另一个，其中一些主要反弹表现为价格的快速升值。因此，我们应该始终牢记基本趋势的典型特征。如果你知道牛市最后阶段的症状，你就不应该被市场看涨的错觉所愚弄。

5.指数确认——道氏理论的确认原则

两种指数必须相互验证。这一原则作用非常大，如果你忽视了验证的过程，你一定会后悔。因为市场趋势中一种指数并不能单独产生有效信号，两种指数相互验证，其主要趋势的方向方可定型。

事实上，两种指数没有必要同一天确定。一般来说两者常常会一同达至一个新的高点（或低点），在持续了几天、几周或一两个月的停滞状态之后会存在大量复杂信息，一个交易者必须在错综复杂的情况下保持耐心，以等待市场自己显示出明显趋势。

根据成交量判断趋势的变化——一般来说，如果主要趋势中价格上涨，那么交易活动也会随之活跃。在一轮牛市中，当价格上涨时交易量随之增长；而在一轮熊市中，价格跌落，当其反弹时，交易量也增长。这一原则也适合于次等趋势，尤其是一轮熊市中的次等趋势中，当交易行为在短暂弹升中显示上升趋势，或在短暂回撤中显示下降趋势。但对于这一原则也存在例外，而且仅根据几天内的交易情况很难判断，更不用说单一交易时间段，只有一段时间内全面相关的交易情况才有助于我们做出有效的判断，进一步而言，在道氏理论中市场趋势的结论性标志是在对价格运动的最终分析中产生的。交易量只是提供一些相关的信息，有助于分析一些令人困惑的市场行情。

“直线”（盘局）可以代替次等趋势——道氏理论术语中，一条直线就是两种指数或其中的一种做横向运动，也就是盘局。这一横向运动往往会持续两三周，有时甚至数月之久，在这一期间，价格波动幅度大约在5%或更低一些。这种形状实际上显示了买进和卖出两者的力量是平衡的。当然，最后一种情况是，在这个价位水准的供给完毕了，而那些想买进的人必须提高价位来诱使卖者出售。另一种情况是，本来想要以盘局价位水准出售的人发觉买进的气氛削弱了，结果他们必须削价来处理他们的股票。因此，价位往上突破盘局的上限是多头市场的征兆，价位往下跌破盘局的下限是空头市场的征兆。一般来说，盘局的时间愈久，价位愈窄，它最后的突破愈容易。

盘局常发展成重要的顶部和底部，分别代表着出货和进货的阶段，但是，它们更常出现在主要趋势过程中的休息和整理的阶段。在这种情形下，它们取代了正式的次级波动。很可能一种指数正在形成盘局，而另一种却发展成典型的次级趋势。

投资者应该注意到，交易日以外的收益和损失都是沿着同一方向的更深层次的运动，而不是简单地跟随新一波突破先前基本趋势运动形成的限制而产生的“信号”。在实际突破发生之前，无法确定价格将突破哪个方向。盘局通常给出的5%的限度是一个经验法则，有一些较大幅度的横向运动被视为真正的直线，因为它们的边界紧凑且定义明确。

收盘价优先——道氏理论不关注交易日的价格高低，只关注收盘价。因为收盘价是人们在金融页面上匆忙阅读的唯一数字，它是当天股价的最终评估，大多数人都以此价格买卖。这是道氏理论的另一条久经考验的规则。

其作用如下：假设一轮基本上升趋势中的中等趋势在某日上午11点达到顶点，此时工业指数，比方说是152.45，然后又回跌到150.70报收，那么前半日152.45这一高点就忽略不计。如果下一个交易日收市价高于150.70，行情就仍看涨。相反，如果下一个上涨阶段使价格在某一天当中达到一个高点，比如152.60，但这一天收市时价格却低于150.70，那么牛市趋势是否持续就很难判定了。

在反转趋势出现之前，主要趋势仍将起主导作用——对于急躁的交易者而言，这无疑是一个警告，在反转信号出现前，提前改变对市场的态度，就好比赛跑时于发出信号前抢先跑出。这条规则并不意味着在趋势反转信号已经明朗化以后，一个人还应再延迟一下他的行动，而是说在经验上，我们等到已经确定了以后再行动较为有利，以避免在趋势还没有成熟前买进（或卖出）。这条规则告诉人们：一个旧趋势的反转可能发生在新趋势被确认后的任何时间。

这也并不意味着在趋势出现变化的迹象时进行不必要的拖延，但这是一个教训，即机会总是站在更有耐心的交易者一边——他们等到有足够的把握才会采取行动——而不是那些过早买入（或卖出）的交易者。

股市指数波动反映了一切市场行为——股市指数的收市价和波动情况反映了一切市场行为。不论什么因素，股市指数的升跌变化都反映了群众心态。群众乐观，无论有理或无理，适中或过度，都会推动股价上升；群众悲观，亦不论是否为盲目恐惧，有实质问题也好，或者受其他人情绪影响而歇斯底里也好，都会反映在市场的指数下。与其分析市场上每个投资者的心态，做一些没有可能做到的事，不如分析反映整个市场心态的股市指数。股市指数代表了群众心态、市场行为的总和。指数反映了市场实际是乐观或是悲观情绪控制大局。

6.买卖信号——抓住趋势的变化

道氏理论虽不能帮助投资者挑选股票，但它在根据大趋势判断买卖方面确实起着重要作用。根据道氏理论，只要价格不回落到早期形成的交易密集区，趋势就依然完整；只要低头和低谷继续出现，下跌趋势就将保持不变；只要保持较高的头部和底部，上升趋势就将保持不变。

对道氏理论的买卖信号我们可以总结如下：

熊市中主要下行趋势的低点形成之后，次级上行趋势的反弹将会发生。之后，一种指数的回调一定会超过3%，理想情况下，也一定会在先前道·琼斯工业平均指数以及交通平均指数的低点之上。最后，突破先前形成的高点构成了牛市形成的买入信号。

熊市的卖出信号与买入信号的决定方法是一样的，但是卖出信号与买入信号是相反的。如图3所示，当牛市达到顶点，发生了倒退的次级折返走势，后续上涨回调（再次超过3%），但达不到先前的高度，然后在下一次下跌中工业平均指数和交通平均指数都穿过了最近的低点，那么，也就预示熊市的卖出信号产生了。

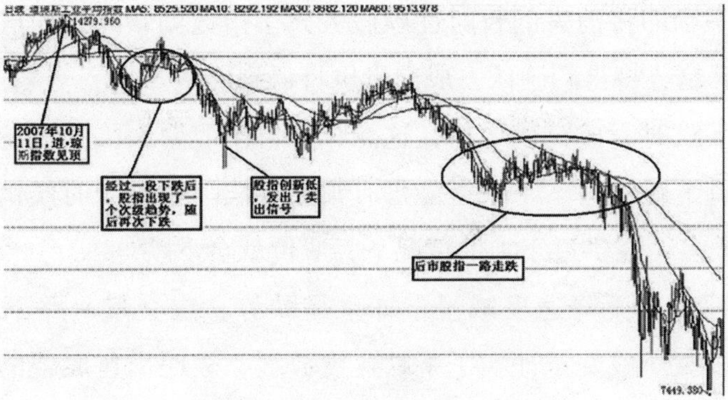

图3 道琼斯指数的卖出信号

7.指数与成交量——确认趋势的重要指标

在道氏理论中，成交量是一个非常重要的指标。道氏理论认为成交量确认趋势，成交量越大，支撑区和阻力区的效用就越强，而重要的上涨趋势往往伴随巨大的成交量配合：底部转折从下跌趋势到上涨趋势，一定是需要量的累积，然而从顶部转折向下突破往往不需要能量的支持。

升市成交量的增长仍将再次上升。道氏理论认为成交量是买卖意愿的指标。如果是一个上涨的市场，应该有越来越多的人愿意购买股票，因此成交量应该伴随指数上涨。只要指数上升，成交量也上升，上涨的市场就会继续，因为购买意愿还在增加，在购买意愿增加的情况下，股市仍然有推高的动力，潜力还没有用完，股市应该就会继续上涨。

股市上涨，但成交量没有增加，涨幅有限。此时指数上涨而成交量与之不匹配，它就不会同时上涨，道氏理论认为这时的成交量并不能证实市场在上涨，因为购买意愿与指数上涨没有相匹配，上涨将会非常有限且非常肤浅。成交量无法确认上升，这通常是一种错觉，短暂且会迅速恢复，或者至少停止上升。

指数创新高，成交量也创新高。成交量应确定指数的涨跌情况。如果该指数大幅上涨，甚至达到历史新高，则代表着巨大的购买欲望。然而，这种购买意图是否真实取决于成交量的多少。只有成交量才能确定股市是真的在上涨，还是一场即将消失的暂时性虚假大火。指数创新高，而成交量也创新高，那么上升趋势将得到确认，成交量也将得到确认。

当指数下跌时，成交量增加，这意味着售出股票面临强大的抛售压力。目前股指仍有下跌空间，未来可能仍有很大空间。在这个时候销量增加的原因是沽货的人多，在供过于求的情况下，股价就会下跌。

成交量减少，下降速度减慢。如果是跌势，成交量一路下滑，那么跌幅也将开始放缓。成交量证实了下跌速度放缓，表明出售股票的意愿暂时减弱。随着抛售压力的减小，市场上大幅下跌的空间也将缩小。如果市场已经下跌了一段时间，且成交量极低，那么市场可能已经触底，至少是暂时触底。

指数新低，成交量也新低，股市见底。当股市创下新低时，人们会感到紧张，但如果此时成交量也创下新低，股市底部是可以预期的，甚至可以说，底部离我们不远了。

趣味延展

查尔斯·道于1851年11月出生在美国东北部的康涅狄格州，父亲在他6岁时去世。为了生存，他曾做过不少于二十份工作，因此没什么机会上学。幸运的是，道确实去过学校。由于喜欢阅读和写作，20岁左右，他进入了一家报社，在那里，他遇到了影响他一生的人。

在他27岁左右的时候，道的生活已经与金融联系在一起。那一年，他去西部的科罗拉多州出差。他连续发了九篇文章，讲述当地人和开发商的生活。他发现真正推动银矿发展的是金融家的投资，而纽约的华尔街是这一切的中心。也就在那里，他开始跟爱德华·琼斯共事。这位记者比道多上了几年学，还上了知名的布朗大学，只是中途退学了。

1882年11月，31岁的道和26岁的琼斯离开了通讯社，开始建立自己的平台。他们的办公室在同一栋楼的地下室，纽约证券交易所的隔壁。

1884年，道将11家大公司股票的每日收盘价相加，再除以11得到平均值。这个平均值发表在道琼斯公司出版的日报上。这就是著名的道琼斯工业指数的起始。

从历史上看，似乎没有迹象表明琼斯对该指数做出了很大贡献，但道琼斯的名字长期以来一直与之相关。

铁路股主导了最初的道琼斯指数，这反映了当时的美国经济中，铁路作为一种新兴产业是投资的热点。

正如道在科罗拉多州的银矿开采中所看到的那样，美国经济通过股权融资实现了腾飞。由于及时注入资本，技术创新正越来越快地转化为生产力。这种联系在今天的互联网和各种新技术中更加明显。

道对这一过程的贡献是帮助投机者看到及时、可信的市场信息，并做出理智的决定。他创建了道琼斯指数，使之成为金融市场的风向标和晴雨表。在这之后，才有的纽约标准普尔500指数、纳斯达克指数、东京日经指数、香港恒生指数、伦敦金融时报指数和上海上证指数等。

17 |《华尔街45年》 威廉・D.江恩

纵横市场数十年的取胜之道，传奇式证券交易巨匠江恩的投资策略

名著导读

威廉・D.江恩于1878年出生，16岁时开始在火车上工作。24岁的时候，威廉・D.江恩做了第一笔棉花期货合约的买卖，并从中赚取第一桶金。

1909年，威廉・D.江恩以娴熟的技巧开始在华尔街崭露头角。在当年的10月份，一名杂志编辑对他进行了一次实地访问，在其监督下的25个市场交易日中，江恩进行了286次交易，只有22次受损，成功率高达92.3%。江恩出过很多著作，尤其是《华尔街45年》，使人终身受用。这位传奇式证券交易巨匠，用自己创造的独特理论，在45年的职业证券交易生涯中总共赚取了5000多万美元，这大约相当于现在的5亿多美元。在本书中，江恩详解了他长时间奉行的关于股票市场的时间周期规则。江恩运用天文学、数学、几何学等方面的知识创立了独特的技术分析理论，其中包括波动法则，周期理论、江恩角度线、江恩四方形、江恩六角形等。江恩坚信股市期市存在着宇宙中的自然法则，股价运动方式不是杂乱无章的，而是可以预测的。

自各种证券交易规则建立以来，就不再有联合舰队式的资金或操纵股票的现象，这并不意味着今后不会再有大牛市以及大涨势……在华尔街，历史不断重演，以往发生的事会在未来再次出现。

——威廉・D.江恩

经验告诉我，只要时间周期指明上升趋势，那么什么也阻挡不了市场的上涨趋势，而只要时间周期指明下降趋势，那么什么也阻挡不了市场的下跌。

——威廉·D.江恩

理论精读

1.止损单——必须用止损单保护你的投资

江恩在书中告诫投资者：如果你看错了趋势，那么就得使用古老而可靠的保护伞——止损单。你永远应当等到看出趋势发生变化时再抛售股票，但是，一旦你确实看出趋势已经改变，就应毫不迟疑地出货。交易者要学习的最大的，也是最重要的事是不要过度交易，他要学的下一件事是使用止损单。

江恩认为，大多数人在股市中赔钱主要有三个原因：

（1）交易过度或买卖过于频繁。

（2）没有使用止损单。

（3）对市场知之甚少。

过度交易和了解市场不难理解。要在股市中赚钱，那么每一次买卖不要总是全仓进出，而且不要频繁买卖，买卖过于频繁是导致失败的致命伤。想一想，你在为自己争取盈利的同时，还要养证券公司，负担多重，而了解市场则是投资的必需，如果对市场知之甚少，那么你就不是在做投资而是在赌博。

这里要重点说明的是止损单问题。不下止损单是投资人常犯的错误。常常听到或看到投资者诉苦，说自己手中的股票市价已大大低于自己的买入价。如果他是准备长线投资一家公司的股票，他绝对不会因为股价大幅下跌而抱怨。若是投机者，他绝对应该设置一个价位，只要跌破这个价位，无论如何你都应该第一时间抛出股票。江恩在书中的建议是止损单设在买入价之下3%~5%，不设止损单的后果就是眼睁睁看着股价被拦腰砍断。聪明人会下止损单，设定止损位，一旦形势发行逆转，就随时走人。

2.数学绘图的应用——三天图与九点平均波动图

三天图：将市场的波动以3天（也包括周六和周日）的活动为记录的基础。三天图表的规则是当3天的最低水平下破，则表示市场会向下；当3天的最高水平上破，则表示市场会出现新高。

绘图方法可按照以下步骤：

（1）当市场从低点上涨，连续3天出现更高的高点时，图表上的线应该移动到第3天的高点。如果市场在下跌两天后的第3天创下新高，图表上的线应该垂直向上移动到当天的高点。

（2）当市场连续3天处于低点时，图表上的线可以向下移动到第3天的低点，如果市场继续下跌，图表上的线可以垂直向下移动到当天的低点。

（3）若市场连续3天创新高点，则三天图表便可回升。

九点平均波动图简称“九点图”，其规则是：若市场在下跌的市道中，市场反弹低于9点，表示反弹乏力；超过9点，则表示市场可能转势；在10点之上，则市场可能反弹至20点；超过20点的反弹出现，市场则可能进一步反弹至30~31点，市场很少反弹超过30点的。对于上升的市道中，规则亦一样。在制作图表时，若市场上升超过9点，图表线可作上升，图表线跟随每日高点上移，直至市场出现9点的下跌，图表线才跟随下移至当日低点。

三天图和九点图与点数图类似，都是以当下市场的走势为基础进行绘制的。

不过，还需要特别注意以下两个特点：

（1）江恩的三天图通过时间预测市场趋势，九点图通过价格的涨跌幅度预测市场趋势，分析者结合这两点便可以对市场趋势了解得更加透彻。

（2）由分析者定义点数图的转折点，是否成功取决于分析者对市场状况的理解。

3.时间因素——江恩理论的时间法则

在江恩看来时间在交易中扮演着举足轻重的角色。江恩认为在特定的时间内会发生一定量的价格回调，如果运用江恩时间法则，就能够预测实际的价格回调。

江恩将时间定义为“江恩交易年”，可分为两部分，即6个月或26周，也可以分为三部分、四部分或更多。

江恩还指出了一些可以预测价格逆转的重要时间点或时间间隔：

（1）一般市场回调发生在第10天至第14天，如果超过该时间间隔，则后续回调将发生在第28天至第30天。

（2）主要顶或底的7个月后会发生小型级回调。

（3）主要顶或底的周年日。

此外，江恩的时间定律还考虑了季节、宗教、天文学等因素。

4.周期性因素——江恩理论的波动法则

根据江恩的理论，市场波动或内在的周期性因素来自市场时间和价格之间的倍数关系。当市场的内部波动频率与外部市场驱动力的频率存在倍数关系时，市场就会产生共振关系，从而使市场产生巨大的上行或下行效应。

分析以前的股市走势可以发现：股票走势经常上下波动，一旦从低位开始，出现向上的趋势，就会不受控制地一路向上；而一旦从高位崩盘，出现向下的趋势，股价又会如江水决堤一泻千里。这是股市共振的反映。

共振能影响人们的情绪和操作，向上时，人们趋之若鹜；向下时，人们避之不及，江恩称之为“价格崩溃”。

因此江恩建议股票投资者要特别留意共振现象。那么共振现象是如何产生的呢？有以下几种可能：

（1）当长期移动平均线、中期移动平均线和短期移动平均线交汇到同一价格点且方向一致时，会出现向上或向下的共振价格位点。

（2）当基本面和技术方向一致时，就会有一个很大的共振点。

（3）当长期投资者、中期投资者和短期投资者同时进行同向买入或卖出时，会出现向上或向下的共振。

（4）上市公司的基本面状况、经营状况、管理状况、财务状况和周期状况方向一致时，会产生这一上市公司的共振点。

（5）当时间周期中的长周期、中周期和短周期交汇到同一时间点且方向一致时，将产生向上或向下共振的时间点。

（6）当金融政策、财政政策、经济政策等政策一致时，就会出现政策共振点。

（7）当K线系统、均线系统、成交量KDJ指标、MACD指标、布林线指标等技术指标发出买入或卖出信号时，将产生技术分析指标的共振点。

共振的发生需要一定的条件。当部分条件满足时，会发生影响很小的共振；满足的条件越多，共振威力越大。关键条件如果没得到满足，就算其他条件都满足了，共振也不会发生。

简而言之，共振是导致股价大幅波动的一个重要因素。江恩还认为，市场的外部因素来自自然周期和地球季节变化的时间周期。共振是一种合力，是多个力量同时向同一方向推动的力量。一旦投资者找到了这一点，他们就可以获得巨大的利润，避免巨大的风险。

5.江恩循环理论——江恩思想的总结

江恩总结出了自己的一套理论，并按照一定规律，以圆形、正方形和六角形来展开推述，这些图形包含了时间法则、价格法则、几何角、回调带等概念，图形化揭示了市场价格的运行规律。

江恩认为较重要的循环周期如下。

短期循环：1小时、2小时、4小时……18小时、24小时、3周、7周、13周、15周、3个月、7个月。

中期循环：1年、2年、3年、5年、7年、10年、13年、15年。

长期循环：20年、30年、45年、49年、60年、82年或84年、90年、100年。

30年循环周期是江恩分析的重要基础，因为30年共有360个月，这恰好是360度圆周循环，按照江恩理论将其划分为1/8、2/8、3/8……7/8，正好可以得到江恩长期、中期和短期循环。

其中，江恩对月循环还特别强调了以下几点：

（1）在大熊市中，反弹只持续3~4个月，然后就会逆转并继续下跌。

（2）在极端情况下，市场可能只会调整2~3周。在这种情况下，市场可能会连续12个月上涨，每个月的底部都会高于前一个月。

（3）从重要的市场底部开始计算，3个月后，可能是市场的另一个底部或顶部。再加4个月，可能是市场的另一个底部或顶部。

（4）在大牛市中，如果有下跌趋势，可能只持续3~4个月，然后市场将恢复上升趋势。

（5）在上升的趋势中，调整一般不会超过两个月，到第3个月，市场将见底回升。

江恩认为10年周期可以反映市场的循环。与此同时，江恩指出，任何一个长期的升势或跌势都不可能不做调整地持续3年以上，其间必然有3~6个月的调整。因此，10年循环的升势过程实际上是前6年中，每3年出现一个顶部，最后4年出现最后的顶部。

上述不同长度的循环周期之间存在一定的数量关系，如倍数关系或平方关系。江恩以圆形、正方形和六角形展示了这些关系，为正确预测股市趋势提供了强有力的工具。

6.江恩回调法则——价格理论的重要组成

回调是指价格在主运动趋势中的暂时的反转运动。根据价格水平线的概念，50%、75%、100%作为回调位置，对价格运动趋势构成强大的支持或阻力。

例如，某只股票价格从40元最高点下降到20元最低点开始反转，价格带的空间是40元减去20元为20元，这一趋势的50%为10元，即上升到30元时将回调。而30元与20元的价格带的50%为5元，即回调到25元时再继续上升。升势一直到40元与20元的75%，即上升到35元再进行50%的回调，回调到30元再继续上升，最后上升到40元完成对前一个熊市的100%回调。

那么，如何确定峰值的顶部和底部呢？江恩认为一年中能有几次成功的交易已经足够了，要做到这一点，可以查看年度价格图表，确定一年中的顶部和底部，然后是月线图、周线图和日线图。

江恩认为，无论价格是上涨还是下跌，最重要的价位是在50%的水平上，在这个水平上，价格经常发生回调。如果在这个水平上没有回调，那么将在63%的水平上进行回调。

50%、63%和100%的价位是最重要的，它们分别对应于45度、63度和90度的几何角，这些价位通常用于建立50%回调带。

投资者可通过将股票价格高点和低点之间的差值除以2，再加上低点或减去高点来计算50%的回调水平。当然，价格走势很难预测，我们应该为预测留下一些余地，实际价格可能比预测价格高50%或低50%。

江恩投资实战技法适合于各种时间尺度的图表，包括五分钟图、日线图、周线图、月线图和年线图。

经过观察大量的图表，可以看到以下江恩法则的存在：

（1）价格明显地在50%回调位反转。

（2）如果价格穿过50%回调价位，下一个回调将出现在63%价位。

（3）如果价格穿过63%回调价位，下一个回调将出现在75%价位。

（4）如果价格穿过75%回调价位，下一个回调将出现在100%价位。

（5）有时价格的上升或下降可能会突破100%回调价位。

（6）支持位和阻力位也可能出现在50%、63%、75%和100%回调重复出现的价位水准上。

7.江恩轮中轮——时间与价格循环的统一

江恩认为在股票市场中有短期、中期、长期循环以及循环中的循环。

江恩将整个理论概括总结为“轮中轮”，江恩根据这一理论，设计了市场循环中的轮中之轮，将市场上的短期、中期和长期循环加以统一的描述并将价位与江恩几何角也统一起来（如图4所示）。

“轮中轮”的制作：“轮中轮”将圆进行24等分，以0度为起点，逆时针旋转每15度增加1个单位，经过24个单位完成第1个循环，依此类推，经过48个单位完成第2个循环……最后经过360个单位完成第15个循环，即一个大循环，形成江恩“轮中轮”。

江恩“轮中轮”上的数字循环既是时间的循环也是价格的循环。

江恩“轮中轮”的关键是角度线，市场的顶部、底部或转折点经常会出现在一些重要的角度线上，如0度、90度、180度等。通过“轮中轮”，我们可以预知市场的价位，以便安全、有效地运用资金。

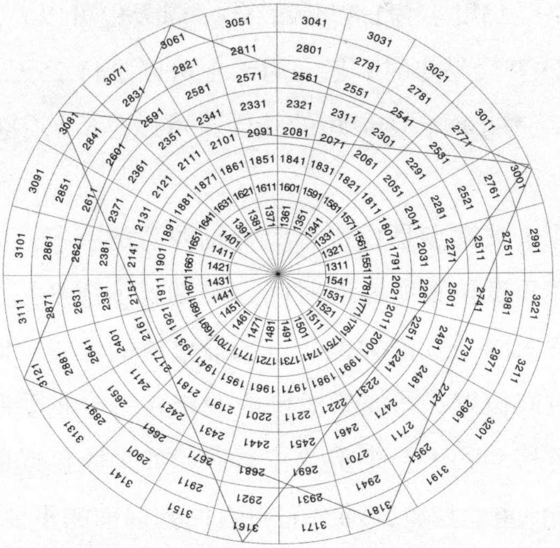

图4 江恩轮中轮图解

轮中轮的使用方法如下：

（1）对照轮中的数字，令游标一选定所要判断的目标股或指数的最低点或最高点。上涨时游标二逆时针旋转，价位或点数将在45度、90度、120度处遇初级阻力，在180度处遇强阻力，在225度、270度处遇超强阻力，在315度、360度处遇特强阻力；下跌时游标二顺时针旋转，价位或点数将在45度、90度、120度处遇初级支撑，在180度处遇强支撑，在225度、270度处遇超强支撑，在315度、360度处遇特强支撑。

（2）江恩理论轮中之轮的要点如下：当股价或指数突破或跌破一个阻力或支撑位时，将向下一个阻力或支撑位移动；轮中之轮的0度、90度、180度、270度，及45度、135度、225度、315度所构成的两个正四方形处为阻力或支撑，另外，由0度、120度、240度所构成的正三角形处也为阻力或支撑；一周分为24×15（度），暗含24节气。价位或指数由内向外找，大数取内优先。[1]

而在中国股市中，中短线投资者可以参考这些方法：①一周天如按交易日，则大约为18个月，每交易日为四小时；②一周天可以是180天，每格（15度）为7.5天；③一周天也可以是90天，每格（15度）为3.75天；④一周天也可以是45天，每格（15度）为1.875天；⑤一周天也可以是22.5天，每格（15度）为0.9375天或3.75交易小时；⑥一周天也可以是11.25天，每格（15度）为0.46875天或1.875交易小时；⑦最短的一周天可以是6天，每格（15度）为1交易小时。

此外，还有几个关键点是投资者应特别注意的：①一周的重要时间是达到上述第一条所述角度位置所需的时间，周期长度应从第二条中选择；②当长周期和短周期指向同一位置时，是市场最重要的位置，时间大致是长周期和短周期重叠的时间位置；③如果股价或股指在一个重要时间超越了一个重要位置，那么它将移动到下一个重要位置；④如果股价或股指在相当长的一段时间内没有超过该重要位置，那么它将返回到以前的重要位置。

江恩理论的优点是阐述了时间与价位的关系。在对时间和价位的准确预测这一点上其他任何理论难以望其项背。江恩理论的弱点，是缺乏对另一市场的重要因素——成交量的描述。因此，江恩理论与道氏趋势理论、艾略特波浪理论，相互结合使用，可起到互为弥补的作用。

趣味延展

江恩是个善于学习的人，他曾经说要将知识变为行动的推动力，如果你想将自己的理想变成现实，就要以知识推动行动，掌握未来。

江恩曾连续工作9个月，研究大量股票、期货市场的交易记录和华尔街投资家的操作方法，总结出一套以自然规则为核心的交易方法，重点分析了价

1　原江恩理论书籍介绍，轮中之轮用于长周期判断，一周天为360天（自然日），用于短周期判断一周天为24小时（没有说明是自然日还是交易日）。

格与时间的周期性关系。许多人认为江恩的投资理论和交易方法是深不可测的，比如江恩历法、江恩几何角、江恩线、江恩回调比率等。江恩相信，任何人都可以通过按照固定规则买卖期货来赚钱，并且比投资股票更有机会获利。江恩相信股票和期货市场中存在着宇宙的自然法则，价格变动不是随机的，而是可预测的。

江恩用事实告诉大家，在股票和期货市场中流传的这句话——从来没有见过靠画图表赚大钱的人——是错误的。1909年10月，江恩对多只股票总共进行了286次交易，结果264次获利，22次亏损，交易本金增值了1000%。1909年夏天，江恩做出了一个惊人的预测，他预言9月小麦的价格将到达1.20美元。事实证明，他的预测是正确的，虽然在9月小麦的最后交易日时价格还是在1.08美元，但在收市的前一个小时涨到了1.20美元，之后再也没有出现更高的价格，最终收市在1.20美元。

江恩提前退休后周游美国，为投资者传授技术分析知识，虽然江恩的课程费用极高，但仍有很多人报名听课，且受益匪浅。他还整理了大量教程并出版了大量书籍，这些都反映了江恩在50多年的交易生涯中逐渐成熟的技术分析交易体系。

除了股票和期货，江恩还预测了自1912年以来的每一次美国总统选举，并在美国各地的报纸上公布了选举结果。1918年春天，他预言了第一次世界大战的结束。1927年，江恩以《时空隧道》之名写了一个引人入胜的爱情故事，副标题是“1940年以来的回顾”，这篇故事明确地预测了第二次世界大战以及期货和股票市场的事件。

18 |《亚当理论》　威尔斯·威尔德

亚当理论不分析市场，只关注如何从金融市场赚钱

名著导读

亚当理论是美国人威尔斯·威尔德所创立的投资理论。威尔斯·威尔德创立了诸多股票和期货市场中的常用指标，如相对强弱指数RSI、平均真实区域ATR、趋向指标DMI、抛物线指标SAR、动量指标MOM等。这些分析指标在当时的时代大行其道，受到不少投资者的欢迎，即使在今天的证券投资市场中，RSI仍然是非常有名的分析指标。但很奇怪，威尔斯·威尔德后来发表文章推翻了这些分析指标的好处，而推出了另一套崭新理论去取代这些分析指标，即“亚当理论”。

亚当理论提出这样一个观点——没有任何分析指标和工具可以绝对准确地推测市场的趋势。如果市场的趋势可以预测的话，凭借RSI、MOM等辅助指标，理论上就可以成功，但是不少人运用这些指标仍然输得很惨，原因就是过度依赖一些并非完美的工具推测去向不定、难以捉摸的市场趋势。而亚当理论的精神就是教导投资人士要放弃所有主观的分析工具，在市场是升市时做沽空，或在市场是跌市时去入市都会失败。

只有随势操作，才能在市场中赚到钱。因此，我们必须等待趋势出现才进场。这表示，我们应跳上正在移动的市场。

——威尔斯·威尔德

忘记“便宜”二字，忘记“昂贵”二字。市场绝不会涨到不能买进，也不会跌到不能卖出的地步。

——威尔斯·威尔德

理论精读

1.三条线索——准确把握入场时机

对于投资者来说选择入场的时机十分重要，威尔德认为只要发现三种线索，就可以积极入市。

（1）突破，价格突破近期所有的高点，或者相反，跌破近期所有的低点，这两种情况表明市场背后有足够的力量。横盘时间越长、越显著，也就越可靠。

（2）中长期趋势的改变。

（3）缺口出现或者当日价差很大，说明沉闷的市场已经苏醒。

当市场中出现这三种信号，此时即可进场操作。威尔德认为不要去预测底部和顶部，投资者根本没有那个能力去预测，亚当理论只是指导人们去操作中间的利润。当然，这种观点其实是有一定缺陷的，因为在价格波动中经常会发生破高反跌、破低反涨。亚当理论是如何处理这个问题的呢？他们从最初就设立了止损位。这样虽然无法赚到100%的利润，但是却能安全地赚到50%的利润。亚当理论这套系统非常实用，可以使投资者不断地盈利。

2.亚当理论的戒条

（1）市升买升，市跌买跌，顺势而行。

（2）一定要熟悉股市行情和操作手段，否则绝对不买卖。

（3）运气不佳时立刻离开市场，坐下来冷静反思。

（4）入市买卖时，应在落盘时立即定下止损价位。

（5）一旦亏损10%要立刻止损，如果亏损超过10%，再追翻就很困难。

（6）亏损时亦不可一路加注以平均价位，否则损失越来越大。

（7）每一种分析工具都可能会出错，并非完全准确。

（8）到达止损价位须立即执行，不可随意更改。

（9）不要猜测最低点或最高点，顺势而行。

3.十个要点——亚当理论的应用守则

（1）亏损部位绝不加码或“摊平”。如果你的资金处于赚钱的部位，那你是对的。如果你的资金处于赔钱的部位，那你就已经错了。你要考虑会错多久，是否能转亏为盈。

（2）别挡在列车前面。如果市场往某个方向爆炸性发展，千万别逆市操作，除非有强烈的证据显示反转也已发生（请注意，是已经发生，而不是将发生或应发生）。

（3）不要轻易取消或移动止损点，除非其位于操作要求的方向。

（4）在设置止损后再开始操作或加码，在那之前需要你扪心自问：“这笔操作我愿意赔多少钱？”你必须在开始操作之前做出这个决定，因为操作前你有客观冷静的判断，一旦入市，情绪会影响操作。

（5）不要让小损失演变成不可收拾的大损失。情况不对，立即退场，留得青山在，不怕没柴烧。

（6）发生亏损时，不妨收手休息。如果一再发生亏损，请退场到别的地方去度假，因为此刻你的判断不再冷静客观，所以你需要休息，让你的情绪冷静下来，等头脑变得清醒再说。

（7）在内心深处问问自己，是否真的想赚钱，还是只是闲得没事做，或者只是想获得胜利。

（8）注意止损。无论何时、何种操作都不要让自己亏掉操作资金的10%以上，任何时刻都不要冒亏大钱的险。

（9）别去抓头部和底部，让市场把它们抓出来。很多人因为自负或贪婪去抓头部和底部，但大家都知道这永远不可能准确，亚当理论永远抓不准头部和底部，想去抓的人也抓不准。但是当头部和底部终于出现时，亚当理论只会错一次。

（10）保持弹性。世界上任何事情都有可能出错，亚当理论也不例外，但是请记住，亚当理论所说的是概率很高的事。

如果你在市场上操作的真正的理由是想赚钱，那么迟早你会知道，一个人能不能从市场上赚钱取决于他有没有遵守这十大守则。至于他赚多少钱，则取决于他进场和退场的方法。如果你从里到外问自己这个问题，并仔细倾听答案的话，你将了解这十大守则的价值，你也将了解，你不会只因为使用亚当理论或其他任何方法，就可以成为赢家。亚当理论只是给你一个进场的理由。这个理由是：市场有很高的概率，会往某个特定方向移动一段时间。除非你所有的操作都依据这十大守则，否则亚当理论或其他任何方法，都不会准到让你不断赚钱。当你懂了这一点，你就会在市场上赚不少的钱。

4.实战应用——亚当理论的实战策略

在介入投机市场前，一定要认清该市场的趋势是上升还是下跌，在升市中主要以做多为主，在跌市中则以卖空为主。切记买卖方向不要做错，即在升市做空、跌市买涨是最愚蠢而且相当危险的。

买入后遇跌，卖出后却升，就应该警惕是否看错大势，看错就要认错，及早投降，不要和大势为敌。不要固执己见，要承认自己看错方向，及早认识错误则可将损失减到较少的程度。在未买卖之前一定要订立止损点，并且不随意更改既定的止损点。切忌寻找各种借口为自己的错误看法辩护，因为那样只会使自己深陷泥潭，损失更大。在投机市场中，不要把面子看得太重，看重脸面则损失票面。

抛弃迷信技术分析指标或工具的做法。各种技术分析、技术指标均有缺陷，过于依赖这些技术分析指标的所谓买卖信号，有可能使资金遭遇被套的危险，那些教人越跌越买的相反理论买入法或马丁基注码法并不是好的投资理论和方法，这些做法应坚决摒弃。

记住，我们不是只想了解亚当理论，或会运用它，而是要真真实实利用亚当理论解决一些危机或赚钱。你会发现，假使你有耐心，而且慎选进场时机，你就能赚大钱。

趣味延展

关于亚当理论的由来，威尔德讲述了这样一个故事：

“1983年秋天，一位叫威廉·史洛门的陌生人打电话给我。史洛门告诉我，他发现了市场是如何运作的，并愿意以高价出售，他可以向我展示原理。因为我经常接到这样的电话，所以我并没有太在意，但还是给了他机会。我问了他几个关于市场的问题，他竟然回答得很有道理，似乎确实找到了预测未来市场走势的方法……而这个方法也不是其他著名的理论衍生而来的，所以，我被说服了，去了芝加哥一趟。

“到了芝加哥，史洛门将他的发现展示给我，这套方法的名称叫作三角洲理论。史洛门发现的是所有市场都存在的完美秩序。了解这个秩序，便能准确预测市场未来的长期走势，而且，操作方法简单易懂。我付给史洛门一大笔钱，并按他的要求付了现款，之后我便搭晚上的班机飞回格林斯巴诺。我花了6个月的时间研究和分析，证实了三角洲理论确实是对的。于是在1985年，我创办了三角洲国际学社，这个学社的成员可以分享三角洲理论预测的市场未来反转点的资料。

“前面所记述的事情，是我之后所要叙述的故事的背景资料。其实，没有上述背景资料，下面我所要陈述的一切可能都会被认为纯属无稽之谈……或者说，你会认为我是个不折不扣的白痴。

“1985年春，在完成三角洲理论的研究工作后，我邀请史洛门到格林斯巴诺评估我所做的工作。相处一周后，史洛门又说出另一段惊人的话。他说，三角洲理论所要回答的问题是，市场有没有秩序存在？最近我提出另一个问题，问题是：在市场操作要如何才能真正赚到钱？换句话说，在市场上操作成功的基本原则是什么？而有意无意应用这些原则的人，都能在市场上大举成功。这是两个不同的问题。几个月后，史洛门提出以100万美元的价格将问题的答案出售给我。

“史洛门是什么样的人？他有天赋，在高中时就表现出了智商超高的一面，曾在全美数学考试中名列前茅。他获得了国家资优学生奖学金，在普林斯顿大学学习数学和物理等课程。

“从大学开始，史洛门就做了很多工作，以寻求个人的满足感。他成为了一名非常成功的企业家，但他越来越感到失去了一些东西。他在哥伦比亚大学学过文学和导演。他曾做过一段时间的股票经纪人和商品经营者，但他辞职了，因为他不喜欢这些。最近，他一直在尝试通过观察来理清事情思路的工作。

“史洛门有着以新的方式探索问题的非同寻常的能力。他可以完全忘记或搁置他对某一主题的知识，在不受影响的情况下找到真正的答案。事实上，这是他发现三角洲理论的唯一途径。”

19 |《艾略特名著集》　小罗伯特·R.普莱切特

"冠军市场预测家"、波浪理论创始人艾略特的著作合集

名著导读

拉尔夫·尼尔森·艾略特在67岁时出版了第一本关于股票市场的著作，作为对所有面对"下跌年景"的人的激励，艾略特的天资在他生命的最后10年盛开，他带给人类一份巨大的知识礼物。

艾略特属于最罕见的群体，是金融实践领域中真正的学者。他的股票市场行为理论是革命性的。正如金融杂志创始人汉密尔顿·博尔顿所说，"他将自己的理论发展到了一种前所未有的股票市场分析的理性方法的程度"。

小罗伯特·R.普莱切特在1978年与人合著了《艾略特波浪理论》，并于1979年开始发行《艾略特波浪理论家》月刊。小罗伯特·R.普莱切特被《时机选择者文摘》称为"股票市场历史上首要的市场时机选择者之一"，被《财富》称为"冠军市场预测家"，被证券学院称为"艾略特波浪研判的世界领袖"，并被《纽约时报》称为"美国第一流的艾略特波浪预测法的倡导者"。

1979年，小罗伯特·R.普莱切特创立了世界上最大的市场分析公司——艾略特波浪国际公司（EWI）。艾略特波浪国际公司为机构客户提供每天24小时的所有主要的全球股票市场、债券市场、利率与货币市场，以及金属与能源市场的分析。

这是一本从头至尾都令人印象深刻的书！历史上第一次有人在一本书中汇集了艾略特的所有著作。仅此就使这本书值得进入你的金融书库。额外的礼物是书中的“艾略特传”，它罕见地介绍了艾略特的生平。

——媒体书评

如果想彻底理解艾略特所说的东西，普莱切特精心制作的脚注，清晰的说明以及交叉参考绝对必要。

——媒体书评

对于那些对艾略特理论感兴趣，但又无法获得其稀有原始作品的市场学者来说，这本书很理想。

——媒体书评

理论精读

1.基础性知识——波浪理论的数浪规则

波浪理论总体来说就是牛市上升五浪下降三浪，熊市下降五浪上升三浪（如图5所示），以下是一些数浪的原则供大家参考。

原则一：第二浪运动不能跌破第一浪。

原则二：第三浪不能是推动浪中最短的一浪（记住不是最短的，不一定是最长的，一般来说，最长的推动浪大多在第三浪，可是这不是一定的）。

原则三：第四浪不能和第一浪终点重叠。

这三个原则是死律，违反这三个原则的数浪方法都是错的。通常第一浪、第三浪、第五浪之间都存在着黄金比率。

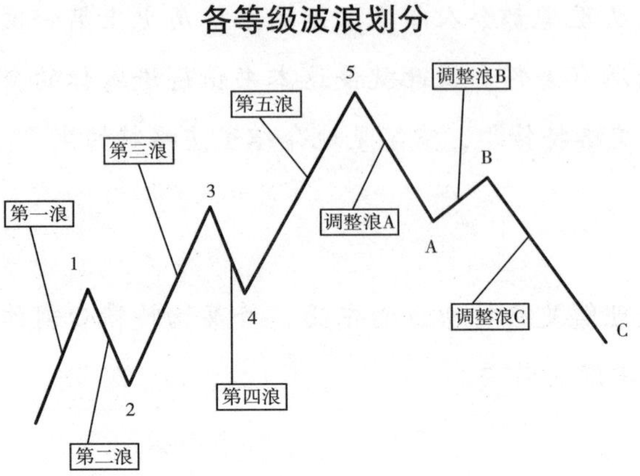

图5　波浪理论波浪划分图解

为了防止因规则不清，造成数浪结果不同，下面我们再细述一下数浪规则：

（1）第一浪必须自己作为一个驱动浪或者一个引导倾斜三角形的形态。

（2）第二浪除了三角形，可以是任何艾略特调整浪形态，联合调整浪中的最后一浪可以是三角形。

（3）第二浪的任何部分不能回撤超过第一浪的100%。

（4）第三浪必须是驱动浪。

（5）在价格上第三浪必须长于第二浪。

（6）第四浪可以是任何艾略特调整浪形态。

（7）第二浪和第四浪不能重叠（分享相同的价格空间），在三角形浪中除外，另外，在杠杆市场中也有例外。

（8）第五浪必须是一个驱动浪或者一个终结倾斜三角形的形态。

（9）第五浪在价格上必须至少是第四浪的70%，即使失败也是如此。

（10）第三浪从来不是最短的（在用价格衡量第一浪到第五浪时）。

修正浪分为三浪，标记为A浪、B浪和C浪。其中A浪和C浪是下跌走势，B浪是反弹过程。

2.分辨市况——各级波浪的特性

在波动理论的具体应用中，经常会遇到难以区分的市场条件以及几种同时可以成立的数浪方式。因此，对投资者来说，了解个别波动的特征非常重要。

第一浪在整个波浪循环开始后，一般市场上的大多数投资者并没有立即意识到涨势已经开始。因此，在实践中，超过一半的第一浪是构建底部模式的一部分。由于第一浪的退出通常发生在熊市结束时，熊市情绪和习惯于做空市场的做法保持不变，所以跟随着属于筑底一类的第一浪而出现的第二浪的下调幅度，通常都较大。

第二浪通常在实际走势中调整幅度较大，这主要是因为市场人士常常误以为熊市尚未结束，第二浪的特点是成交量逐渐萎缩，波动幅度渐渐变窄，反映出抛盘压力逐渐衰竭，出现传统图形中的转向形态，例如常见的头肩、双底等。

第三浪在绝大多数走势中，属于主升段的一大浪，因此，通常第三浪属于最具有爆炸性的一浪。它最主要的特点是：运行时间通常会是整个循环浪中最长的一浪，上升的空间和幅度亦常常最大；在成交量方面，成交量急剧放大，体现出具有上升潜力的量能；在图形上，常常会以势不可挡的跳空缺口向上突破，给人一种突破向上的强烈信号。

第四浪从形式结构的角度来看，通常以三角形的调整形式运行。第四浪的终点通常更难预测。此外，投资者应记住，第四浪的底部不得低于第一浪的顶部。

第五浪是股市的三大推动浪之一，但在大多数情况下，增幅小于第三浪。第五浪的特点是市场情绪相对较高，整个市场通常充满乐观情绪。就其完成的形式和规模而言，它往往以失败告终。在第五轮上涨浪潮的运作中，二三线股票将表现出色，普遍上涨，且往往大幅上涨。

在一个上升周期中，A浪的调整紧接着第五浪而产生，因此市场中的大多数人会认为市场仍处于守势，只会将其视为一次临时回调。A浪的调整形式通常有两种形式，平面形式和“之”字形，并经常以交叉形式与B浪交换形式。

在第五浪结束之前，一般会出现“第三、第五”浪价量背离、“第三、第五”浪指标背离等，所以当第五浪再创新高时，我们将开始关注其运行情况：一旦出现上述技术性现象，要看是否有实力不足、K线走差（如出现“长阴”“穿头断脚”“岛反转”“跳空反转”等图表条件），如平均交织的具体特征，宁可利润缩水，也不能因为自己的股票被套后，出于侥幸心理，费尽心思地为市场上升的可能找理由，这样只会被套得更深。

3.波浪的比率——斐波那契数列神奇数字组合比率的影响

在波浪理论的范畴内，牛市阶段可以由一个上升浪代表，或划分为5个小浪，21个次级浪，甚至89个细浪。对于熊市阶段，则可以由一个大的下跌浪代表，或划分为3个次级波段，13个低一级的波浪，甚至55个细浪。

总结起来就是，一个完整的升跌循环可以划分为2、8、34或144个波浪。浪与浪之间的比率关系，亦经常受到斐波那契数列神奇数字组合比率的影响，下面我们介绍神奇比率与度量浪与浪之间的比例关系的具体运用。

（1）对于推动浪来说，如果推动浪中的一个子浪成为延伸浪的话，则其他两个推动浪的运动幅度和运行时间都将趋于相同。也就是说，当推动浪中的第三浪在走势中成为延伸浪时，则其他两个推动浪，第一浪与第五浪的升幅和运行时间将会大致趋于相同。如果它们不完全相等，则它们很可能在0.618的关系相互维系。

（2）第五浪的最终目标可以根据第一浪底部到第二浪顶部的距离来估计。它们之间的关系通常也存在神奇数字组合比率关系。

（3）对于A-B-C三波段调整浪来说，C浪的最终目标值可能根据A浪的幅度来预估。C浪的长度，在实际走势中，经常是A浪的1.618倍。当然我们也可以用下列公式预测C浪的下跌目标：

C浪的下跌幅度＝A浪浪底－A浪 × 0.618

（4）对于对称三角形排列形式的波浪走向来分析，在对称三角形中，每个浪的涨落与其他浪的比值，通常以0.618的神奇比例互相维系。

下面列出神奇数字比率及其派生出来的数字比率的特性，让大家能较好地运用神奇数字对波浪进行定量分析：

（1）0.382：第四浪常见的回吐比率及部分第二浪的回吐百分比，B浪的回吐过程（ABC浪以之字形运行）。

（2）0.618：大部分第二浪的调整深度和对于浪ABC以之字形出现时，B浪的调整比率以及第五浪的预期目标都与0.618有关，三角形内浪与浪的比例也由0.618来维系。

（3）0.5：0.5是0.382与0.618之间的中间数，作为神奇数比率的补充。对于ABC之字形调整浪，B浪的调整幅度经常会由0.5所维系。

（4）0.236：是由0.382与0.618两神奇数字比率相乘派生出来的比率值。有时会作为第三浪或第四浪的回吐比率，但一般较为少见，常常是在事后才如梦初醒，而此时调整过程已经结束。

（5）1.236与1.382：对于ABC浪不规则的调整形态，我们可以利用B浪与A浪的关系，借助1.236与1.382这两个神奇比例数字来预估B浪的可能目标值。

（6）1.618：由于第三浪在三个推动浪中多数为最长的一浪，以及大多数C浪极具破坏力。所以，我们可以利用1.618来维系第一浪与第三浪的比例关系和C浪与A浪的比例关系：对于斐波那契数列神奇数字，读者已经了解到在波浪理论中，尤其在对波浪理论的定量分析中，起着极其重要的作用。其中0.382与0.618为常用的两个神奇数字比率。其使用频率较其他的比率要高得多。

如果投资者和分析者能够一边使用神奇数字比率，一边与波浪形态配合，再加上动力系统指标的协助，就能较好地预估股价的升跌。

当回吐幅度超过45%时，基本可以判定股价已经失去了0.382的支撑或阻力作用。同样，当调整幅度超过70%时，也可以判定此时股价已经失去了0.618的支撑或阻力作用。所以投资者可以根据上述原则来设置止损点。

4.推动浪的买卖策略

（1）第二浪的买卖策略。当第一浪上升以后，市场出现3个浪的调整时走势出现5个小浪的上升，表明调整已经结束，随后逢低可进行买入。一般第二浪调整的买入点可放在0.5~0.618的范围内，如果第二浪的调整以之字形展开，则该范围比较可靠。买入后可将止损盘放在之字形调整的底部，而预期第三浪的目标将至少与第一浪等长。

（2）第四浪底的买入。当市场以推动浪的形式走完上升的3个浪时，就可以考虑在第四浪的底部买入。上升的3个浪是否属于推动浪的判断：第三浪出现大幅跳空缺口；第三浪比第一浪长。而第四浪的终点将有几种可能性：第三浪的0.382~0.5的范围；第一浪的浪顶上方；价格通道的下边线。假如几种可能性的目标价位相差不远，可靠性将比较高。止损盘可以放在第一浪的浪顶，第五浪的预期目标可以用价格通道和第一、第三浪的幅度来预测。

（3）第三浪买卖策略。当第一浪以5个小浪形态上升，其后出现3次向下调整的第二浪，且第二浪在预测处终结，接着第三浪的第一小浪和第二小浪先后运行完毕，并回升到第一小浪的浪顶附近收盘。当第二日出现跳空上涨时，证明第三浪的第三小浪应具有较强的爆发力，缺口和成交量越大，表明第三小浪的上升力度越强。第三小浪的买入时机相对比较好掌握，可以在跳空向上时积极参与。买入后将止损盘放在两个位置：第一小浪的顶点，因为既然是第三浪的第三小浪，市场就不会犹豫不决地下跌，与第一小浪发生重叠；放在缺口的下方，既然认为是主升段中的主升段，市场就应该义无反顾地上涨，回补缺口表明市场趋势比较弱，很可能不是第三浪。

（4）第五浪顶的抛售。当第一至第四浪已经走完，而第五浪也开始运行，第五浪高于第三浪时就可认为上升五浪是完整的，此时，最理想的抛售是第五浪以消耗性缺口的方式走完最后一段，而缺口一旦回补就可认为第五浪已经运行完毕，此时可配合动力指数的顶背离来确认。如果市场走势与预期不符，如第五浪出现延长，回补的买盘应放在第五浪的顶部，也就是说，市场还将再创新高。

5.推动模式——五浪的推动序列

推动浪由五浪构成，五浪向上或向下方向均可。

第一浪通常只是涉及少数交易者的微弱的波动。一旦第一浪结束，交易者将在第二浪卖出。第二浪的抛售非常激烈，最后在第二浪没有新低的情况下，市场开始转向并开始下一波波动。

第三浪的初始阶段很慢，它将到达前一波的顶部（第一浪的顶部）。这时，在第一浪顶部的上方会有很多止损单。

交易者不相信这是一种上升趋势，而是利用波动性增加空头。如果他们的分析是正确的，市场就不可能达到前一波的顶部。

但是第三浪的波动获得了动力，到达了第一浪的顶部，此时，止损指令会在第一浪顶部被突破的同时被触及。根据止损量的情况，第三浪会产生一个跳跃间隙。在第三浪涨势中，价差的跃升是一个好兆头，第三浪的波动性将在止损单被触及后吸引交易者的注意力。

初始时在底部做多头的交易者可以观望，他们甚至可能决定增加头寸。处于止损出局状态的交易者在断定市场发展趋势将上扬后，会决定买进参与波动，这种突增的兴趣给第三浪的波动提供了动力。

最后，购买狂潮消退，第三浪停滞。获利回吐随后蔓延。在低点做多的交易者决定兑现利润。他们得到了好的交易，并开始保护他们的利润。这引发了价格下跌，形成了第四浪。

第二波是恶性抛售，第四波是有序获利回吐。随着获利回吐的进行，大多数交易者仍然相信市场正在上涨。他们要么太晚了，无法开始挥杆，要么正在犹豫。他们将获利回吐视为平仓和买进的好机会。因此，在第四浪结束时，更多的买盘开始介入，价格开始再次上涨。

第五浪的波动缺乏热情和力量。当价格在第三浪上方创出新高以后，第五浪内部的动量相对于第三浪的运行过程是很小的。随后买进热情消失，股市进入下一个阶段。

6.推动浪的变换形态——倾斜三角形与延伸浪

（1）终结型倾斜三角形。在推动浪中只出现在第五浪，通常在出现之前，市场变动幅度过速，形成的第五浪会以消耗性形态去完成最后一段的走势，随后趋势将发生逆转。该形态的特点如下：

第一至第五小浪都包含在两条逐渐会合的直线内，形态最终向会合点发展。每个小浪只可以再划分为低一级的一个浪，此时脱离常规的第一、第三、第五小浪可以划分为低一级的5个波浪。每个小浪只可划分为3个浪，市场本身就蕴涵弱市的特征。此时第四小浪的底可以低于第一小浪的顶，是数浪规则的特例。

终结型倾斜三角形的出现表明原先的趋势向弱，其形态一旦完成，将会出现一段急速的调整，回到倾斜三角形开始形成的地方，该形态也会出现在调整浪的浪中。

（2）引导型倾斜三角形。在推动浪中只出现在第一浪，与终结型的倾斜三角形不同，引导型的倾斜三角形出现后，市场未来发展趋势将与形态发展的趋势相同（如图6所示）。

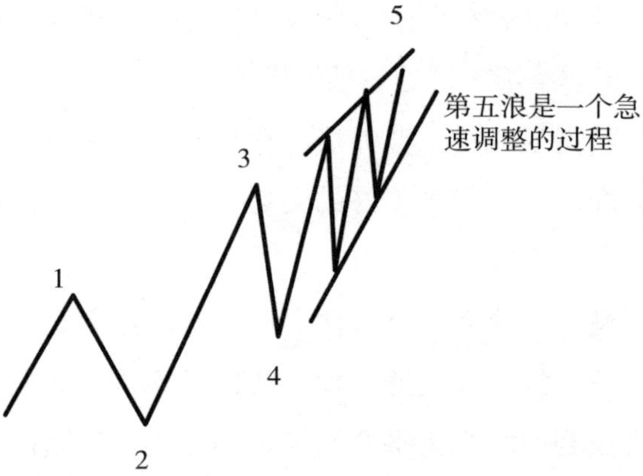

图6　倾斜三角形

关于倾斜三角形形态我们应该牢记艾略特波浪法则的原则：①倾斜形态在两条确定性的通道线内运行；②引导倾斜形态的第一浪是一个驱动浪或者是一个引导倾斜形态；③一个终结倾斜形态的第一、第三、第五浪经常是一个锯齿的形态；④第二浪可以是任何形式调整形态（除了三角形）；⑤第二浪在价格上永远不会高于第一浪；⑥一个引导倾斜形态的第三浪是一个驱动浪；⑦第三浪在价格上经常高于第二浪；⑧第四浪可以是任何形式的调整浪；⑨第二浪和第四浪必须分享一些价格空间（必须重叠）；⑩引导倾斜形态的第五浪或者是一个驱动浪，或者是一个终结倾斜形态；⑪第五浪在价格上是第四浪的50%；⑫在价格上，第三浪在第一浪到第五浪中一定不是最低的。

（3）失败形态。在上升趋势中失败形态是指第五小浪的顶点低于第三小浪顶点，形态上成为双顶，在下跌趋势中则相反，形成双底。

失败形态的特征：低一级的小浪可以明显地再划分为5个波浪，上升时出现的失败形态反映出市场潜在的弱势，相反，下跌时出现的失败形态显示出潜在的强势。失败形态一旦出现对后市有重要的参考价值。

（4）延伸浪。所谓浪的延伸，是指浪的运动发生放大或拉长的现象。当波浪发生延伸时，将会使得此一波浪序列形成大小相似的九浪，而如果延伸浪中再出现延伸，则我们会见到13个大小相似的波浪（如图7所示）。

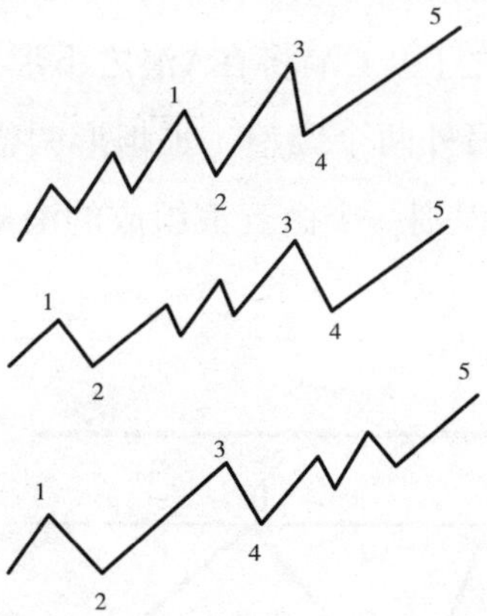

图7 延伸浪

延伸浪出现的频率较倾斜三角形和失败形态高，在3个推动浪中，有一个浪的走势显得较为夸张、悠长，这个延伸浪一般包含5个与其他4个上升浪差不多长度的小浪，形成9个波浪的走势，注意：

通常第一、第三、第五，3个浪中，只有一个浪会出现延伸的情况。假如第一浪与第三浪长度相若，则第五浪将会成为延伸浪，此时，如果第五浪成交量比第三浪多，则可以进一步验证第五浪出现延伸。如果第三浪属于延伸浪，则第五浪形态将较为简单，其长度和运行时间将与第一浪相似。如果第五浪属于延伸浪，接着出现的调整将会以双重回吐的形态展开。其中，可以再分为下列两种不同的情况。

如果第五浪的高一级波浪属于第一浪或第三浪，第一个回吐将属于第二浪或第四浪，将价位带回到延伸浪开始的地方，其后，第三浪或第五浪将会推动价位至新高峰。

如果第五浪属于第五小浪中的一个小浪，双重回吐，首先浪将价位带回到延伸浪开始的地方，接着浪将会把价位推至新高价，成为第二个回吐，最后浪将会出现，令价位以5个波浪的形态下跌。

7.调整浪的形态——之字形、平坦形与三角形

（1）之字形形态（包括双重之字形）。之字形调整是三浪模式，其中B浪不能回调到A浪的75%之上。C浪将在A浪之下形成一个新低，之字形调整的A浪经常会有五浪。在另外两个调整（平坦形调整、三角形调整）中，A浪有三浪。这样，如果你能识别一个由五浪组成的浪A，你就能断定这个调整是之字形调整（如图8所示）。

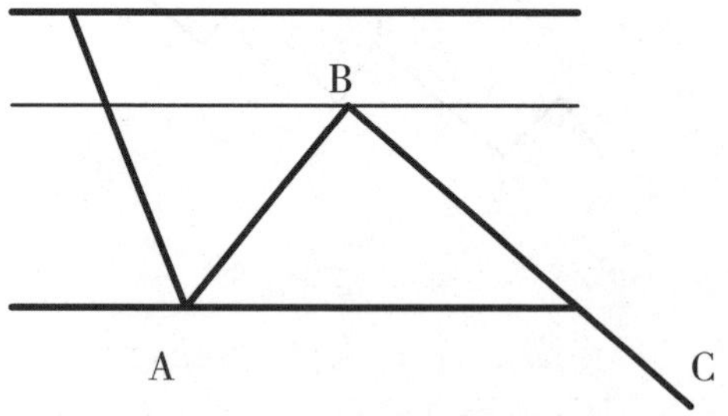

图8　之字形调整浪

之字形调整浪的主要特点：可以再分割为“5—3—5”形态排列的小浪，浪的顶点明显低于浪开始的地方，在熊市中，基本形态不变，不过以相反的方向出现。双重之字形，属于较为罕见的形态，在两个之字形的调整浪中间加着一个逆流反弹的3个小浪。

实战中，当浪以超越浪终点的方式运行，同时浪也可以清楚地划分为低一级的5个小浪，此时动力指标出现极度超卖的信号。浪通常与浪等长，或是浪的1.618倍左右。一组之字形的调整浪可能构成高一级的第二浪或第四浪，而利润目标至少应收回之字形的失地。

（2）平坦形形态（包括不规则调整和顺势调整）。在平坦形调整中，每一浪的长度是相同的。经历过一次五浪的推动模式之后，市场进入A浪。而后，市场波动向上形成B浪，并到达前期高位。最后，市场下滑形成C浪，并到达前期A浪的低位（如图9所示）。

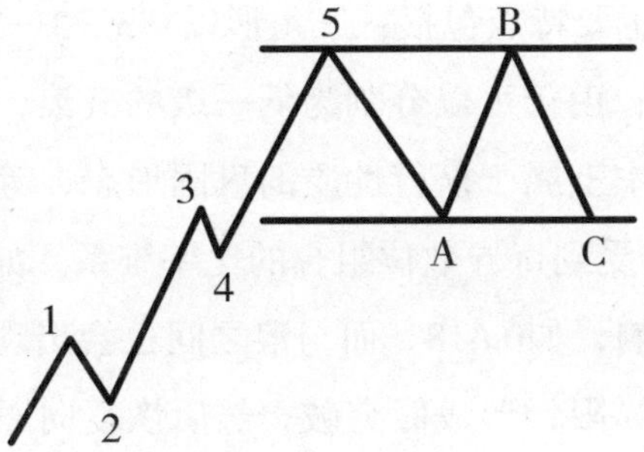

图9　平坦形调整浪

平坦形调整浪的主要特点：其低一级浪可以再分割为“3—3—5”形态排列的小浪，有别于“5—3—5”形态；浪由于欠缺足够的力量下行，只包含3个小浪；浪经常可以升到浪开始的地方，或出现超过浪起点的情况；在熊市中，以上情况会以相反方向出现。

平坦形调整可分三种情况：普通平坦形，浪的顶点与浪开始的地方相近，而浪将在浪调整的终点附近结束；不规则调整，浪的顶点将高于浪开始的地方，而后期出现的浪将低于浪调整的终点；顺势调整，表明后市极为强劲，浪反弹的高点将远高于浪的起点，而浪调整的终点更会高于上一个推动浪的顶点。

平坦形调整的买卖策略是：在平坦形调整的底部买入，可以获得第三浪或第五浪上升的收益。如果平坦形调整的浪与浪的起点相差不远，可以预期浪与浪的幅度会基本接近；当浪超过浪的起点，则会构成不规则的调整，浪与浪将以黄金比率维系；在目标利润方面，最低限度会收回平坦形调整的失地。

（3）三角形形态。三角形是五浪结构，被分别标记为A、B、C、D、E。运行在由A浪和C浪的终点画出的线和B浪和D浪的终点画出的线构成的通道内。三角形一般是调整浪。三角形是一种比较特别的调整浪形态，大致上可以分为四大类：上升三角形、下降三角形、对称三角形以及扩张三角形。三角形只在第四浪、B浪中出现，有别于推动浪中第五浪出现的倾斜三角形。

三角形调整浪的主要特点包括：三角形以“3—3—3—3—3”五浪的方式运行，总共15个小浪；由于可以分割为低一级的五浪，有别于正常的三浪调整；三角形的走势基本上属于横行性质的巩固形态，等待市场形成突破；形态内的5个小浪通常会受到奇异数位组合的比率维系，如，同方向的波浪，固然受到黄金比率的影响，如0.618，而与浪之间也会出现类似的情况；第五浪通常会超越三角形的界限，形成假突破，然后恢复向原来的主流做最后的冲刺，这种情况在对称三角形和扩张三角形中较为常见。

三角形调整浪同时具有向好和向淡的意味，向好时，市场会在三角形完成后，恢复向上的趋势，但由于恢复向上运行的波浪属于最后的推动浪，因此，上升趋势持续时间不会太长。三角形形态完成后，最后的推动浪（第五浪或浪），将会以快速冲刺的方式完成。三角形形态后市场的升、跌幅度，大致上为三角形内最宽的距离（如图10所示）。

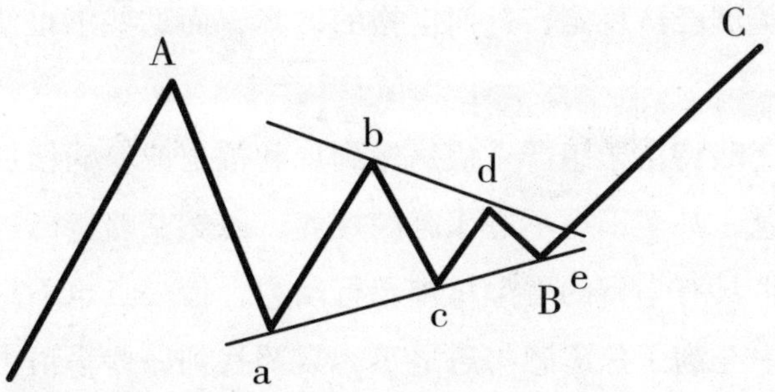

图10　三角形调整浪

三角形形态的买卖策略是：市场上下波动，5个浪的组合不知所终，而上下波动的幅度逐步减小，相隔的波浪以0.618的比例相互维系，当市场以3个浪又3个浪的方式运行，三角形形态将出现。至浪运行完毕后，可以在浪的底部买入，因为接下来的升势将较为凌厉，止损盘可以放在浪的下方。预期的目标将是突破后的快速上升，缺口是较为常见的现象，上升目标最少是三角形的最宽幅度。如果三角形为浪，则可根据浪的幅度预测浪；如果三角形为第四浪，第五浪的上升目标将可以用常见的比例计算。

趣味延展

拉尔夫 · 尼尔森 · 艾略特，波浪理论的创始人，1871年7月28日出生于美国堪萨斯州的玛丽斯维利镇。1896年，他搬到得克萨斯州的圣安东尼奥，在那里开始了25年的会计生涯。1920年，艾略特搬到纽约，他的专业知识得到美国政府的认可，并成为美国国际计划的成员。1924年，他被美国政府任命为尼加拉瓜首席会计官，负责该国财政重组。

尼加拉瓜脱离美国独立后，艾略特避居来到危地马拉，并且在一家铁路公司担任财务主管，并负责审计及查账的工作。1926年，艾略特出版了两本书，其中一本与其本业有关，是《咖啡馆与自助餐馆之管理》，另一本则是《拉丁美洲之未来》，这本书不但分析了中美洲社会及经济等问题，还提供了一些能使中美洲经济稳定，进而富裕的方案，而这些书也使得略艾特声名大噪。

1927年，艾略特由于患严重疾病搬到加利福尼亚，病情加速恶化，迫使他必须卧床休息，甚至不得不进入医院疗养。虽然艾略特已进入中高龄的年纪，但因为天生具有丰富的冒险精神及行动力，他一点也不想因为疾病而退休，艾略特心中充满了焦虑感与急迫感，需要找到一些事情占领他的心，使他不受病痛的干扰。就在这个时候，艾略特一头栽入了证券市场投资行为的研究之中。艾略特在疗养期间收集了美国证券市场指数75年的数据，不仅研究了年线、月线、日线，甚至对半小时线都加以详细研究。

1934年11月28日，艾略特在写给投资者顾问公司总裁柯林斯的信中说，他已经发现了市场行为的三种新特征，波浪终止的识别，浪级的分类以及时间的预测，这是“对道氏理论极为必要的补充”。美国股市从1933年高点跌到1934年低点之后，重新激活行情，但在1935年第一季度跌破了1934年的低点，此时，所有投资人及经济学家都惊慌失措，认为美国股市陷入了前所未有的困境之中。就在跌势的最后一天，柯林斯接到来自艾略特的电报，他坚定地告诉柯林斯，跌势不但已经结束了，而且还会走一大波的多头行情，而之后数月的行情只证明了一件事，就是艾略特是对的。艾略特一举成名。柯林斯于1938年8月31日完成了《波浪理论》的出版，这部专著的版权属于艾略特。

20 |《期货市场技术分析》 约翰·墨菲

学习交易技术的必读经典，从理论到图表一本书全部囊括

名著导读

约翰·墨菲是美国著名的市场技术分析师，他曾两次因《期货市场技术分析》而获得美国市场技术分析师协会的年度大奖，最近一次是在2002年。

《期货市场技术分析》是关于商品期货的技术分析。主要内容包括技术分析的理论基础、道氏理论、图表简介、趋势的基本概念、主要反转形态、持续形态、交易量和持仓兴趣、长期图表和商品指数、移动平均线、摆动指数和相反意见、日内点数图、三点转向和优化点数图、艾略特波浪理论、时间周期等。

由于期货交易具有杠杆作用和放大市场波动的特点，因此对技术分析有很高的要求。就市场技术分析本身而言，股票市场、债券市场、衍生品市场和其他行业没有实质性差异，因此本书值得股票市场和债券市场的投资者阅读。

使分析者下决心的最后线索，常常是早已被大家抛诸脑后的不起眼的因素。分析师必须不断地为未来的市场变化探求各种蛛丝马迹。

——约翰·墨菲

理论精读

1.三大假设——技术分析的基础

期货市场是买卖期货合约的市场，一般认为，期货投资需要贸易和金融两方面的知识。期货分析师在指导该市场的投资行为方面发挥着重要作用。期货投资作为一门应用科学，有其自身的经济学理论基础。期货分析应为期货投资服务，主要是研究期货价格的运动规律，对可能出现的价格波动做出科学的分析和判断。分析师不仅为投资者提供分析指导，而且影响投资者投资理念的形成。分析师的整体水平代表着对市场的整体认知水平，对期货市场的健康发展具有重要意义。技术分析的三大假设：市场行为反映一切；价格呈趋势变动；历史会重演。以上三条假设被奉为技术分析的基石。世界上的一切都有它的起源，这三条假设的起源是什么？答案是人类的欲望和赚钱的能力。

人们都想要小付出、大回报。由最初的农耕文明，再到工业社会，最后到现在的信息社会，人类发明了很多的东西，以达到最小的付出获得最大的回报的目的，不然人类何必这么乐此不疲地搞发明创造。但人类不满足于此，还希望有变现的能力。

那么技术分析三大假设的本源是如何衍变出假设的？

（1）市场行为反映一切。只要研究市场交易行为就能了解目前市场的状况，而无须了解其影响因素。人类的欲望不管如何演变与进化，都逃脱不了自然规律的影响，所以，群体的欲望是客观的，缺少了个体的主观性和不可预测性。市场行为代表了人的欲望，只用研究市场行为，你就能挖掘出群体的欲望，判断出市场的走向。

（2）价格呈趋势变动。趋势就是运行到有反转为止的现象，也就是在一定阶段内的市场行为的持续性。因为人不光有欲望，还希望欲望能够实现，因此他就会付出行动，行动在一定阶段内会得到检验，看是否能满足欲望。这样，价格就会呈现出一个动态的发展过程，就是“抬高—降低—持续抬高—骤然降低”。

（3）历史会重演。人的欲望永远无法满足，所以市场总会有新的变化。有些人离开市场，有些人进入市场，新人仍然会有同样的愿望，因为他们的环境没有根本改变，所以市场行为将进入一个新的周期，历史将重演。

2.投资准则——约翰·墨菲股票技术分析的要点

墨菲给那些刚开始做交易的初学者提供了一些技术分析的准则，墨菲设定了用于技术分析的一些关键技巧，并解释了如何使用这些方法确定买卖机会。

（1）绘制趋势图。首先要绘制一张包含周和月度的长期趋势图，这张趋势图最好覆盖近几年时间的市场交易信息，因为长期市场趋势可以提供更好的视野和预见性，而时间跨度太短的趋势通常具有欺骗性，不够准确。根据长期趋势图判断市场下一步走势后，接下来就可以分析以天为单位的趋势，以及当天的趋势了。这里要注意的是，即便是做极短交易的人，也最好按照这个步骤来规划你的交易，因为短期趋势终究还是由长期趋势决定的。

（2）判断趋势，顺势而为。市场趋势分为长期趋势、中期趋势和短期趋势。首先要确定你做的交易属于哪一种，并确保你选择的市场趋势是对的（这一步十分重要），然后根据不同趋势，选择不同的趋势图作为主要分析对象。如果你选择的是中期交易，那么请你仔细分析周趋势图和日趋势图；如果你选择短期交易，那么请仔细分析日趋势图和日间波动。在下跌趋势中，每当市场有反弹行情，就卖出；在上涨行情中，每当市场回落时，就买入。最重要的一点是，无论你是做中期交易，还是短期交易，前提是一定要确保你对长期趋势的判断是正确的，并根据这个趋势决定你的交易策略，再根据中短期趋势决定你的买入和卖出时间点。

（3）寻找高点和低点。最佳买入点就是价格支撑位，通常是上一个反弹开始的低点。最佳的卖出点是接近价格阻力位的价格，通常是前期高点。当价格突破前期高点，趋势也就发生改变，阻力位变支撑位。换句话说，原先的高点变成了新的低点。同样的原理，当价格跌破原先的支撑位，那么这个支撑位就会成为以后反弹的阻力位，低点变成新的高点。

（4）知道何时全身而退。设定止损或止盈百分比。市场向下或向上修正的幅度通常是根据历史走势决定的，所以交易者可以根据这个规律找出修正的大致幅度，通过最简单的百分比的形式表现出来。期货市场上，50%的回调是最常见的回调幅度，最小的回调幅度通常是33%上下，最大回调幅度则会高达67%。另外，根据“斐波那契回调”理论，38.2%和61.8%这两个比例也值得关注。

（5）画趋势线。趋势线是在技术分析中最简单也是最有效的方法之一。连接两个连续的低点就可以画出一条向上的趋势线，连接两个连续的高点就得出向下的趋势线。一旦价格突破趋势线，表示价格趋势要发生改变，例如，当一直处于向下趋势线下方的价格突破该趋势线的时候，表明价格有可能要反弹；反之亦然。一条正确的趋势线，必须至少触碰到三个连接点。趋势线上连接点越多，其有效性越大，阻力或支撑作用也就越重要。

（6）顺应移动平均线的趋势。移动平均线通常会提供买入或卖出的信号。它处于不断变化中，但其趋势也不会在瞬间改变，因此可以配合上述趋势线一起使用，准确率将更高。通常，我们可以配合两条甚至多条移动平均线一起使用。期货市场上比较有约束力的平均线组合有MA4和MA9、MA9和MA18、MA5和MA20，当短周期移动平均线（比如MA4）上穿长周期移动平均线（比如MA9），表示短期买入点位到来。另外，价格在MA40附近，也是一个比较好的交易信号。由于这些移动平均线是根据趋势而生成的，因此在交易市场中最能发挥作用。

（7）参照历史规律。这里指的是超买和超卖。移动平均线向我们提供市场趋势，超买超卖指标则告诉我们即将有可能发生的回调或者反弹的信号。使用比较多的超买超卖指标是“相对强弱指标RSI”和“随机指标KDJ”。这两个指标运行的区间都是0~100之间。RSI超过70表示是超买，低于30表明是超卖，KDJ则分别用80和20作为超买和超卖的分界线；KDJ通常用14天作为计算周期，RSI则用9天或14天计算周期。

当RSI或KDJ发生背离时，是市场即将发生反转的一个信号。RSI背离是指RSI指标的曲线走势和K线图走势方向正好相反。RSI背离分为顶背离和底背离两种，顶背离现象一般是高位即将反转的信号，表明短期内即将下跌，是卖出信号。底背离现象则是买入信号。

这些工具都是交易市场中常用的技术分析工具，通常也较为有效。一般而言，短周期趋势必须服从长周期趋势。但有一点必须注意，任何一个技术分析工具都不可以作为交易策略的单一决定工具，多个工具的结合使用才能保证更高的正确性。

（8）观察MACD指标。MACD指标是上述“移动平均线”和“超买超卖”两种工具的结合使用。使用方法如下（和上面提到的工具分析时必须注意的一样，短周期趋势服从长周期趋势）：

算法：

①DIFF线：收盘价短期、长期指数平滑移动平均线间的差。②DEA线：DIFF线的M日指数平滑移动平均线。③MACD线：DIFF线与DEA线的差，彩色柱状线。④参数：SHORT、MID、LONG，对应不同的天数。

用法：

①IFF、DEA均为正，DIFF向上突破DEA，买入信号。②IFF、DEA均为负，DIFF向下跌破DEA，卖出信号。③DEA线与K线发生背离，行情反转信号；④分析MACD柱状线，由正变负，卖出信号；由负变正，买入信号。

（9）看准DMI指标。DMI指标是指动向指标或趋向指标。与方向性变动指数相关的技术指标主要包括三项：正向方向性指数（+DI或PDI）、反向方向性指数（-DI或MDI）以及平均趋向指标（ADX）。DMI指标主要是用作判别市场趋势。在应用时，DMI指标的研判主要集中在两个方面：一个方面是分析+DI、-DI和ADX之间的关系，另一个方面是对行情的趋势及转势特征的判断。其中，+DI和-DI两条曲线的走势关系是判断能否买卖的信号，ADX则是判断未来行情发展趋势的信号。

当行情走势向上发展时，若ADX值增加，则表示当前市场行情仍然维持原有的上升趋势，如果+DI和-DI同时增加，则表明当前上升趋势将十分强劲，反之亦然。当ADX值降至20以下，且呈横向窄幅移动时，则表示行情为牛皮盘整，上升或下跌趋势不明朗，交易者应以观望为主。

通过对ADX指标的判断，一方面可以判断出市场处于哪种趋势中，另一方面可以据此挑选恰当的指标分析工具。

（10）注意持仓量和交易量。持仓量和交易量在期货交易中是两项重要的确认指标。量先于价。因此，一定要对大笔成交量的情况给予关注，因为这代表了期货市场上的主流趋势，这在上升行情中尤其重要。另外，还必须关注所交易品种的持仓情况。持仓量上升，表示有新的资金进入，支撑目前的趋势；持仓量下降，则表示目前的趋势即将结束。一个稳固的价格上升趋势必须有持仓量上升和交易量放大的双重配合。

3.资金管理——交易金额配置要领

对于期货或外汇操盘手来讲，资金管理太重要了。正如墨菲所描述的："我很诧异，像资金账户的大小、投资组合的搭配，以及在每笔交易中的金额配置等诸如此类的问题，竟然都能影响到最终的交易成绩。"

墨菲还特别总结了资金管理的要领：

（1）投资额必须限制在全部资本的50%以内。

（2）在任何单个市场上所投入的总资金必须限制在总资金的10%~15%。

（3）在任何单个市场上的最大总亏损金额必须限制在总资本的5%以内。

（4）任何一个市场群类上所投入的保证金总额必须限制在总资本的20%~25%。

墨菲认为一个优秀的交易高手的定义应该是，能够连续多年获得稳定、持续的连续复利回报，经年累月地赚钱而不是一夜暴富，常赚而不是大赚，资本市场的高额利润应是长期累积低风险下的持续利润的结果，职业交易者只追求最可靠的，只有业余低手才只关注利润最大化和满足于短暂的辉煌。这也是多数人易现辉煌，难有成就的根本原因。

重仓和频繁交易导致成绩巨幅震荡是业余低手的表现，且两者相互作用，互为因果。坚忍、耐心、充满信心并顽强执着地积累成功才是职业的交易态度。

此外，还要绝对重视止损。止损是以一系列小损失取代更大的致命的损失，它不一定是对行情的“否”判断，而是在预估自己的最大承受风险能力后做出的理智行为。

大行情更应轻仓慎加码（因行情大震荡也大，由于贪心盲目加码不仅会在震荡中丧失利润，更会失去方向从而破坏节奏以致彻底失败）。

关于复合头寸的问题，墨菲提到运用交易头寸和跟势头寸的复合头寸。大致可以分为两个方面：一方面是资金量特别大的情况，这种情况必须设置复合头寸。即要有跟势头寸做中长线跟势（该头寸比例最好在总操作资金的1%~5%），止损点可以设立很高或者干脆不设立止损（当然，是有把握的情况）。同时要有交易头寸做短线交易，设的止损必须要小而且一定要严格设立止损。另一方面如果资金量小的话鼓励只做跟势头寸或者交易头寸，因为资金量小的投资者肯定没有时间去专心研究中长线和短线，所以最好只做一种。

仅就单笔和局部而言，正确的方法不一定会有最好的结果，错误的方法也会有偶然的胜利甚至辉煌，但就长远和全部来看，成功必然来自坚持正确的习惯方法和不断完善的性格修炼。

4.交易准备——成功投资的基础

大自然本身是由规律性和大部分随机性组成的，任何想完全、彻底、精确地把握世界的想法，都是狂妄、无知和愚蠢的表现，对于投资者来说，我们很难把握交易的结果，只能是做好交易的各项准备，尽量提高赢的概率。

投资者必须牢记：心理控制第一，风险管理第二，分析技能重要性最次。

正确分析预测只是成功投资的第一步，成功投资的基础更需要严格的风险管理（仓位管理和止损管理），严谨的自我心理和情绪控制（处变不惊）。投资者必须在交易中克服对资产权益的过度关注或掺杂进个人主观需求原因，从而引发、放大贪婪和恐惧情绪，造成战术混乱，战略走样，最终将该做好的事搞得彻底失败。交易在无欲的状态下才能有更多收获，做好该做的而不是最想做的。市场不是你寻求刺激的场所，也不是你的取款机器。

利润是风险的产物而非欲望的产物，风险永远是第一位的，是可以控制和规避的，但不是逃避，因为任何利润都是承担一定风险才能获取的回报。只要交易思想正确，面对应该承担的风险我们要从容不迫。

任何的事物，对它的定义越严格，它的内涵越少，实际的操作性才越强。在我们的交易规则和交易计划的构成和制定中，也必须如此从本质和深处理解和执行，这样才能保证成功率。

盯住止损（止盈），止损（止盈）是自己控制的；不考虑利润，因为利润是由市场控制的。此外，投资者还要牢记以下交易原则：

（1）不要一时兴起就做交易，做有准备的人。

（2）分散投资，但是不宜太多。

（3）上升趋势中乘跌买入，下降趋势中逢涨卖出。

（4）记住资金管理的所有要点。

（5）充足的利润增长可以将亏损限制在很小的范围内。

（6）在采取行动之前，所预估的收益风险比应至少达到3：1。

（7）始终为头寸设置保护性止损指令，以限制损失。

（8）一旦开始计划就贯彻到底。

而当投资者采取金字塔法增加头寸时则应遵循以下原则：

（1）每一层头寸必须小于前一层。

（2）复杂的投资方案并不一定有优势。

（3）应始终在市场之外甚至是闭市时做出决策，除非是短线交易。

（4）可以在盈利的头寸上加码，不可以在亏损的头寸上再增加头寸。

（5）使用日内图表查找合适的卖出、买入时点。

（6）决不追加保证金，别把活钱扔进死头寸里去。

（7）做少数派，如果你对市场的看法是正确的，大多数人会不同意你的观点。

（8）为了防止出现追加保证金的要求，应确保至少拥有总的保证金要求的75%的净资金。

（9）研究工作应该从长期逐步过渡到短期。

（10）在平仓有利可图的头寸之前，先平仓亏损的头寸。

（11）在进行当日交易之前，先掌握隔日交易的技能。

（12）把保护性止损指令设置在盈亏平衡点。

（13）试着忽略常识，不要太相信媒体说的任何话。

（14）技术分析是一项可以通过多年的学习和实践来提高的技能，要始终保持谦虚，不断学习和探索。

5.移动平均线——市场情况的趋势线

移动平均线从本质上来说就是趋势线。人们对移动平均线的使用越来越多，也不断开发出了更多新的用法。如果一位技术分析人士对移动平均线的使用得心应手，那么他可以放弃任何其他技术指标，只要花几秒钟扫一眼移动平均线，市场状况就了然于胸。

移动平均线时间周期历来是技术分析人士关心的一个重要问题。在本书中引用了美林公司对此进行的一项跨度为四年的研究，结论是，没有哪一种移动平均线可以证明是最好的。

如果你真正了解了移动平均线就会发现，关于时间周期的问题根本就不是问题。移动平均线的关键不是时间周期，而是你如何去解读它。移动平均线要在实践中慢慢去发现并掌握。

投资者对移动平均线应有以下几点认识：

（1）图表分析是主观的，不适合利用计算机进行分析，很难根据相关的策略进行定量的分析。

（2）移动平均线的定义：平均是指收市价格的算术平均；移动是指始终采用最近若干天的数据。

（3）移动平均线的特点：追踪趋势；稳定性；滞后性；助涨助跌性；依靠性；支撑线和压力线的特性。

（4）移动平均线的算法：算术平均；线性加权平均，对不同的天附以不同的权重；指数加权平均，加权平均的一种方式。

（5）平均线的数量：①一条平均线；②两条平均线，长期和短期平均线；③三条平均线。

（6）根据美林公司关于移动平均线的数据统计和验证，复杂的东西未必就是有效的。

（7）关于移动平均线的一些优化。

股市瞬息万变，没有人是常胜将军，但是可以根据统计学来赢取利润，移动平均线是跟踪趋势的好工具，但对于没有趋势的市场，这种方法不再有效。对于不同的市场条件，没有一刀切的方法，在无趋势阶段，摆动指数是一个很好的工具。这两者有效地结合起来，可以达到很好的交易效果。

6.时间周期理论——技术指标共振体验

墨菲说过，时间周期理论，常犯提前见顶或见底的错误。技术分析，应当是让市场自己走出来，确认重于预测，策略重于预测。但是，时间周期对于股票的分析和筛选还是可以起到巨大的帮助作用的。

墨菲指出，所有的指标共振都可以被看作时间周期分析的权宜之法。由于时间周期的分析太复杂了，每一只股票的长短时间周期都不一样，各有各的参数，故而不能用一套周期参数来分析全体股票。比如使用时、日、周、月等自然周期代替时间周期，就可以对全体股票进行分析和筛选。符合时间周期理论原理。

其实，我们日常所研究的价格线图是“时间—价格”图。但很多人单纯执迷于价格资料，而忽视了时间因素。

毋庸讳言，各种技术分析方法都必须在一定程度上考虑时间因素：如形态形成时所经历的时间长短，与随后的市场变化的余地之间，存在着一定的关系；趋势线、支撑水平和阻挡水平保持有效的时间越长，则其影响力越强；即便是摆动指数，我们也需要对其时间参数做出选择。

不过，这些考虑方式各行其是，因此不太可靠。而针对时间周期的分析正好可以对症下药。

在周期分析者眼中，时间周期是理解市场涨落现象的最关键之处。他们认为在宇宙中必定存在着某种神秘的力量，控制着诸多事件的时间周期，如战争、经济、太阳黑子、海洋渔业产量等。而股市是人类活动的一部分，是自然周期的反映，所以周期分析者认为，时间周期是决定牛市和熊市的决定性因素，而不是次要的或辅助性的角色。

一方面，时间因素在市场中占据主导地位；另一方面，所有的技术工具加起来就是时间周期，我们可以从中得到更多的帮助。例如，移动平均线和摆动指数可以根据主要周期进行优化。在趋势线分析中，我们可以借助周期分析来区分趋势线，以确认有效的趋势线；在价格模式分析中，如果考虑峰谷分布，可以提高效率。此外，我们可以使用时间窗方法过滤价格行为，忽略不相关的变化，突出顶部和底部的重要周期性变化。

周期的底部称为波谷，顶部为波峰。周期分析者偏好从谷到谷地测量周期长度，并且认为波峰不如波谷那样稳定可靠。因此，他们通常沿着周期波动的低点来测量周期长度。

周期具有三方面特征：波幅（波的高度）、周期长度（两谷之间的时间差）和相位（波谷的时间位置）。

墨菲认为，一旦我们了解了某周期的波幅、周期长度和相位，从理论上说，就能够把它推延到未来。

趣味延展

墨菲提倡简单的投资方法，他为投资者开出了一张投资技术分析清单，这张清单算不上无所不包，但是其中的确搜罗了那些最值得我们考虑并了然于胸的重要方面。

（1）CRB期货价格指数的方向如何？

（2）本市场所属的期货市场群类的方向如何？

（3）在其连续的周线图和月线图上，情况如何？

（4）主要趋势、中等趋势以及小趋势的方向，分别是上升、下降还是横向伸展？

（5）重要的支撑和阻挡水平在何处？

（6）重要趋势线或通道线在何处？

（7）交易量和持仓兴趣验证了价格变化吗？

（8）38%、50%、62%价格回撤位置在何处？

（9）图上有无价格跳空？它们属于何种类型？

（10）图上有无任何主要反转形态的迹象？

（11）图上有无任何持续形态的迹象？

（12）上述形态的价格目标在何处？

（13）移动平均线指向什么方向？

（14）摆动指数正处在超买或超卖状态吗？

（15）在摆动指数上有无相互背离现象？

（16）相反意见数字是否显示市场处于极端状态？

（17）艾略特波浪的形态如何？

（18）有无明显的三浪结构或五浪结构？

（19）斐波那契回撤位置及其价格目标的位置在何处？

（20）当前有无可能出现任何周期性的波峰或波谷？

（21）市场是否显示出峰值右移或左移现象？

（22）计算机趋势的方向如何：上升、下降还是横向延伸？

（23）点数图上的情况如何？

当你得出市场看涨或看跌的结论后，再搞清楚：

（1）在今后1~3个月内，当前市场趋势会怎样演变？

（2）我决定在本市场买入还是卖出？

（3）交易合约的数量是多少？

（4）判断错误的情况下，我能够承受多大的风险？

（5）我的利润目标在何处？

（6）何点入市？

（7）用何种指令类型？

（8）应当把保护性止损指令设置于何处？

21 |《股市趋势技术分析》 罗伯特·爱德华兹/约翰·迈吉

华尔街的技术基石，交易者的操盘圣经

名著导读

《股市趋势技术分析》是证券投资的最佳入门书、股市图表分析的权威之作，在赢得了投资者的无数口碑之后，它进行了最新一次修订，即第10版。

所谓技术分析，就是根据股市自己的活动来研究股市，换句话说，就是根据股票价格和交易量在过去的活动来分析股市目前的走向。《股市趋势技术分析》强调了三条基本原理：股票价格倾向于有趋势的运动；成交量跟随趋势；一轮趋势一旦确立之后倾向于持续起作用。书中有大量内容讨论了常在某一趋势发生反转时形成的形态。作者主张交易者跟随趋势，而不是在一轮下降趋势完结之前就试图抓住市场的底部。这本书之所以伟大，是因为它用具体图表走势对道氏理论进行了细致和精彩的描述，堪称技术分析的巅峰之作。读这本书能够大幅度提升交易者的交易思想、交易策略以及技术分析的大局观。

本书的宗旨不是提供一本保证你轻易致富的速成“大纲”，它应当被反复和多次阅读，应当被用作一本参考书。此外，最重要的是，你需要有成功和失败的经验，这样就能知道在某个既定的环境中，你所采取的行动是唯一合乎逻辑的选择。

——《股市趋势技术分析》

本书内容包括从迈吉的经验发展出的一些“珠宝”，基准点分析和风险管理，还有展示在期货交易中图像分析的新添的材料。要对这样一部复杂和有名的经典巨著进行增订，正如我对巴塞蒂教授说的，是一项让人望而生畏的任务。我很高兴向新读者推荐这个版本。

——约翰·墨菲

除了这本先驱性著作外，我实在找不到第二本作为你进入证券市场的入门书了，它不仅经受住了时间的考验，而且也适用于未来，因为市场模式的引擎和人类的社会心理永不会改变。

——小罗伯特·R.普莱切特

理论精读

1.理论与应用——道氏理论的缺陷

在《股市趋势技术分析》中，关于道氏理论的论述并不是很多，但却指出了道氏理论的缺陷：

（1）信号过于迟缓。这种指责有时会十分不客气地表述为“道氏理论当然是一个极其可靠的系统，因为它使交易者错过每一轮主要趋势的前1/3阶段和后1/3阶段，而趋势本身常常没有中间的1/3阶段”。不可否认，道氏理论最大的缺点就是信号迟缓，不过这种情况在很大程度上是由于股票投资者对于道氏趋势的判断没有严格意义上的统一，因而许多交易者在实际操盘过程中发现自己并不能完全地把握整段行情。

在实战中道氏理论的延迟判断（对于级别的出现需要事后认证），往往使得许多交易者错失最佳获利良机，而当趋势已经明显时，又面临调整趋势出现，周而复始，使得交易出现矛盾。因此，股民在应用道氏理论时，也要注意把它和一些技术分析工具结合起来，这样才能起到最大的效用。

（2）道氏理论在面对次等趋势时，尤其是在无法准确判断是牛市还是熊市的时候，无法给投资者以明确启示。

（3）道氏理论每次都需要两种指数互相确认，这样做已经慢了半拍，错失了最好的入货和出货机会。

（4）道氏理论对选股没有帮助。即使是最富经验、最细心的道氏理论分析家也认为，在后续市场行为与其先前的（冒风险的）立场相左时有必要改变自己的解释。他们并不打算否认这一点，但他们说，在长期中，这样暂时的错误解释所导致的损失少得令人吃惊。

（5）道氏理论常令投资者疑惑不定。这一指责反映的是一种急躁心理。道氏理论无法“给出说法”的时间可能会持续数周或数月，活跃的交易者会很自然地做出违反道氏理论的决策。与其他场合一样，在股市中，耐心同样是一种美德——实际上，要想避免严重的错误，它是必需的。

2.反转形态——供求平衡的变化

在实战中，个股与大市并非总是同步，有些涨跌幅大，有些涨跌幅小。当一个价格趋势处于反转过程中，大多数情况下，图表上都会显现出一个特殊的区域或“形态”——它们被称作反转形态。

总的来说，反转区域越大（意思是其间的价格波动范围越大，其形成所耗的时间越长，形成中伴随的成交量越多），其所具有的意义也越大。因此，大致而言，一个大的反转形态暗示着随后将有一轮幅度较大的运动，而一个较小的反转形态暗示着一轮较小的运动。

头肩顶形态

（1）一轮强劲的反弹，为一轮幅度较大的上涨封顶，其间成交量变得巨大；紧随而来的是一小回落，相应的成交量较上涨中和顶部的成交量有大幅减少。这是“左肩”。

（2）又一轮伴随可观成交量的上涨，达到高于左肩顶部一定幅度的水平；然后是另一轮回落，其间成交量有所减少，价格下跌至前次回落的底部水平附近（或高一点，或低一点），然而无论如何都低于左肩顶点。这是“头部”。

（3）第三轮上涨，这一次成交量明显低于“左肩”和“头部”形成时所伴随的成交量，同时还没来得及达到“头部”的高度就开始了一轮新的下跌。这是“右肩”。

（4）最后，第三轮回落中价格跌破“颈线”——过左肩与头部之间以及头部与右肩之间回调的底部做出一条直线——并在该线以下股票市价3%左右的位置收盘。这是“确认”或者“突破”。

头肩底形态

（1）一轮下跌，为一轮幅度较大的下跌封底，其间成交量变得巨大；紧随而来的是一小反弹，相应的成交量较最近的下跌和顶部的成交量有大幅减少。这是“左肩”。

（2）又一轮伴随成交量放大的下跌，价格达到低于左肩底部一定幅度的水平；然后是另一轮反弹，价格上涨超过左肩底部水平，成交量可能增加至任一超过左肩反弹时的水平。这是“头部”。

（3）第三轮下跌，但是这一次成交量明显低于“左肩”和“头部”形成时伴随的成交量，同时还没来得及达到“头部”的高度就开始了一轮新的反弹。这是“右肩”。

（4）最后，一轮伴随成交量明显放大的反弹向上突破“颈线”并在该线以上股票市价3%左右的位置，突破颈线时成交量有明显爆发。这是“确认”或者“突破”。

对称三角形

在构成对称三角形态的价格收缩或螺旋过程中，交易活动呈现收缩趋势，或者不太规则，但随着时间的继续，这种收缩趋势会相当明显。价格形态上收敛的上边界和下边界（将于未来某个时候）交叉于图表右方某点——该点是三角形的顶点。当价格以越来越窄的波动走向顶点时，日成交量萎缩到极低水平。在突然而且没有任何预警的情况下，价格伴随着成交量的陡然增加而突破三角形，并展开一轮强烈的运动远离开去——这轮运动与该形态形成之前的上升或下跌运动幅度相近。

包含对称三角形的图表在突破行为最终发生前很少有预示价格突破方向的线索，有时，你无事可做，只能等待市场自己“下定决心”走向某个方向。而三角形的构造过程就是市场“下决心”的过程，在最后的决定之前，这个形态的每个部分都充满着疑虑、犹豫和摇摆不定。

直角三角形

直角三角形与对称三角形的不同之处在于：它的一条边界线实际上是水平的，另一条边界线则斜向水平边界线。如果顶部边线为水平，底部边线上倾并在图表右部某处（即顶点处）与顶部边线相交，那么该三角形为上升类型。如果底部边线为水平，顶部边线下斜，那么该三角形为下降类型。

上升三角形以最简单、最规范的形式描绘了某只股票不断增长的需求遇到大量在一个固定价格出售的卖盘时所发生的情况。如果需求继续增长，在那个固定价格派发的股票供给最终会被寻求更高价格的新股东全部消化掉，价格随后将迅速上涨。

下降三角形以最简单、最规范的形式描绘了某只股票不断增加的供给遇到大量在一个固定价格购买的买盘时所发生的情况。如果供给继续增长，在那个固定价格购买的股票需求最终会被寻求更低价格的卖盘全部消化掉，价格随后将迅速下降。

扩散形态

如果说对称三角形是一幅有待澄清的“疑虑”图像，那么扩散形态可以说暗示了一个缺乏理智的、失去控制的市场——“公众”亢奋地进行交易，整个市场被疯狂的谣言弄得晕头转向。有时很明显，产生扩散形态的情况确实就是这样，但有时产生扩散形态的原因十分隐蔽或者根本无法弄清。但是不管怎样，这类图表图像通常只出现在长期牛市的末尾或最后阶段，这一事实使我们对该形态特性的归纳和描述的可信度大大增加。

楔形形态

楔形是这样一种图表形态，其内的价格波动被两条收敛的直线所约束，但与三角形不同的是这两条边线要么都上倾要么都下倾。上升楔形上，两条边线从左至右向上倾，但由于两条线收敛，下边线显然从一个比上边线更陡峭的角度射出。下降楔形中，情况正好相反。

上升楔形中没有明显将被吞噬掉的供给障碍，相反，它意味着投资兴趣的逐渐衰竭。此时的价格是在上升，但每一个新的上升运动都比上一个上升运动的幅度小。最后，需求彻底失败，趋势反转。所以，从技术分析意义上讲，上升楔形代表了一种逐渐变弱的市场形势。

上升楔形与可以被称作正常上涨通道的图形之间的差别在于，楔形给上涨设置了某种限制，它收敛的边界线相聚于一点，正是在该点附近，上涨停止、回撤开始。

当价格突破上升楔形后，它们通常下跌迅速，但当价格跌出下降楔形后，在开始上涨前，它更易出现一段横向漂移或进入一个沉闷的“圆盘反转”。因此，上升楔形要求交易者行动迅速以确保盈利；而在下降楔形中，交易者可以不慌不忙地买入股票以赚取随后的上涨利润。

上升楔形相当程度上是熊市反弹的特有形态。事实上，它是如此典型，以至于当人们在考虑一轮新的牛市是否正在生成时，楔形的频繁出现可能会被当作主要趋势仍在下降的证据。

3.巩固形态——股价的回撤与巩固

当一只股票价格前进过速，它将达到一个前进动力完全耗尽的点，这时股价要么反转趋势，回撤到一个较强的支持价位处，要么巩固它的位置，以由细小波动组成的横向图形形式存在，直至它重新启动，延续原来的走势。

股价指数图表中的道氏线或是巩固形态或是反转形态，通常更趋于前者。因为如果有任何一种横向价格形态，在其形成过程中交易量逐渐减少，通常会被作为一种巩固形态，许多巩固趋势区域界定得非常好——呈现一种可识别的形态。

旗形和三角旗形

这两个相当小的巩固形态被公认为是最可靠的图表形态——无论是预示价格运动方向，还是预示测量目标。它们偶尔也失败，但几乎每次都会在形态完成前发出警告。防范这种失败所需要做的不过是严格检验形态的真实性：

（1）此巩固形态（旗形或三角旗形）必须发生在一轮"直线"运动的后面。

（2）在形态构建过程中，成交量显著地不断减少，直至价格突破。

（3）价格突破（在预期方向上）不晚于四周，超过三周的此种形态必须引起质疑。

如果图表上开始形成单就价格图而言可定为旗形或三角旗形的形态，但其成交量仍保持高位或明显的不规则（而非不断减少），其结果更有可能是一轮对前面趋势的迅速反转（而非前面趋势的继续）。也就是说，这样的高位或不规则交易活动形态是典型的小反转区域而非真正的巩固形态。请始终注意观察图表上的成交量部分。

旗形和三角旗形巩固形态是快速的股价运动的特有形态。因此，它们出现得最频繁的时期是牛市的后期、充满活力的阶段——在最初的建仓阶段和有序的早期上涨阶段之后。所以，这两种形态的出现可以被看作上涨已经到了最后几周的一个警告。另一方面，主要熊市趋势的迅速运动为第二阶段，常常以几乎垂直的恐慌下跌为特征。其间产生的旗形和三角旗形通常持续较短时间——在3~4天内完成而不需要几周。在熊市的最后几个月里，图表中演化出的类似旗形和三角旗形的形态常常会持续很长的时间（四周或四周以上），在反弹过程中开始表现出成交量的增加，并且随后只是沉闷而幅度有限的回落。

总体来说，这两种具体的图表形态在上涨趋势中最为普遍（同时也最为可靠），在一轮主要跌势之后出现的，一开始呈现下行旗形或三角旗形的价格图形需要谨慎看待。除非这些价格发展情况严格地符合前面"可靠性"中提到的限制条件，否则不要凭它们来做交易。

计算公式：

旗形上涨目标价＝旗形突破位＋（旗形开始位－旗形前上涨位）

旗形下跌目标价＝旗形突破位－（旗形开始位－旗形前下跌位）

矩形

矩形类巩固形态通常出现在牛市演化的早期阶段，在主要熊市运动中，矩形可能形成于第一个阶段（在恐慌性下跌之前），也可能形成于严格限定的最后抛售之前的最后一个阶段。我们推测后一种演化代表着有意投资者的不成熟的建仓行为——这些有意投资者认为价格已跌到足够低，能实现他们的目的了。

圆盘

常形成圆盘形态的股票提供的交易机会几乎不需要过多的评论，通过观察价格趋势和成交量，你可以轻松地找到每个圆盘的底部价位和末端的顶点。但奇怪的是，大部分“盯市者”会错误地交易这种股票。当市场活跃（成交量创新高）时，兴趣浓烈并且买入，而当市场处于沉闷的趋势——变圆的阶段，则完全忽略它们。

许多在交易大厅的“盯市者”轻视图表，结果使自己的资本在长期中遭受了不小的损失。真正的盯市专家——那些在交易中能获得相当稳定的盈利的盯市者——实际上极为罕见。

缺口

突破型缺口的出现也与价格巩固形态有联系，但它发生在形态完成时的价格突破运动中。任何对水平的形态边界（如上升三角形的顶边）的突破都可能伴随着一个缺口。实际上，这种类型的缺口在每个水平整理形态的决定性突破处都会发生，然而，它们中有许多形态因为是在一日之内形成的，而没有在图表上显示出来。突破缺口也时常在反转或巩固形态时产生，比如，突破缺口会与头肩底形态一起出现，甚至趋势线的突破处也会产生这种缺口。

突破缺口有什么预测价值？首先，它们能够引起人们对突破的关注，并强调了这一事实。当价格伴随着一个显著的缺口跳出一个形态时，毫无疑问，一个真正的突破终于发生了，虚假的运动很少伴随缺口。其次，它们意味着产生缺口的买方需求（或卖方压力，视具体情况而定）比无缺口突破的买方需求更强烈。因此，可推知随后的价格运动将会更大或更快，或者既大又快。

在别的条件都相同的情况下，面对同时从上升三角形中突破的两只股票，我们应选择购买以缺口方式突破的一只，而不应买以小涨幅上升方式突破的一只。

4.支撑与阻挡——需求与供给的近义词

“支撑区”是指有大量股票需求以使下跌趋势受阻并很可能反转的一个价位。同理，“阻挡区”是指有大量股票供给以阻止上升趋势并可能反转价格的一个价位。理论上，任何一个价位上都有一定量的供给和一定量的需求。但一个“支撑区”代表需求的集中，而一个“阻挡区”代表着供给的集中。

导出支撑和阻挡理论的基本数据是：任何给定股票的交易活动倾向于集中在过去有大量股票转手的价位处。既然任何一个有巨额成交量的价位通常会成为股价趋势的反转点，我们自然就可以推知：反转价位倾向于“重复”。但是，相当奇怪的是，有一个被许多临时图表观察者忽略的有趣而重要的事实：这些关键价位在不停地转换角色——从支撑变为阻力以及从阻力变为支撑。以前的一个顶部，一旦被超过，就成为下一个跌势的底部区域；以前的一个底部，一旦被穿透，就成为下一升势的顶部区域。

对小支撑的突破，应被认为是中等趋势反转的第一步（如果结果仅发展成为一持续形态，我们在后面仍有机会重新入市、买进抛掉的头寸）；同理，对中等支撑的突破，常常是主要趋势反转的第一个信号。

在价格碰上阻挡（或支撑）区并未回调，而是（也许在几天的停顿之后）冲过该区域的情况下，成交量几乎总是显示出突然的加速和显著的增加。这可被视作决定性突破的确切证据，它表明运动将会继续。

5.趋势线与通道

组成中等上涨趋势的反弹的顶部，时常会落在一条与过其底部的基本趋势线大致平行的直线上。这一平行线可以被称作“回归线”，因为它标出了市场回调的起源之处。基本趋势线与回归线之间的区域叫作趋势通道。

它的最大用处并不是它通常最吸引新手之处——确定好的获利了结价位。也许它在消极的意义上更为有效：一旦一条趋势通道完全确立，那么任何未能达到回归线的反弹都将被视作趋势弱化的迹象。它与回归线的距离常常等于它在后期跌穿基本趋势线的幅度。

同理，对一条已确立的趋势通道而言，如果从回归线处开始的回调未能将价格完全带回至基本趋势线，而是在其上方某处筑底，那么从该底部出发的上涨运动通常会将价格推出通道的顶边，而其超出的幅度与回调距通道底部的幅度大致相等。投资者要解决的问题是在一个有利可图的趋势的发展阶段尽可能早地识别它，然后同样尽可能迅速地发现它的结束和反转。任何一个重要的趋势的反转通常都以形成某种综合了价格和成交量的形态（反转形态）为特征。

股市中的上涨运动由一系列小涟漪组成，而每个小涟漪的底部往往形成在（或非常接近于）一条上倾的直线上。小涟漪的顶部通常较不平整，它们有时也位于一条直线上，但更多的情况是，它们的幅度有细小差别，因而连接上顶点的线会多少有些弯曲。

在价格的下降趋势中，最有可能的直线是连接其内部小反弹的顶部的线，而小反弹的底部可能并不落在一条直线上。

这两条线，大的上涨运动中沿着上波谷上倾的直线，和大的下跌运动中沿着波峰下倾的直线，是基本趋势线。

假定价格上升趋势差不多是直的，我们应尽量找到并绘出这些精确界定趋势的线，它们有以下两个作用：

（1）趋势线被突破表明本轮上涨趋势已结束。这提醒做中线交易投资者卖出该股票，在其他地方寻找再投资机会。

（2）如果某只股票的图表上形成了一个小的顶部反转形态，该形态离中等上涨趋势线足够远，以至于明显有空间，在趋势线被跌破之前完成它所暗含的下跌运动，那么投资者最好不理睬这一小的反转形态，可以一直持有到趋势线被突破。

下面是一些可以用来判断上行趋势线的技术有效性和权威性的检验方法：

（1）对一系列小上涨运动过程中的趋势线来说，在它上面（或非常接近处）形成的底部数目越多，它的技术重要性就越大。

（2）线的长度，即趋势线在被价格跌破之前维持的时间越长，其技术重要性就越大。

（3）趋势线的角度在一定程度上也是衡量它作为中等趋势界定符号的有效性的标准之一。很陡的趋势线能轻易被短暂的横向巩固运动突破，趋势线越平，它在技术上就越重要，从而任何对它的跌破也就越重要。

6.技术分析的基础理论

（1）使技术分析有意义和价值的基本理论：①证券的市场价值完全取决于供需的相互作用；②供需在任何时候都被成百上千个因素控制着，其中有些是理性的，有些是非理性的。信息、看法、情绪、对未来的猜测均与供需方发生不明的联系。常人根本不可能理解并权衡所有这些因素，但市场会一直受到它们的影响；③略去小波动，价格在相当长时间内按趋势运动；④趋势的改变，表明供需对比发生重要变化，无论是怎样引起的，迟早会在市场自身的活动中被察觉。

（2）在具体学习股票图表呈现出来的众多有趣现象时，我们很容易忽略这一事实：它们只不过是我们希望能用来衡量供需相对力度的工具，这种相对力度决定了股票将走向何方、走得多快、走得多远。

请记住，在这一研究中，是什么产生供给和需求并不重要。我们只关注它们存在的事实和它们之间的对比关系。没有人也没有任何组织能掌握并精确地评价庞大的实际数据、大众情绪、个别需要、希望、恐惧、估计和猜测——所有这些因素在总体经济框架中不断发生微妙的变化，它们综合起来形成供给和需求。但是，市场却能实时地反映所有这些因素的加总。

趣味延展

股市投资中也存在派别之争，各派各有投资理论与代表人物：

基本分析派提倡“物有所值”，关注上市公司的内在价值和前景，而不是股票的日常涨跌。投资者投资的是公司，而不是股票。

技术分析师所依据的前提是：市场行为是包罗万象的，价格是按趋势变动的，历史会重演。该派的代表人物是江恩、艾略特。然而，世界上没有人通过技术分析投资股票发过财，包括江恩和艾略特自己，但有很多分析师通过技术分析骗取投资者的钱而致富。作为一名分析师，致富的诀窍是提供建议，而不是采取行动，这是业内一个众所周知的事实。这就是为什么投资大师林奇尖刻地说：“华尔街从来没有见过一个成功的分析师，但却有很多人破产。”

随机漫步派相信市场是有效的，股票价格在短期内（几年内）的涨跌没有任何秩序感或可预测性。该派的代表人物是全球最大的公募基金之一——先锋标普500基金的老板博格尔。他的先锋指数基金成立于1976年，资金不足1100万美元，博格尔曾经受到华尔街投资家的嘲笑，但到了1996年，它积累了100亿美元的资产，跻身于世界一流的基金公司之列。到了20世纪90年代，随机漫步派已经完全击败了技术分析派，赢得了巴菲特和林奇的赞扬与认可。

22 |《克罗谈投资策略》 斯坦利·克罗

看长线趋势交易者如何“见风使舵”，在投机市场中“顺风而行”

名著导读

《克罗谈投资策略》是著名的交易专家斯坦利·克罗集30年的交易经验而写出的精华。书的开篇便用了一个一面涂了果酱的面包片和新地毯的生动例子来解释了墨菲定律，给投资者的启示就是导致我们亏损的交易往往就是那些未处理妥当的头寸问题，可以说单凭这一部分，已经值回了书价。

作为期货市场的传奇人物，斯坦利·克罗于1960年进入世界金融中心华尔街。他在华尔街期货市场从事商品期货交易33年，积累了很多经验。斯坦利写了五本关于经济理论、金融和投资理论的书，这是作者的第六本书。我国的期货和股票行业起步较晚，与已有100多年期货和股票市场历史的美国相比还有很大差距。特别是期货和股票的投资策略对大多数投资者来说仍然处于模糊状态。在这本书中，斯坦利先生总结了他几十年的投资经验，形成了他自己的一套分析体系，书中的投资策略在很多情况下都有自己独特的见解，是一本难得的投资工具书。

入市点：趋势反转时，盘整突破时，大势反弹或回吐45%~55%处。

——斯坦利·克罗

钱是“坐”着赚回来的，不是靠操作赚来的，只有用客观的方法判断趋势反转时才平仓。

——斯坦利·克罗

理论精读

1.墨菲定律——期货投资的精髓

关于墨菲定律，投资者应该不会陌生。它源于1949年一名叫墨菲的美国空军上尉工程师的发现：假定你把一片干面包掉在地毯上，这片面包的两面均可能着地。但假定你把一片一面涂有果酱的面包掉在地毯上，常常是带有果酱的这面落在地毯上（带来麻烦）。它的极端表述是：如果坏事有可能发生，不管这种可能性有多小，它总会发生，并造成最大可能的破坏。如果某件事有可能变坏的话，这种可能就会成为现实。

克罗告诉了我们那些可能会遭遇损失的交易情况：

（1）没有保护性止损单的交易。

（2）由于鲁莽，持有超过自身持有能力的头寸。

为了避免这些所谓墨菲定律交易的负面影响，我们应该坚持：

（1）为头寸建立保护性止损单。

（2）设定每个账户中可以累积的合同金额上限，在任何情况下都不得超过该金额。

2.进入赢家圈子的基本策略——一种简单的投资策略

克罗认为，赢家和输家最大的区别是是否一贯地、有约束地运用一流的和可执行的策略。那么投资者应该怎样让自己进入赢家圈子呢？

（1）只参与那些行情趋势强烈或者说行情主要走势正在形成的市场，认清每一个市场当前的主要走势并只持有符合这一主要走势方向的头寸，或者是不予参与。这就是说市场在大部分的情况下是没有明确的趋势的，在这个时候需要的是耐心，是不予参与，有了这个前提才能有能力和实力在主趋势形成的时候把握住机会。

（2）假定你做交易的方向与行情趋势一致，在以前或从属的趋势已产生的较大价差的基础上建立你的头寸，或者把你的头寸建立在与当前行情主趋势适度逆行的位置上。克罗的看法完全符合道氏理论的描述，它表明投资者应该在次级调整波的适当位置建立头寸，而不是像市场上流行的短线方法那样追逐所谓强势走势。

（3）追市头寸形成有利变动时坚持持有，不要试图从反趋势交易中迅速获利。赚能够把握的那部分钱，不要试图赚取市场波动的每一分钱，过于苛刻只会增加风险。

（4）在持有的头寸的变动对你有利的时候，可以适当地增加所持有的头寸，正确的时候要扩大胜利果实，当然是要用金字塔的方式。

（5）除非趋势分析表明趋势已经反转，并且触及你的止损价位，否则应一路持有，耐心持有。克罗曾经持有一个白糖期货的头寸达5年之久，获得了巨大的回报。投资者不妨想想，生活中曾经在股票市场买到黑马的人很多，但是能够从头赚到尾的人却很少，这就体现了耐心持有股票的重要性。

（6）市场的走势与你预期的方向相反，则要迅速逃避。毫不夸张地说，迅速逃避正是避免被套牢的法宝。

从这些赢家圈子策略我们可以发现一个问题，那就是真正的赢家考虑的不是如何去预测市场，而是如何去应对市场。而进入赢家圈子的策略也是如此的简单，并没有神秘的理论、概念和眼花缭乱的分析方式。

3.涨势买入、跌势卖出——交易的基本原则

克罗认为，投资者应该重视保证金。在交易中催缴保证金是一个明显信号，表明账户运营不佳，至少一部分头寸运营不佳，没有道理要用新钱去保卫一个无利的头寸。他认为恰当的策略是清理一部分头寸，来降低保证金要求和风险程度。对于股票交易，保证金应当就是对应市场资本金的风险额（总资本的1%~3%，待定），如果资本损失到一定额度，但不到清仓出局限额，则应缩减头寸。

克罗提出的交易原则：缩减头寸，但维持地位，以便提高盈利潜力。

这听起来尽管是一个有前提的目标，但仍然不失为一个有价值的策略。具体实现策略是：对那些按市场定价表现为最大账面损失的头寸进行清盘处理，尤其是在该头寸与当前趋势（主趋势）相反的时候。这无疑是通过消除最大损失的可能达到降低风险程度的目的，而又可以维持与市场主流趋势相一致的最有利的头寸，甚至可以用清盘的资金增加这些头寸，维持自己的盈利潜力。

克罗一再提醒投资者注意：我们是为赢得有限风险下的最大利润而交易。从这个意义上讲，我们应当更多考虑整体盈利的运作方式。另一个要注意的问题是，在任一既定市场或两个相关市场上，你应该在最强态势买入，最弱态势卖出。这是通过一种结构性方式对你所下的赌注进行保值。

4.交易心理建设——万全的准备是必胜的保证

投资具有巨大的风险，因此克罗强调投资者一定要做好交易心理建设，这样在遇到问题时才能理智地面对，最大程度减少损失。

（1）分析你所在的市场，提前安排好你的策略和战术上的行动，并保守秘密。不要听任何人的建议，同时也不要向任何人提出建议。你应当坚持你的客观分析以及建立在经证明适合你的任何一种方法或技术上的市场预测，而且你也只应当在实际的以及客观技术证明的基础上修正自身的策略。

如果你在交易中成功了，你就能得到财务上的报偿。如果你在交易中失败了，你将单独承担责任、损失。在市场交易中你必须有信心，因为所有“损失”中最严重的一种就是“丧失”对自己独立、成功交易的能力的信心。如果你对此失去信心，除了结清不利头寸以限制导致损失的暴露头寸外，或许你还压根儿就不应该进行任何交易。

（2）告别怕输心理。克罗说自己进行的模拟交易总是比实际交易要好得多，答案就蕴涵在一个简单的事实中，即哪一种心理占了上风——是赢的欲望还是对输的恐惧？在模拟交易中，只有赢的欲望，而在实际交易中则主要是对输的恐惧心理起作用。

这是不是一个普遍的经历呢？我们每一个人都有这样一个深刻印象，即纸上谈兵的资产组合较实际的资产组合运作得要好得多。这同样适用于经纪公司和金融快讯竭力推荐的“资产组合模型”。

怕输心理占据主导地位的潜在原因之一是，无论从所持头寸规模角度，还是从其账户中资产置换频率角度看，投机者常常过度交易。交易者控制以及克服过度交易或过多持有头寸的冲动是相当重要的。比较好的做法是账户资金的1/3或1/2用于持仓头寸，剩余的资金则以带息储备资产方式持有。

（3）人们运用客观技术分析得出的结论与人们在所谓新闻和分析中所看到的结论经常存在差异，这似乎带给许多投机者一个近乎永久性的矛盾心理。当克罗发现自己被那些很明显的矛盾说法和人为的事后宣告、分析搞得迷乱、不安后，他的做法是把自己与这些所谓的消息隔离开来，把注意力集中在一个详细而有实效的技术因素和指标的分析中去——试图从混乱中寻求到条理性。这段间歇最好在隔离状态执行，远离各种打扰和善意的建议。

5.风险的控制与约束——最大程度减少风险

克罗先生对于风险控制有自己的看法：“把损失放在心上，利润就会照看好自己。”由于投资者资金状况及其心理承受能力各不相同，资金管理过程中更要寻求一个系统的、客观的风险控制和制约的方法。

那么实际操作中，投资者应该把握哪几点呢?

（1）任何交易都应设置止损。风险在期货市场无处不在，即使趋势中出现反弹，也会给自身带来心理影响，并造成巨大的利润损失。

（2）在入市前设置止损。期货价格变化很快，如果不能未雨绸缪，等到市场反向变化时，就会措手不及，造成巨大的损失。

（3）以人为本，设置止损。仅根据技术图表设置止损是不合理的。

（4）止损的执行是关键。入市前设置止损旨在让客户预想面对市场变化，尤其是亏损时该怎么办，但更重要的是，他们能否按计划进行。

6.交易策略——克罗30年投资的经验总结

克罗是一位盈利头寸上的长线系统交易商，常常将盈利交易保留至少一周，同时他也是不利头寸上的短线系统交易商，常常在不利交易中停留不到一周。

克罗在交易时会借助一个机械的交易系统，并进行它同意的每一笔交易。针对每个客户，他最多只能从跟踪的四种货币中选择两种。作为系统交易者的主要优势是，如果系统正常工作并与市场同步，它可以在相当长的一段时间内提供稳定的风险回报。

克罗也是一位技术交易商，进入和退出市场的信号以价格为基础。

克罗相当保守，在信用交易中使用的资金不到各账户资产的50%。这可以避免过度的杠杆作用和过度交易，同时可以将余下的50%的资金投资于短期国库券以及其他短期投资作为持有储备。

克罗的投资组合包括多元化市场群——股票、利率、外汇、商品、衍生品和海外交易所。在每个市场中，他都会为主要合约选择最活跃的月份。在如此分散的投资组合中，市场之间的相关性相对较弱。

克罗对于空头和多头没有偏好，在建立他的投资组合时，他注意在多头和空头之间达成客观的防御平衡。

克罗对每个市场都实行严格的风险控制限额。通常，初始风险或资本收益限额会设定为每份合同低于1500美元，长期交易的确切数字由历史验证确定。止损限额过多或过少，都会产生损失。因此，应设置适当的止损限额，为交易时间的发展留有一定余地。每天开盘前输入止损限额，每天对每个头寸应用一个止损限额。克罗在每个市场头寸上承担的平均风险为账面资产的1%~2%。

克罗有选择地运用交易止损额度。根据市场及其技术特征，他设置止损限额的依据可以是市场的变异性、交易的利润额和交易时间，一旦他建立了趋势跟进头寸，他就认为每个头寸的结果都将遵循总体趋势，并尽可能长时间地跟随趋势，止损限额会“告诉”他什么时候该退出市场。

克罗的新账户进入策略通常是等待新的信号。但如果他最近的进场信号之一显示为亏损，他可能会根据交易的天数和近期市场动态进入交易。

趣味延展

期货投资大师克罗有句名言：钱是“坐”着赚回来的，不是靠操作赚来的。此外他还指出，投资者想在投资中获利，那么“操作时务必保持耐性，严守纪律，以及把眼光放远”。

1974年5月，美国小麦以350美分结束了跌势，几天来，成交量大幅上升约40美分（20美分的上限），然后一路下跌，几乎将升幅全部收复，随着成交量的减少，克罗回到了过去10年的小麦图表上，由于之前操作过期糖，他吸取经验，开始为自己和客户在360美分左右批量购买。6月和7月，小麦开始大幅上涨，在385美分和440美分的两次回调时克罗又再加码，从360~490美分，浮动利润相当可观。一家电视台采访了他：“你有苏联正在购买小麦的内幕消息吗？”“我不知道苏联正在购买小麦，”克罗回答说，“但是图表告诉我有人在买。虽然不知道是谁，但我知道他在积极地买。”

但是，此时的高仓位让克罗压力非常大，他决定出国走走以缓解压力。于是8、9月间克罗和妻子飞到了瑞士度假，他们放松享受假期，不接听电话和阅读报纸上的商品信息。在此期间，小麦价格几经沉浮，而当克罗结束假期再度回到纽约时，他发现市场走势不容乐观，于是他打电话给经纪人平仓，几个小时内，250万手的小麦多单全部出场，克罗总共获利130多万美元（当时是20世纪70年代，等于现在的数千万美元）。这次交易后，他个人的账户由1.8万美元上升到100多万美元，陆续加入的合伙投资者的资金也由64.4万美元上升到250万美元。平仓当天的中午，克罗送给他的妻子一辆奢华的劳斯莱斯汽车，接着他们关闭了在纽约的办公室，在之后5年的时间里都没有做过交易。

23 |《投资者的未来》 杰里米·西格尔

一位让美国人爱上股票的教授，一本价值连城的市场投资指南

名著导读

杰里米·西格尔是世界顶级的投资、金融专家之一。1999年他在《华尔街日报》上发表的一篇警示网络股票的文章，引起了网络股票价格的大幅下跌，也引起了沃伦·巴菲特的关注，这为杰里米·西格尔带来了进一步研究的动力，并最终促成了《投资者的未来》一书的完成。《投资者的未来》可以说是一本与众不同的投资指南，它视角独特、结论有力，为那些力图成为长期赢家的投资者提供了一个选择股票的框架。作者摒弃了比较流行的价值投资策略和增长投资策略，从价值的来源考察投资策略，在强调“估值”重要性的同时，分析了投资者对高速成长产业预期过高的心理，认为高速成长产业并不适合长期投资，最后预测“婴儿潮”“人口老龄化”等社会问题将如何影响金融市场，为投资者调整投资组合配置提供了意见。不仅如此，作者还根据投资收益率的历史数据，从历史的角度纵向比较了美国数十年来各个产业的投资收益率，从全球化的角度横向比较了同一时期不同国家和不同投资工具的投资收益率，使得本书结论更加具有说服力。

杰里米·西格尔为我们完成了一项杰出的工作。尽管没有人可以准确预知股票的未来，但西格尔的分析无疑为历史做出了裁断：长期持有胜过迅速

换手，投资胜过投机，建设胜过赌博。有力的结论、出色的文笔以及令人耳目一新的观点使得这本书成为一本重要的必读经典。

——吉姆·柯林斯

杰里米·西格尔的新书远不止是一本典型的"西格尔式"的资产配置指导。这本书精湛、诱人，案例充分、通俗易懂且又不乏创造力，帮助人们找到带来丰厚利润的股票选择策略。即使是最圆滑老练的投资者也会从西格尔的新书中汲取营养。

——彼得·伯恩斯坦

杰里米·西格尔是个睿智的人，也是瞬息万变的投资领域敏锐的观察者。对于那些想在新时代遨游的职业投资者和业余投资者来说，《投资者的未来》必不可少。

——巴顿·比格斯

理论精读

1.投资反思——投资者应牢记的教训

西格尔通过对过去半个世纪的美国股市所做的大量研究和反思，为投资者总结了十分宝贵的经验教训：

（1）关注指数投资的短板。自1957年标准普尔500指数成立以来，加入该指数的900多家新公司的平均回报率比不上指数中500家原始公司的回报率。如果投资者把钱押在指数上，不断用快速增长的新公司取代增长缓慢的老公司，这反而会使回报降低。

（2）注意增长率的陷阱。投资高成长的新兴产业、公司或者国家并不能带来高回报。因为投资者容易掉进"增长率陷阱"，为创新和美好前景付出过高的价格。

（3）投资者收益的基本原理：股票的长期收益不依赖于实际的利润增长情况，而是取决于实际的利润增长与投资者预期的利润增长之间的差异。例如，投资者因为法律方面的潜在阻力对菲利普 · 莫里斯公司前景抱有较低的预期，但实际上它仍然保持了较快的增长速度。“较低的市场预期、较高的增长率和股利率，这三者为高收益率的形成创造了完美的条件”。

（4）持久的胜利：持久的老股战胜了勇敢的新股。表现最好的公司来自知名品牌的消费品和药品，这证实了巴菲特的观点，即“那些被又宽又深的壕沟保护着的产品或服务才能带给投资者最好的收益”。这就是作者所说的“旗舰”，它有三个基本特征：略高于平均水平的市盈率、与平均水平持平的股票获利率和远高于平均水平的长期利润增长率。

（5）IPO的糟糕表现：投资首次公开发行的股票的人中失败者远远超过成功者，新股票不仅回报低于老股票，而且风险更大。既然“老的”总比“新的”表现出色，为什么“新的”还要被创造出来呢？原因很简单：对于企业家、风险投资家及投资银行家来说，新公司能够创造出巨大的利润。但是对于热切希望捕捉机会的投资者而言，却为这些驱动经济前进的公司付出了过高的价格。正如格雷厄姆所言：“大多数新发行的股票都在适宜的市场条件下销售——对股票销售者适宜意味着对购买者不那么适宜。”

（6）科技的二重性。一般来说，大家都认为拥有新产品、新发明的科技公司利润会更丰厚，然而这个观点是错误的，经济增长和利润增长是两码事。事实上，科技是生产力的创造者和价值的毁灭者。最典型的例子是1999—2003年，由于光纤技术的快速进步，电信业严重供过于求，电信公司被迫大幅降价，对利润造成严重伤害，在美国，三家电信巨头和其余一百余家电信公司陆续破产，以致一位企业家疾呼：“你们这些家伙必须停止发明新技术了！”

（7）巧妙运用股息再投资——熊市的保护伞和收益加速器。投资者更多地关注资本收益，认为放弃股息并允许公司再投资将产生更高的回报，但股票回报率的历史表明了现金分红的重要性。在熊市中，通过再投资红利积累更多的股票可以缓解投资组合价值的下降，此即“熊市保护伞”。当股价上涨时，这些额外的股票可以大幅提高未来收益，此即“收益加速器”。

2.人口危机的挑战——人口结构变化对股票市场的影响

西格尔认为，当人口结构达到拥有最强消费能力的阶段，股票牛市将达到巅峰，而在这之后将会崩盘，因为大量人口将加入退休者行列。这就引出了一个问题，如果以中国为代表的国家也同样出现老龄化的问题时，世界经济将会怎样？

西格尔专注于长期历史数据的收集和研究，并得出了一个非常重要的结论——“西格尔常量”：自1802年以来，完全多样化的普通股投资组合在通胀后每年的回报率为6.5%~7%。西格尔认为，尽管在过去的两个世纪里，社会发生了巨大的变化，但股票的长期回报却出人意料地稳定。与其他金融资产相比，这种回报率具有巨大的优势。在整个200年中，债券的年平均实际回报率为3.5%，是股票收益率的一半，票据和其他短期货币市场资产收益率为2.9%，而通胀后黄金收益率仅为0.1%。

西格尔给出了他自己的对策——鼓励自由贸易、消除关税壁垒、促进国外直接投资以及扩大全球经济一体化。

3.长期投资个股确定——寻找优秀个股的原则

西格尔通过对标准普尔500指数整个历史的剖析，揭示了挑选值得长期投资的优秀个股的基本原则。

（1）对投资者而言，表现最好的公司来自拥有知名品牌的日常消费品行业和制药行业。西格尔通过对1957—2003年标准普尔500指数成分股的数据分析，找出了长期投资中成为赢家的三个部门，它们是卫生保健部门、日常消费品部门和能源部门。

（2）寻找优质目标公司，首先要理解投资者收益的基本原理。西格尔得出的投资者收益的基本原理：股票的长期收益并不依赖于实际的利润增长情况，而取决于实际的利润增长与投资者预期的利润增长之间存在的差异。投资者对于增长的不懈追求——寻找激动人心的高新技术、购买热门股票、追逐扩张产业、投资于快速发展的国家，常常带给投资者糟糕的回报，即“增长率陷阱”。显然，增长率陷阱是投资者通向投资成功之路上最难逾越的一道障碍。

（3）大部分表现最好的公司特征：略高于平均水平的市盈率、与平均水平持平的股利率、远高于平均水平的长期利润增长率。

（4）表现最好的股票名单中找不到科技或电信类公司的名字。

（5）投资市盈率最低的股票，投资于增长预期较温和的股票的投资组合，远远强过投资高价格、高预期股票的投资组合。

（6）准备好为好股票掏钱，不过要记住没有什么东西值得“在任何价格下买入”。

4.价值投资精髓——买入价够便宜

价值投资的获利基础是什么呢？西格尔一语道破天机：买入价位够低的股票。要知道增长率并不能单独决定一只股票长期收益的高低，只有当增长率超过投资者乐观的股价预期时，高收益率才能实现。根据这个原理，只要真实的利润增长率超过了市场预期的水平，投资者就能赢得高额收益。

投资者对增长率的预期都反映在股票价格上，而市盈率是衡量市场预期的最佳指标。高市盈率意味着投资者预计该公司的盈利增长速度将高于市场平均水平。

定价非常重要。因为它能影响股息的再投资，股息再投资是长期股票投资获利的关键因素，股息再投资策略将是投资者在牛市中的“熊市保护伞”和“收益加速器”。

简而言之，如果只有一个词来描述价值投资的本质，那就是“安全边际”。西格尔教授关于“定价始终重要”的建议，正好通过历史数据证明了价值投资在投资者未来的本质。

5.告别泡沫陷阱——发现并规避市场狂热风潮

西格尔认为投资的泡沫将会给投资者带来极大损失，因此西格尔特别提醒投资者学会鉴别泡沫形成的典型症状，看到事情的真相。

识别泡沫现象的因素：广泛且迅速升温的媒体报道，缺乏利润甚至收入方面的依据，只是建立在一些概念和名号基础上的高得出奇的定价，以及世界已经发生根本性的改变，因此某些公司不能再按照传统方法进行评估的观念。若你发现了，你最好早些远离它。

一般认为，投资泡沫不可能持续太长时间，但事实上很多泡沫持续的时间都比我们预想的要长得多，既然我们不能预知泡沫破灭的时间，那就看我们能否在泡沫破灭前卖掉自己的股票。当你判定一个泡沫以后，应立即停止向这个泡沫中的公司或者产业投资，若你的股票正处于市场狂热中，那就迅速将股票抛出，将利润转化成现金，不要再回头看。你所卖出的股票在崩溃之前也许还会大幅升值，不过从长远看，你的做法是正确的。

在这方面，西格尔给投资者几个重要的忠告：

（1）定价至关重要，买进时把握市盈率。

（2）不要和你买入的股票谈恋爱。保持客观，基本面不足以支持股票价格的合理性，不论你多么乐观，不论你在该股上赚了赔了多少，你都应该在适当的时机立即卖出。

（3）当心庞大却不知名的公司。泡沫形成的另外一个标志是默默无闻的公司被冠以巨大的价值，一个典型的例子就是思科。

（4）避免三位数的市盈率。

最后，西格尔告诫那些心存幻想的投资者，在泡沫里卖空是极危险的做法，因为你的资金不能坚持到泡沫破灭的那一刻，在那之前，你就已经成为最大输家了。

6.产业特征辨别——长期投资者的基本功

对于长期投资者而言，一定要能够把握不同产业在投资方面的特点。

全球产业分类标准把美国和世界经济分成十个部门：材料、工业、能源、公用事业、电信服务、非必需消费品、日常消费品、卫生保健、金融及信息技术。

投资的基本原则：不要购买“市盈率远远高于市场总体水平”的股票，

尤其是大盘股。

金融和卫生保健部门：扩张的产业，前者收益率低，后者收益率相当高。

科技类公司的股票价格总是很高。

日常消费品：食物、饮料、香烟、肥皂、日常卫生品和杂货。这类产业的稳定性较强。

非必需消费品部门：汽车、饭店、百货商店和娱乐。这类产业容易经历动荡，难以培养忠诚客户。

工业部门：大型工业集团、交通运输公司和国防企业。

投资者往往认为，新兴的工业部门收益都不会太差，而老式的工业则容易受到冲击，但美国铁路业给投资者上了重要的一课：一个长期下滑的行业也可以向股东提供出色的收益率。在市场预期如此悲观的情况下，如果公司能止住下滑并赢取利润，特别是如果管理层能支付股利，那么投资这家公司股票的未来收益将十分可观。30年前，又有谁会想到萧条的铁路业能够带给投资者如此丰厚的回报，而蓬勃的航空业会做得如此之差呢?

材料部门：由生产诸如化学品、钢铁和纸张等基本材料的制造企业组成。这个部门经历了最严重的萎缩，带给投资者的收益也最低。

电信部门：和20世纪80年代的能源部门以及20世纪90年代末的科技部门一样，过于乐观的预期在电信行业繁荣时期催生出许多新公司，而这些新公司随后的表现并不尽如人意。

公用事业部门：这个部门市场会不断萎缩，但会拥有很高的股利率，长期投资会是不错的选择，但要保证他们在新环境中运营足够长的时间。

部门投资策略：长期投资中最可能成为赢家的三个部门，它们是卫生保健部门、日常消费品部门和能源部门。

趣味延展

作为沃顿商学院年薪最高的教授、美联储和华尔街优秀投资机构的顾问，西格尔常被称为“世界上顶尖的经济学家之一”。西格尔长了一副天才的模样，擅长表演，具备成为明星的一切特质：表情丰富、语速飞快，他无法保持某一个动作、表情超过三秒钟。在他身上有一种极具煽动性的气质，只要他愿意，他可以轻易地迷倒站在他面前的所有人，成为全场的焦点。

1999年，他在《华尔街日报》上发表了一篇警示网络股票的文章。

在这篇文章中，西格尔以时代华纳为例说明了为什么互联网股票不值这些钱。文章一出，导致时代华纳的股票大幅下跌了17%，市值损失22亿美元。

第二天，许多投资者给西格尔邮寄了信件，谴责西格尔的可恶行为甚至讽刺辱骂西格尔。

然而这并没有吓倒西格尔，反而让他忍不住想劝说他们卖出手头的股票，当价格回落时再重新进入市场。

几天后，巴菲特接受了西格尔的邀请，在沃顿发表演讲。在回答有关互联网股票的问题时，巴菲特也公开支持西格尔，这也是市场首次用如此不一般的方式证明西格尔巨大的影响力。

24 |《对冲基金风云录》 巴顿·比格斯

翻手为云覆手为雨，那些每天决定巨额资金投向的人是怎么想的？

名著导读

《对冲基金风云录》是投资书籍中最富有启发性的作品之一。书中的主人公是华尔街上执着专注的投资人士，他们是一群奇特、危险而迷人的家伙，在投资生存战中弱肉强食。作者讲述了一段又一段投资冒险与个人奋斗的经历，展示了投资家们形形色色的生活方式和经营手法，在他们身上，华尔街浓厚的商业文化、深邃的生存之道被演绎得出神入化。

本书的作者为巴顿·比格斯，这位与索罗斯、朱利安等齐名的华尔街传奇投资家与金融大师，以印象派的笔法描绘了一群专业投资者的生涯，展现了这个充满激烈竞争的投资世界带给人们的悲喜。

巴顿·比格斯在摩根士丹利工作了30年，曾任该公司的首席战略官。在此期间，他创立了摩根士丹利的研究部，并使之成为世界上最优秀的投行研究部门。他还曾一手创办公司的投资管理业务部，并担任其主席达30年之久。到20世纪90年代中期，摩根士丹利投资管理业务部每年赢得的新客户超过了所有竞争对手。2003年6月，巴顿·比格斯离开摩根士丹利，与两位同事共同发起了Traxis合伙基金，那是2003年规模最大的新发对冲基金。如今，Traxis管理的资金超过10亿美元。

与其他的华尔街人士相比，巴顿·比格斯在描绘市场时更有品位、更清晰，也更富有见地。他的新书《对冲基金风云录》不仅为我们带来大量宝贵的投资经验，也提供了令人兴趣盎然的阅读享受。

——大卫·F.史文森

自从科技股泡沫的辉煌时代以来，投资已经变成了一项危险的工作。经营对冲基金更是如此。在《对冲基金风云录》中，比格斯透视了这些每天决定巨额资金投向的对冲基金人士的性格和心理。这是一部出色的作品。它充满了趣闻逸事，也呈现了一个绝对内部人士的见解。建议你们在读完本书之前，先别把钱交给华尔街上的任何人。

——安迪森·维金

理论精读

1.投资之道——投资者必不可少的修炼

比格斯认为，散户要想在市场中获利，就一定要加强自身的投资技能与心理素质。

（1）所有的投资，心态永远比技术要重要。如果你没有做好面对焦灼的心理煎熬的准备，那么最好尽早结束你疯狂的投资。

（2）最好是用自己的钱去投资，特别是当你逆势操作的时候，市场往往和你作对，“市场非理性的时间，往往超过你的忍耐程度”。只有自己的钱，才能彻底自己做主。而且千万不要用身家性命去冲入资本市场，投资最终是为了生活，不能让生活变成投资。人是英雄钱是胆，这话真的没错。就如书中一个热爱投资、热爱科技板块的青年人，想要离开大摩（摩根士丹利在财经界的俗称）去创办自己的对冲基金，比格斯劝他多干几年，积累经验、积累财富后再走，他还是坚持要走。虽然作者对他很欣赏，并作为投资人投资这个青年人开创的对冲基金，但是3年后，青年人还是无奈地关闭了基金，没赔钱，但也没赚多少，因为头几个月亏钱的经历让他蒙受了巨大的心理阴影，太重的精神压力让他无法正常工作。

（3）投资之道在于要永远记得留出空余量，满打满算总有一天会让你手足无措。其实说简单点，就是风险控制、资金管理同样很重要。比格斯自己掌管的对冲基金在成立初期看空石油，其实是看对了，但期间石油价格数度反弹，他们又反手做多来对冲，在石油冲高过程中出了多头仓位，剩下的空头暴露更大了，其实离胜利只有一步之遥了，但在客户的怀疑中（客户提出撤离资金，以逼迫他们平仓或扩大该头寸比例），他们也只能认亏出局，最后亏损了总盘子的2%。亏损不算多，但问题的核心是，和许多客户的融洽关系很难再回到以前。

2.对冲基金竞争——一场没有硝烟的战争

对冲基金之间的竞争异常激烈，同行近乎自相残杀。投资精英的晚餐会可不是什么友好的聚餐，那是鸿门宴。

因为市场机会有限，对冲基金的交易策略似乎有泡沫。例如，某些股票市场套利对冲基金很少见，市场定价效率也不高。由于偶然的原因，这些基金产生了高回报，很快有大量的投资资本和新基金涌入。结果，市场的定价效率提高了，高回报消失了。就好像几个人吃一个苹果一样，人越多，分的苹果就越少。

2002年末至2003年初，比格斯和他的两个朋友合伙创建了名为“Traxis”的对冲基金。他表示：“投资是这个世界上最好的勇者游戏，我喜欢在这个游戏中竞争。”

当然，做投资光是有“勇”还不够，还得有“谋”。对此比格斯仔细分析对冲基金的运作规律，他认为资历经验在对冲基金长期发展中非常重要，有勇有谋才会成功。发起对冲基金是比格斯一生的梦想。他讲述了自己的从业经历：接受父亲投资教育，当分析师，成立合伙公司，创立摩根士丹利投资管理业务部，最后发起对冲基金。一步一个脚印，梦想的实现漫长而艰苦。对于一些人离开大公司另立门户的这种现象，比格斯如此解释：金钱只是人们离开的部分原因，最重要的原因还是另立门户自己做主的愿望。

3.管理机制——对冲基金的运作

注册一家对冲基金十分简单，但是否能成功经营就不得而知了，比如发起时机是否恰当，关键期是否能顺利度过等。它还有一些根本性要求，如基金管理者是否是真正的基金经理而不是商人，这一点是确保基金成功经营的根本。

对投资者来说，对冲基金是极具吸引力的投资产品，它有两个方面的吸引力。一方面，由专业投资者管理的对冲基金有更高的投资回报。研究表明，直到2000年大牛市结束，美国标准普尔500指数在这一轮大牛市中以每年16%的速度上涨，美国股票型共同基金的平均年回报率为13.8%，一般投资者仅为7%。比格斯在他的对冲基金路演中为投资者设定了一个回报目标：他希望在长期内击败标准普尔500指数，而波动率可以与标准普尔500指数匹敌。另一方面是灵活的赎回机制。投资者可以根据基金业绩及时赎回基金，规避风险。这类赎回可能给基金经理带来压力——既要保持稳定的业绩，也要保证基金的生命周期不因此而缩短，不少对冲基金就是因为无法做到这两点而关闭的。

对冲基金有两个主要的收入来源：一方面，他们收取固定的管理费；另一方面，他们从管理的基金中提取20%的利润。一些对冲基金经理可以将其基金利润作为自身基金的一部分使用，并享受投资者的待遇。不难想象这样的激励措施对对冲基金经理会有多大的好处。

对冲基金有一个“水位线”制度，确保将投资者的利益放在首位。如果一家对冲基金在一年内的投资操作中亏损了，它无权分享当年的利润，只有在下一年弥补上一年的亏损后，它才能收回利润。“水位线”是决定对冲基金能否分成的基本条件，实施这一制度对投资者才是公平的。

对冲基金经理的优势是有很大的权力，可以自主决策。对于一个瞬息万变的市场来说，决策机制是否灵活是很重要的。灵活有效的决策机制可以使一些好的对冲基金管理的资金收益高于大型投资管理公司。比格斯认为大公司管理制度繁杂，相比对冲基金，创新力不足，灵活性差，集体决策可能导致判断错误，从而限制公司发展。

4.投资巨星——对冲基金经理人的竞争

对冲基金的吸引力或成功的关键不仅在于其机制，还在于其管理者。如果这本书仅仅是关于对冲基金机制的特征，那将是一本枯燥乏味的书。事实上，比格斯最关注的是对冲基金经理的不同面孔，通过他们的理解，反映出行业的特点以及他们不同的行为和心理活动对基金运作的具体影响。

对冲基金的竞争在某种程度上就是基金经理的竞争。比格斯将他们分为三类：少数投资巨星、一些优秀投资者和许多“赶路者”。大量对冲基金倒闭，主要是因为它们由大量“赶路者”经营。只有那些投资巨星才能确保他们的对冲基金从同行中脱颖而出。

比格斯说，投资巨星是旧日的“马语者”。骏马强壮，野性十足，难以驯服，但总有那么几个佼佼者可以驯服他们，这些人就是“马语者”。没有人知道他们是怎么做的，他们也从不解释，投资巨星有特殊的天赋，能感知“近前”就要发生的事，大多数时候凭借直觉就可以做出正确的判断。投资巨星有着不同于一般投资人的特殊行为习惯或习性，而且脾气也很怪异，总之，这种人才可遇不可求。

5.散户的机会——把握基金本身的弱势

小散户如何在与基金的博弈中占据优势呢？根据比格斯的叙述，基金本身也存在麻烦，大致有以下几种：

（1）基金规模。为了提取更高的管理费和表现费，对冲基金不得不大力推销自己以获得更高的资产管理费（而不是通过复利逐步增值至高额资产），特别是当基金领导人具备很强的商业能力时，基金的主要精力可能放到揽财而非提高收益上，这就彻底地颠覆了基金和客户利益趋同的激励机理。另外，客户的资金很可能是“笨钱”，他们在市场低迷时不敢投资于基金，然而在市场表现旺盛时反而愿意投资，一旦投资，这些“笨钱”又期望立刻获得收益，导致基金管理者选时的能力被迫打了折扣。

（2）集体决策。为了避免出现个人头脑发热导致的投资失误，对冲基金公司可能会设立集体决策机制，而一团和气的集体决策将扼杀创新精神和与众不同的投资思路，悲哀的是，与众不同往往是取得博弈优势的重要开端。作者认为在集体决策中保持争论和质疑是必要的，“从我个人的经验来看，成功的集体决策实在不容易，公正就没有了效率，而成功的投资需要效率”。

（3）短期利益。基金排名是典型的短期利益激励，在数月落后的业绩排名面前，基金经理承受了大量本不应该承受的压力，这种排名来自和指数的赛跑，也来自和其他基金竞争者的比较。客户关心排名，基金公司的上层往往也同样关心排名。这种对短期表现的关心，无法判断是否完全错误，但是无疑地，对短期表现的过度关心会严重妨碍基金经理对投资理念的坚持和对长期价值的判断。个性化的投资方式一旦被抹杀，这种投资方式的所有者将会混乱不堪，表现不好也非常正常。

趣味延展

《对冲基金风云录》这本书中讲了一例灵异的投资故事。比格斯将股市比喻为一只变幻无常的怪兽，与海洋、极地一样涌动着大自然神秘的力量，他的一位认识了20年的熟人，贾德森·托马斯，是华尔街一家二流的研究交易的公司的机构销售人员。贾德森·托马斯人近中年，业绩平庸，潦倒嗜酒，他所推荐的股票总是莫名其妙地完蛋，然而在一个2月的早晨，命运的钟摆改变了。贾德森·托马斯像往常一样买了一份《华尔街日报》，这是一份不一样的报纸，或者说，只是对他不一样的报纸，他从上面看到了未来一天的交易信息。对一位机构销售人员来说这意味着什么，显而易见，他成了这一行的王牌，尽管大约每周只有一次机会拿到特刊，但这已足够让他成为华尔街最伟大的交易员。不过，他总是谨慎地使用这份“神示”，从未僭越，直接为自己进行交易。一年后，贾德森成就了辉煌，他成了明星，并且为哈德森公司带来大量业务，一家大型对冲基金邀请他去做首席交易员。哈德森公司的合伙人们及董事不知该怎么办，这家伙这么多年默默无闻，现在突然红得发紫，或许那些只是幻觉，若是如此，那贾德森的成功真的是很难的了。

同年6月，贾德森像往常一样坐上通往华尔街的火车，买了份《华尔街日报》，不知怎么的，从没心脏病史的贾德森突发心肌梗死昏迷，被人送往医院。第二天，贾德森联系到巴顿，说一定要见他，巴顿赶到时，医生说他心脏停跳过60秒，仍然处于危险期。在和贾德森谈话过程中，贾德森说他看到了下周三的C–2版，市场动态栏旁边的布告上写道，“哈德森公司沉痛宣布他们的挚友，高级经理贾德森去世”，巴顿感到惊恐万分。到了下周三，巴顿买了份《华尔街日报》，那份布告果然出现在C–2版。

25 |《专业投机原理》　维克多·斯波朗迪

从扑克赌徒到市场宗师，“华尔街终结者”的投机哲学

名著导读

维克多·斯波朗迪，专业证券操盘手，基金管理人，被华尔街金融界人士戏称为“操盘手维克多”，也被《巴伦周刊》杂志誉为“华尔街的终结者”，是《华尔街日报》《巴伦周刊》杂志关注的金融焦点人物。他曾在华尔街创下了从1978—1989年连续12年投资盈利的骄人战绩。

维克多·斯波朗迪是结合技术分析、统计方法和经济基本面三种因素进行市场预测的，这看起来很简单，很多人也都常用这三种方式，但很少有人能准确地预测。“不在于你知道多少，而在于你知道的内容的真实性和相关性”“关键在于，一项陈述和一点知识，如何形成一系列的推理与结论”，这就是“重点思考原则”。大家看的是同样的技术图形、同样的统计数字，面临的是同样的经济基本面，为何维克多·斯波朗迪能看清方向，而你看不出来？推理过程不同，结论自然就不同，其区别就在于推理过程。

维克多·斯波朗迪是我见过的最有天赋的投资管理人，我相信每一位投资经营者都能从他的书中学到有益的东西，别错过这本书。

——保罗·都铎·琼斯

对于那些市场中经常得不到专家提示的人而言，维克多·斯波朗迪的书

是一部投资者的“圣经”。

——约翰·斯威尼

买一本维克多·斯波朗迪的书，反复地读。你就不会赔钱了！

——耶鲁·希斯

理论精读

1.道氏理论的“定理”——维克多对道氏理论的理解

道氏理论的许多原理都蕴涵于华尔街和市场参与者的日常用语中，只不过一般人没有察觉而已。

定理1：股票指数与任何市场都有三种趋势：短期趋势，持续数天至数星期；中期趋势，持续数星期至数月；长期趋势，持续数月至数年。在任何市场中，这三种趋势必然同时存在，彼此的方向可能相反。

定理1可以从以下几个方面理解：第一，长期趋势最为重要，也最容易被辨认、归类与了解。它是投资者主要的考虑因素，对投机者来说较为次要。第二，中期趋势对投资者来说较为次要，但却是投机者的主要考虑因素。如果中期趋势严重背离长期趋势，则被视为次级的折返走势或修正。次级折返走势必须谨慎评估，不可将其认为是长期趋势的改变。第三，短期趋势最难预测，唯有交易者才会随时考虑它。投机者与投资者仅在少数情况下才会关心短期趋势：在短期趋势中寻找适当的买进或卖出时机，以追求最大的获利，或尽可能地减少损失。

维克多认为，对金融市场的参与者而言，以中期趋势作为准则应该是较为明智的选择。

定理2：主要走势代表整体的基本趋势，通常被称为多头或空头市场，持续时间可能在一年以内或数年之久。能否正确判断主要走势的方向，是投机行为成功与否最重要的因素。没有任何已知的方法可以预测主要走势的持续期限。

维克多认为了解长期趋势是成功投机或投资最起码的条件。有关主要趋势的幅度大小与期限长度，虽然没有明确的预测方法，但可以利用历史上的价格走势资料，以统计方法归纳主要趋势与次级的折返走势。

定理3：主要的空头市场是长期向下的走势，其间夹杂着重要的反弹。它受到各种不利的经济因素的影响，唯有股票价格充分反映可能出现的最糟情况后，这种走势才会结束。空头市场会经历三个主要阶段：第一阶段，市场参与者不再期待股票可以维持过度膨胀的价格；第二阶段，卖压沉重，反映出经济状况与企业盈余的衰退；第三阶段，来自健全股票的失望性卖压，不论价值如何，许多人都会急于将所持的一部分股票兑现。

定理4：主要的多头市场是一种整体性的上涨走势，其中夹杂着次级的折返走势，平均的持续期限长于两年。在此期限内，因为经济情况好转与投机活动转盛，所以投资性与投机性的需求增加，并因此推高股票价格。多头市场有三个阶段：第一阶段，人们对未来的景气恢复信心；第二阶段，股票对已知的公司盈余改善产生反应；第三阶段，投机热潮转炽而股价明显膨胀——这阶段的股价上涨是基于期待与希望的。

定理5：次级折返走势是多头市场中重要的下跌走势，或空头市场中重要的上涨走势，持续的时间通常在三个星期至数月。此期间内折返的幅度为前一个次级折返走势结束后主要走势幅度的33%~66%。次级折返走势经常被误认为是主要走势的改变，因为被认为是多头市场的初期走势显然可能只是空头市场的次级折返走势，相反的情况则会发生在多头市场出现顶部后。

2.123法则与2B法则——简化的交易策略

维克多提出了123法则、2B法则，这两个法则运用在期货上，不仅能帮助投资者较好地把握价格转向的先机，而且由于止损价位和开仓价位非常接近，使风险能被控制在更小的范围内，从而获得较高风险收益比。这两个法则不论是中长线的趋势中还是日内短线交易中都可以加以运用。

123法则的要点如下：

（1）趋势线被突破。

（2）上升趋势不再创新高，或下降趋势不再创新低。

（3）在上升趋势中，价格向下穿越先前的短期回档低点，或在下降趋势中，价格上穿先前的短期反弹高点。

123法则相当于道氏理论对趋势发生转变的定义，注意其中第二点，有的时候价格会出现短暂的假突破（新高或者新低），但很快会回到前高以下（前低以上），因此还可以和2B法则相结合。

在上升趋势中，如果价格已经穿越先前的高价而未能持续上升，稍后又跌破先前的高点，则趋势很可能会发生反转。下降趋势也是如此，只是方向相反。

而2B法则可以做如下表述：

在上升趋势中，价格创新高后，又跌破前高点，趋势可能反转，进场交易，适合长中短线，盘中如果发生，一般在1天以内，中期一般3~5天，长期一般7~10天，止损在前高点2档位置，短线当日交易一般成功率在50%，中长期比较好。

对于2B法则，维克多在时间和量能方面做了一些补充说明：

（1）时间上：在盘中的短线趋势中，价格创新高（新低）之后，如果2B法则成立，通常会发生在1天之内或更短；在中期趋势中，价格创新高（新低）之后，如果2B法则成立，通常会发生在3~5天之内；在市场的主要（长期）转折点上，价格创新高（新低）之后，如果2B法则成立，通常会发生在7~10天之内。

（2）关于成交量：当市场价格创新高之后，随后的成交量通常会低于正常水平，但反转的确认即当价格跌破先前的高点时却会暴发大额成交量。

在期货投资中，保护性止损价位的设置非常关键，而当在期货具体操作过程中要运用上述两个法则时，止损价位可以这样设置：运用123法则，当上升中出现法则中第三条，开立空头头寸，止损价位设在前低点稍上方；在下降中出现法则中第三条，开立多头头寸，止损价位设在前高点稍下方。

运用2B法则，在上升趋势中，价格已经穿越先前的高价，稍后又跌破先前的高点，立即开设空头头寸，止损价位设在先前的高点稍上方；在下降趋势中，价格已经穿越先前的低价，稍后又涨回先前的低点上方，立即开设多头头寸，止损价位设在先前的低点稍下方。

如果之后又发生符合123法则的情况，结合123的操作方法追加头寸，原先头寸的止盈价和追加头寸的止损价共同放在前低点稍上方（或前高点稍下方）。

3.价量关系——明显行情中的价格判断

维克多认为，在趋势明显的行情中，价量关系很重要。

成交量与价格走势的关系——在超买的行情中，会出现价涨量减，价跌量增的现象。相反，处于超卖行情时，会出现价涨量增，价跌量减的情况。多头市场结束的期间会出现活络的交易，在开始的期间则交易相对冷清。

在超买的行情中，价格主要受到感觉、预期的驱动，并非基于健全的经济判断与价值考虑。这种情况下，掌握明确信息的人已经离开市场，一般参与者的热情也逐渐冷却。市场已经具备恐慌的条件，只要出现些许的征兆，便足以引起层层卖压。所以，在超买行情中，常常出现价跌量增而价涨量减的情况。

在超卖的行情中，市场发展到一定低位，精明的投资者开始在低档持续买入，市场中兴起对未来的希望和预期，在一些信息的“挑逗”下，股价在大成交量的情况下飙升。价量关系不是永远适用，它只是辅助工具，而不是主要考虑因素。

4.狭幅盘整——市场无趋势解读

维克多指出，很多时候市场会出现长达两三个星期或以上的趋势不明的价格走势，在此之间，指数都在大约5%的区间内波动。这种走势被称为狭幅盘整，可能代表承接或出货。相关指数同时向上穿越盘整区的上限时，代表是承接的盘整，价格继续上涨。反之，相关指数同时向下穿越盘整区的下限时，代表是出货的盘整，价格继续下跌。需要综合相关指数和指标来确认走势。

狭幅盘整常发生在中期行情的顶部或底部。在主要市场的顶部，拥有较多信息而态度谨慎的长期投资者，试图在一段时间内出清大量的投资组合，又不希望明显压低价格。由于当时市场上的多头投机气氛仍然相当浓厚，他们可以分批出货，将筹码转手给交易者和投机者。因此，在数星期或以上的时间内，价格将狭幅波动而没有明显向上或向下的趋势，这便形成狭幅盘整的走势。

在主要市场的底部，价格大幅下跌后，明智的投资者认为当时的股票价格具有长期投资的价值，于是开始建立大规模的头寸。或许是为了试盘，或许是不希望推升股价，他们在数星期至数月的期间内，默默地承接股票。结果也形成狭幅盘整的走势。最后，市场达成共识，认为价格即将上涨时，将形成突破——这是买进股票或商品的绝佳时机。

每天的波动——根据单日的指数波动推论，几乎必然是错误的，而且没有什么价值，狭幅盘整的走势除外。然而，每日的价格走势最后必然发展成一种易于辨认而具有预测价值的模式。

某些情况下，顶部或底部形成后，趋势会突然改变，没有经过狭幅整理阶段。另外，狭幅整理的走势有时也会发生在经过确认的主要趋势的中间，这可能是以下原因造成的，一是价格趋势太陡峭，许多交易者获利了结时，便造成主要趋势暂时停顿；二是市场对于未来不确定，产生分歧的看法使价格维持在固定水平上。第一种情况叫作整理，第二种叫作等待行情。

5.绘制趋势线——紧跟市场趋势变化

维克多认为分析趋势时，趋势线是最有效的工具。但是很多投资者在定义与绘制趋势线时，总是在方法上缺乏一致性，导致趋势线无法发挥正常的功效。维克多给出了一种绘制方法，它同时符合“道氏理论”中对于趋势的定义，以及该理论对于趋势变动的推论。

选择考虑的期间：长期（数月至数年）、中期（数星期至数月）或短期（数天至数星期）。在既定的期间内，如果趋势线的斜率变动非常明显，可能同时存在数条趋势线。

上升趋势线：在考虑的期间内，以最低的低点为起点向右上方绘制一条直线，连接最高之高点前的某一个低点，而使这条直线在两个低点之间未穿越任何价位。延伸这条直线而经过最高的高点。当趋势线经过所考虑最高之高点后，它可能穿越某些价位。事实上，这是趋势发生变化的一种现象，稍后将讨论这方面问题。

下降趋势线：在考虑的期间内，以最高的高点为起点，向右下方绘制一条直线。连接最低之低点前的某一个高点，而使这条直线在两个高点之间未穿越任何价位。延伸这条直线而经过最低的低点。

如何认定趋势的变动：简单的“1—2—3”准则。

价格走势有三种基本的变动，它们之间相互配合，可以界定任何市场的趋势变化，其变动分别为：

（1）趋势线被突破，价格越过绘制的趋势线。

（2）上升趋势不再创出新高，或下降趋势不再创出新低。

（3）在下跌趋势中，价格通过之前的短期反弹高点向上移动；或者在上升趋势中，价格通过先前的短期回调低点向下移动。

如果这三件事同时发生，就相当于道氏理论对趋势变化的确认。在三种情况中，若出现两种，则增加趋势发生变动的或然率。三种情况同时产生，则界定所谓的趋势变动。

需要根据下列方式将先前的原则转换为图形的形式，才能在走势图中观察到趋势的变化：

（1）绘制趋势线。

（2）在下降趋势中，绘制一条水平的直线穿越目前的最低价，再绘制另一条水平的直线穿越前一波反弹的高点。

（3）在上升趋势中，绘制一条水平的直线穿越目前的最高价，再绘制另一条水平的直线穿越前一波回档的低点。

就上升趋势而言，如果价格越过趋势线，则在交叉位置标示；如果价格接近、接触或稍微穿越该条对应目前高价的水平直线而未能突破，则在该点标示；如果价格向下突破该条对应前一个回档低点的水平直线，则在该点标示；如果这三种情况出现两者，趋势可能会改变，如果这三种情况都发生了，则趋势已经改变，很可能会朝着新的方向继续。

以目测的方式判断趋势发生变动的准则，并以“1—2—3”准则思考：突破趋势线；测试先前的高点或低点；向下跌破前一波回档的低点或向上穿越前一波反弹的高点。即可判定趋势已经发生变动了。

趣味延展

《专业投机原理》中，维克多讲述了一个皮埃与沙颂的故事，这个带有隐喻的故事或许会给投资者一些启迪。

路易斯安那州有两位勤劳的农夫，他们的名字是皮埃与沙颂。有一天，皮埃来到沙颂的农场做客，他热情地赞美沙颂的马说：“这真是一匹漂亮的马，我真心想要买下它。”

沙颂拒绝了皮埃的请求：“老伙计，我不能卖它，我已经养了这匹马很多年了，而且我很喜欢它。”

“我愿意花10块钱买下它，这可是难得的价格。”皮埃开出了一个高价。

沙颂考虑了一会儿后说：“好吧，我同意。”

于是他们签下一纸合约，皮埃牵着马回了自己的农场。结果一个星期之后，沙颂来到皮埃的农场对他说：“老伙计，我想拿回我的马，它陪伴了我很多年，我实在太想念它了。”

皮埃说道：“我能理解你，可是我不能把它给你，为了这匹马我已经花了五块钱买了一部拖车。”

“我愿意付20美元买下这匹马与拖车。”沙颂干脆地说道。皮埃在心里默默地计算了一下——15美元的投资在一个星期里赚了5美元——年化报酬率超过1700%！这笔买卖很划算，于是他说道："就这么办吧。"

两个人之间的这种交易一直进行了很久，这匹马被不断地卖出买回，皮埃与沙颂不断地交易这匹马、拖车与其他的附属配件。最后，他们终于没有足够的现金来交易，只能求助于当地的银行。银行家首先查明他们的信用状况，以及这匹马的价格演变历史，于是放款给他们两个人，而马匹的价格在每轮的交易中也就不断地上涨，每当完成一次交易，银行家可以回收全部的放款与利息，而皮埃与沙颂的现金流量也呈几何级数地增加。

这种情况持续进行，直到10年以后，皮埃以1500美元的价格买下马匹以及附带的一堆用具。有一位哈佛大学的商学硕士听说了这匹神奇的马，并做了一些精密的计算，他来到路易斯安那州，以2700美元的价格向皮埃买下这匹马。

而沙颂听到这个消息以后非常生气，他来到皮埃的农场大声责怪他："皮埃！瞧瞧你干了什么！你怎么能为了2700美元就卖掉马匹呢？我们的生活都靠着这匹马啊！"

26 |《以交易为生》 亚历山大 · 埃尔德

心理、方法、资金三管齐下，从普通散户直达成功交易者

名著导读

亚历山大 · 埃尔德最初不过是个普通的小散户，凭着对投资的执着追求、不懈努力，再加上一点点悟性和严格的自我约束，最终成为一名成功的交易员。

与波浪理论、江恩理论等经典技术分析理论不同，本书没有引入独特的技术分析方法，而是系统梳理了以往所有的技术分析方法和指标。本书将技术指标分为三类：趋势跟踪指标、震荡指标和复合指标，并详细分析了各指标的优缺点及其应用场合。与一般的技术分析书相比，这本书更实用。

从心理学的角度分析交易的本质。作者在投资股票、期货和期权之前是一名职业精神病医生。凭借敏锐的直觉，作者理解了交易的真谛，并从心理学的角度对交易行为，大师崇拜现象，各种技术指标、技术形式和技术分析理论，进行了新的分析，因此，本书的视角独特而有趣。

作为一名交易者，你的成败取决于你控制情绪的能力，取决于你对风险收益、贪婪、恐惧的态度，以及你如何看待交易的快感和风险！

——亚历山大 · 埃尔德

痛苦中的交易者往往会从形形色色的大师那里寻找方向；作为一位聪明

的交易者，必须认识到，长期来看，没有哪位大师能让你发财，你必须自己努力！

——亚历山大·埃尔德

聪明的交易者总是在市场平静时买入，在市场疯狂时获利了结。

——亚历山大·埃尔德

理论精读

1.心理心态——个体心理决定投资的成败

埃尔德认为，成功的交易者必须抛弃一些错误的幻想（头脑迷思、资金不足、自动导航迷思、个人崇拜）。每位交易者都必须掌握交易的三项基本要素：健康的心态、符合逻辑且以清晰明确的原则为基础的交易系统和良好的资金管理计划。也就是说你在市场上的成功或失败取决于你的思维和情感，取决于你对风险收益、贪婪和恐惧的态度，以及你如何看待交易的快感和风险。那么投资者都应该注意哪些方面的问题呢？

（1）人们往往自己骗自己，自己跟自己捉迷藏。对别人撒谎已经是很糟糕的了，如果再自己骗自己就不可救药了。

（2）要想成为一名成功的交易者，就要睁大双眼，以便能识别出实际的趋势和转折，而不是把时间和精力浪费在后悔和想当然的思考上。

（3）许多交易者嘴上说成功，但实际上却不断地做冲动型的交易，即在市场中赌博以获得短期的快感。

（4）情绪化交易和没有思路的交易是交易者赔钱的原因。

（5）优秀的交易者多为勤奋、精明之人，他们乐于接受新思想，他们的交易目的并不是为了赚钱，而只是想做好交易，如果做对了，自然就赚到了钱。

（6）优秀的交易者对正确的交易和提升交易技能是如此的关注，以至于输赢不再会影响他的情绪。

（7）那些内心无法保持平静的交易者总想在市场上实现其互相矛盾的意愿，如果你现在还不知道何去何从，那么终点就会是你不想去的地方。

（8）成功的交易者必须意识到自己的幻想，并努力甩掉这些幻想。

（9）交易者必须以清晰明确的原则为基础。交易时必须分析自己的感受，以确信所做的决策有合理的依据，同时还要设计资金管理计划，以免蒙受一连串的损失导致出局。

（10）你必须意识到自己有自毁的倾向。不要再把损失归因于运气不好，或是找别人的理由，要学会对结果负责。

（11）当交易时，你是在与世界上最精明的一部分人打交道，这一场仗一开始就对你不利。如果交易受到情绪的干扰，那么战争提前结束了。

（12）交易者的成功是在于他逐步积累财富的能力，而不是一次赚多少钱。

（13）你的感受与市场毫无关系，那只是你的感受而已，市场根本不知道你的存在。你无法采取任何的措施来影响市场，你只能控制自己的行为。

（14）专业投资者运用头脑，保持心态平和。不会因交易感到悲喜，在市场上情绪化的反应对你来说是负担不起的奢侈品。

（15）贪婪的业余交易者交易过于频繁，即使没有很好的交易机会他们也想交易。

（16）不要急功近利，先沉淀下来好好学习，好机会会等着你。

（17）成功者与失败者心境思想不同。你需要认清自己，发挥优势。

（18）人类本性使人在压力下很容易放弃自己的独立性。

（19）当你陷入某种情绪中时，很容易忽视那些提示你应该卖出的客观信号，结果无法采取理智的行动，最后认赔出局。

2.群体心理——根据市场变化做取舍

埃尔德认为交易者的成败取决于对价格的判断：价格是一种心理行为，是多空双方观点平衡的货币表现。价格形态和成交量反映的是市场的群体心理。

聪明的交易者总是在市场平静时买入，在市场疯狂时获利了结。

埃尔德一语道破了市场的本质：市场是一群人。群体能够创造趋势，永远也不要与趋势较劲。尊重群体的力量，但也不必对他感到恐惧。

大多数人无法遵照自己的交易计划进行交易，因为他们的感受、思想和行为受到群体的影响。

作为一般投资者，你无法控制市场，但能够决定是否进行交易和什么时候交易。与群体争辩永远不会有什么好处，只需简单地运用自己的判断力，决定何时加入群体，何时远离群体即可。

永远也不要忘记，成功的交易奠基于三大支柱：一是需要分析多空力量的平衡；二是需要实施良好的资金管理；三是需要严格按照自己的交易计划进行交易。

在交易前，必须做好详细的交易计划，并且严格按照计划来执行，而不要根据市场价格的变化进行冲动性操作。不要临场随意决策，因为那时的心理很容易被群体同化。

计划是由理性的个人制定的，而冲动型操作是由被同化的群体成员做出的。

每一笔价格反映的都是市场上所有交易者的行动或不行动。

技术分析的目的是要识别群体行为的趋势和变化，以便做出明智的交易决策。

在任何市场上，交易的买卖数量都是相等的，价格涨跌是因为买卖双方的贪婪和恐惧程度发生了变化。

大的牛市和熊市都是由供求关系的基本面变化引起的，而中短期趋势取决于群体的情绪。

3.支撑与压力——交易者必须把握的重要概念

为了说明支撑与压力的概念，埃尔德用皮球的弹跳解释：一个皮球触及地板会反弹，触及天花板会落下，支撑与压力就像地板与天花板一样，价格夹在两者之间。当我们处理价格趋势与图形排列时，支撑与压力是两个重要的概念。评估支撑与压力的强度，有助于判断趋势将持续还是反转。

支撑是指某特定价格水准，该处的买进力量足以让下降趋势中断或反转。当下降趋势触及支撑，价格将会向上反弹，在价格趋势图中，支撑是表示为数个谷底所衔接的水平状直线。

压力是指某特定价格水准，该处的卖出力量足以让上升趋势中断或反转。当上升趋势触及压力，价格将会向下折返。在价格走势图中，压力是表示为数个头部所衔接的水平状直线。

最好是对价格密集交易区的上面和下面分别施加压力和支持，而不要取极端价格。任何一方的头寸都代表了大多数交易者改变主意的地方，而极端价格只代表情绪交易者的恐慌行为。

小支撑或压力可导致趋势暂停，而大支撑或压力可导致趋势逆转。

在密集交易区域的顶部和底部各画一条水平线。下侧的直线代表支撑——买方实力大于卖方实力；上侧的直线代表压力——卖方实力大于买方实力。支撑区和压力区的角色经常互换。3月份的支撑在5月份可能就变成了压力。价格触及支撑或压力却没有起到一点作用，这还会加强支撑或压力的力度。此外，还必须要小心支撑与压力的假突破。

4.密集区的角色互换

密集区的概念是什么呢？一个价格的密集成交区，如果曾经阻挡数个趋势，它将是一个炮火猛烈的战场。防御的一方有许多掩护，攻击的一方进展困难。价格在密集交易区内停留愈久，多空双方在该区域内所投入的情绪愈强烈。如果价格是由上方逼近该区域，它是支撑。如果价格由下往上逼近该区域，它是压力。密集成交区的角色可以互换，它可以是支撑，也可以是压力。

支撑或压力的强度取决于三个因子：交易区间的长度、高度与成交量。支撑或压力区越长，它的力量越大。两个星期的交易区间可以提供些许的支撑与压力；两个月的区间可以构成中等程度的支撑与压力；两年的区间已经完全形成了主要支撑或压力的角色。

当支撑或压力被突破时，它会随着时间的推移变得越来越弱。支撑和压力测试得越多，它们的力量就越强大。当交易者看到价格不断在某一特定水平上折返时，他们更愿意在机会再次出现时押注反转。

5.背离的种类——以背离来判断市场趋势

在埃尔德看来，任何的技术指标，当它与价格之间发生背离的现象，往往可以提供最佳的交易信号，摆荡指标当然也不例外。当价格创新低而摆荡指标拒绝创新低，这是多头的背离。这种现象反映空头正丧失主控权，价格仅是仰赖惯性下跌，多头即将主导盘势，多头背离经常代表下降趋势的结束。

当价格创新高而摆荡指标无力创新高，这是空头的背离，代表市场可能会形成头部。这种现象反映多头正丧失主控权，价格仅是仰赖惯性上涨，空头即将主导盘势。

多头与空头的背离可以分为三个等级。A级的背离代表重要的转折点与最理想的交易机会，B级的背离比较不重要，C级的背离最不重要。

A级空头背离：价格创新高而指标的峰位下滑，这是最强烈的卖出信号。

A级多头背离：价格创新低而指标的低点垫高，这是最强烈的买进信号。

B级空头背离：价格形成双重顶，指标的第二个峰位下滑，这是次要的卖出信号。

B级多头背离：价格形成双重底，指标的第二个底部垫高，这是次要的买进信号。

C级空头背离：价格创新高，指标形成双重顶，这是最弱的空头背离。

C级多头背离：价格创新低，指标形成双重底，这是最弱的多头背离。

当随机指标与价格之间产生背离的现象，这代表最强烈的交易信号。

当价格下跌而创新低，但随机指标的底部高于前一波跌势的低点，这构成多头的背离。这种现象显示空头正丧失力量，价格仅仰赖惯性下跌。一旦随机指标由第二个底部翻升，即是强烈的买进信号，此时应建立多头部位，将止损位设定在最近低点的下侧。如果第一个底部在超卖基准线下侧，而第二个底部位于基准线上方，这代表最理想的买进信号。

当价格上涨而创新高，但随机指标的头部低于前一波涨势的峰位，这构成空头的背离。这种现象显示多头正丧失力量，价格仅仰赖惯性上涨，一旦随机指标由第二个底部下滑，即是强烈的卖出信号，此时应建立空头部位，将止损位设定在最近高点的上侧。如果第一个头部在超买基准线上侧而第二个头部位于基准线下方，这代表最理想的卖出信号。

6.超买与超卖——随机指标的应用

埃尔德对随机指标的应用非常娴熟，比如随机指标的超买超卖现象。当随机指标上升并超过上方的基准线，这代表行情进入超买状态，超买意味着股价过高，可能拉回；当随机指标下降而超过下方的基准线，这代表行情进入超卖状态，超卖意味着股价过低，可能回升。

这类信号在横向走势中表现不错，但不适用于趋势明确的行情。在上升趋势中，随机指标很容易进入超买区，但它发出卖出信号之后，行情将持续上涨。在下降趋势中，随机指标很容易进入超卖区而过早发出买进信号。在运用上，随机指标应该配合某种长期的顺势指标。在“三重滤网”交易系统中，唯有当周线图的趋势向上时，才采用日线图上随机指标的超卖（买进）信号；同理，唯有当周线图的趋势向下时，才采用日线图上随机指标的超买（卖出）信号。

假设周线图处于上升趋势，如果日线图中的随机指数跌入超卖区，则是买入信号，不用等待反弹或通过基准线向上，应立即在最近一支长条图的上侧设定买单，一旦建立多头头寸，止损设定在同一天或前一天最低价格的下侧。

随机指标底部的形状，经常可以显示涨势的强弱程度。如果底部又窄又浅，代表空头的力量很弱，涨势可能比较强劲；如果底部的形状又深又宽，代表空头的力量很强，涨势可能比较弱，最好仅选用强劲的买进信号。

假定周线图处于下降趋势，如果日线图中的随机指标上升进入超买区，这即是卖出信号，不必等待指标下滑或向下穿越基准线，应立即在最近一支长条图低价的下侧设定空单，当随机指标向下穿越超买基准线，行情经常暴跌，一旦建立空头头寸之后，止损位设定在进场当天或前一天最高价——以较高者为准——的上侧。

随机指标头部的形状，经常可以显示跌势的强弱程度。如果头部很窄，代表多头的力量很弱，跌势可能比较严重。如果头部的形状又高又宽，代表多头的力量很强，跌势可能比较有限——最好放弃这类的卖出信号。

当随机指标进入超买区，不可买进；当随机指标进入超卖区，不可放空。这个法则可以过滤掉大部分的不理想信号。

7.三重滤网交易系统——实用的买卖技巧

“三重滤网”同时采用数种顺势的方法与逆势的技巧，它由数个不同的时间架构分析潜在的交易机会，希望过滤两者的缺点而保留它们的优点。事实上，“三重滤网”已经不属于交易系统的层次，它是一种方法、一种交易风格。

第一层滤网：利用顺势指标辨识周线图上的趋势，完全顺着趋势方向进行交易。

“三重滤网”首先是分析长期走势图，较你所交易的时间架构高出一个层次。大多数的交易者都仅注意日线图，每个人都观察这份涵盖数月资料的图形。如果分析周线图，你的视野将因此而扩大5倍。

“三重滤网”的第一层滤网是采用顺势指标辨识长期的趋势。最初的系统是采用周线MACD柱状图的斜率辨识潮汐的方向，斜率是由最近两支柱状图的关系决定的。如果斜率向上，代表多头居于主控地位，仅由多方进行交易；如果斜率向下，代表空头居于主控地位，仅由空方进行交易。

在周线图中，MACD柱状图的每个跳动都代表趋势的变动。发生在零线下方的向上跳动，它所提供的买进机会优于零线之上；同理，发生在零线上方的向下跳动，它所提供的卖出机会优于零线之下。

交易者有三个选择：买进、放空或观望。“三重滤网”的第一层滤网剔除其中一个选择。在主要的上升趋势中，仅可以买进或观望；在主要的下降趋势中，仅可以放空或观望。你必须顺着趋势潮汐的方向前进，否则不要下海。

第二层滤网：运用日线图上的摆荡指标，在周线的上升趋势中，利用日线的跌势寻找买进机会；在周线的下降趋势中，利用日线的涨势寻找放空机会。

第二层滤网是辨识逆着潮汐方向的波浪。如果周线的趋势向上，日线的跌势代表买进的机会；如果周线的趋势向下，日线的涨势代表放空的机会。第二层滤网是运用日线图上的摆荡指标，辨识偏离周线趋势的交易机会。摆荡指标在跌势中提供买进信号，在涨势中提供卖出信号。根据“三重滤网”交易系统第二层滤网的规范，你仅可以采用周线趋势方向的日线交易信号。

当周线趋势向上，“三重滤网”仅接受日线摆荡指标的买进信号，忽略它们的卖出信号；同理，当周线趋势向下，“三重滤网”仅接受日线摆荡指标的放空信号，忽略它们的买进信号。“劲道指数”与“艾达透视指标”都是“三重滤网”所适用的摆荡指标，但“KDJ指标”与“威廉指标”也很不错。

假定周线的MACD柱状图上升，如果“劲道指数”的两天EMA跌破零线而未创数周以来的新低，这就是买进信号；同理，假定周线的MACD柱状图下降，如果“劲道指数”的两天EMA向上穿越零线而未创数周以来的新高，这就是放空信号。

第三层滤网：如果周线的趋势向上而日线摆荡指标向下，利用追踪型买进停止单捕捉盘中的向上突破；如果周线的趋势向下而日线摆荡指标向上，利用追踪型卖出停止单捕捉盘中的向下突破。

在“三重滤网”交易系统中，第一层滤网是辨认周线图中的潮汐；第二层滤网是辨认日线图中逆着潮汐方向的波浪；第三层滤网是辨认顺着潮汐方向的涟漪，并根据盘中的价格行为设定进场点。

第三层滤网不需采用走势图或指标，它是在第一层与第二层滤网发出买进或放空信号之后，用来设定进场点的技巧。在上升趋势中，第三层滤网是采用“追踪型买进停止单”，下降趋势则采用“追踪型卖出停止单”。

如果周线的趋势向上，日线的趋势向下，利用追踪型买进停止单捕捉向上的突破；如果周线的趋势向下，日线的趋势向上，利用追踪型卖出停止单捕捉向下的突破。

适当的资金管理方法，是交易成功所不可或缺的一环。自律严格的交易者会迅速认赔，绝不会像输家一样犹豫不决。“三重滤网”交易系统采取非常紧密的止损。一旦进场买进之后，将止损位设定在交易当天或前一天的低价——以较低者为准——下方一档处；一旦进场放空之后，将止损位设定在交易当天或前一天的高价——以较高者为准——上方一档处。如果行情朝有利方向发展，尽快将止损调整到损益两平的价位。往后，设定止损的原则是保护50%的账面获利。

由于“三重滤网”仅顺着潮汐方向进行交易，所以需要采用紧密的止损。如果一笔交易不能立即获利，显示市场表面之下的根本情况已经发生变化，最好迅速出场。第一个认赔的机会，往往是最明智的认赔——让你在场外重新判断市场趋势。

保守的交易者应该根据“三重滤网”交易系统的第一个信号买进或放空，然后继续持有部位，直到主要趋势发生反转或被止损出场。积极的交易者可以继续采纳日线摆荡指标的每个新信号，利用既有部位的获利部分进行加码。

在平仓方面，交易者应该以第一层滤网的信号为准，继续持有部位，直到周线趋势发生反转为止。短线交易者可以根据第二层滤网的信号获利了结。举例来说，假定交易者进场做多，如果“劲道指数”翻为正值或“随机指标”的读数超过70，就可以获利了结而卖出，然后另外寻找买进机会。

趣味延展

埃尔德出生在彼得格勒，长在爱沙尼亚，他早在16岁的时候，就进入了医学学校开始学医，23岁那年，埃尔德在一艘轮船上当医生，但他并不喜欢自己的生活。有一次，当轮船行驶到非洲时，他借机离开轮船，从非洲前往美国，在纽约当了一名精神病医生。

尽管有一份安稳的工作，但埃尔德却总是无法真正安定下来，他觉得自己应该做一点不一样的事。1976年夏天，他从纽约开车前往加利福尼亚。途中，他偶然读了一本《如何买股票》，被书中通过思考赚钱的想法深深吸引，埃尔德的人生从此出现转折。

涉足金融交易后，埃尔德做过杂志编辑、哥伦比亚大学教师。期间，他发表了数十篇文章、书评，制作了软件，为许多投资者做过演讲，还发明了“三重滤网”交易系统。埃尔德将全部精力放在交易上，在他看来，金融投资是世界上最好的工作：“你不需要老板，你自己就是老板，无论在世界任何地方，以交易为生的日子都是自由自在的。”

20世纪70年代，埃尔德买进了爱心关怀公司的股票，这家公司开了一家儿童护理中心连锁店，通过规范化的管理为顾客提供优质服务。在当时，许多女性开始进入职场，孩子需要人照顾，爱心关怀公司因此迅速发展起来，公司股价也随着这一新的社会趋势飙升。

在20世纪70年代末，美国微波通信公司打破了AT&T公司长期以来的电话垄断，赢得了与AT&T公司的法律诉讼，并开始公开与AT&T公司竞争。这是第一家打破这种模式的公司，当时该公司的股票每股3美元，显然，这又是一个巨大的投资机会，埃尔德抓住了这次投资机会，这也迅速造就了他的成功，这就是投资的魅力。

1988年，埃尔德在美国纽约开了一家金融交易公司，希望帮助投资者寻找交易中的快乐。埃尔德是一个半路出家的交易者，但是他却将投资生涯进行到底，用自己的一生画下了一条美丽的交易曲线。

27 |《股市真规则》 帕特·多尔西

站在巴菲特和晨星公司的肩膀上投资

名著导读

帕特·多尔西，晨星公司股票分析负责人，他是晨星股票分析师团队的领导，同时在建立晨星公司股票覆盖范围方面起到关键作用。帕特·多尔西的观点常常被媒体广泛引用，这些媒体包括《今日美国》《美国新闻与世界报道》《NBC晚间新闻》，以及CNBC和CNN，等等。

《股市真规则》是一本关于股票投资的经典书籍，主要讲述了公司价值研究、股票估值和投资策略等内容；它将帮助投资者挑选正确的股票、发现好的公司、理解不同行业后面的驱动力；它讲解了关于如何判断公司是否具备核心竞争力，如何检查公司的财务健康状况，如何给公司股票估值等一系列问题。总体上，读完这本书，你可以构建起完整的投资哲学。同时，该书还指出，成功的股票投资依赖于个人的训练，不依赖于别人是否赞同你，至关重要的是要有稳定的、有充分依据的投资哲学。

该书的股票分析方法是建立在格雷厄姆和巴菲特学派的基础上，系统阐述了公司基本分析方法和股票估值的投资方法和原则。书中给出的挑选好股票的方法和原则操作性极强，久经时间和市场考验，成就了晨星公司在美国证券市场上无可比拟的权威地位。更为可贵的是，它完全适合中国证券市场，适合中国的投资者。无论你是正准备进入股市，还是已经在股市中搏杀多年，如果你能够按照书中的方法分析上市公司，而不仅仅是停留在浏览一下的层面，相信这本书将改变你的投资人生。

没有采用流行的花招来过分简化证券分析，没有使用学院派方式用行话把常识弄得模模糊糊，帕特·多尔西写了一本充实而实用的书。他的例子清晰，他所使用的方法是正确的、长期有效的。

——克里斯多弗·C.戴维斯

如果你独立思考并从被其他人遗弃的市场上寻找便宜货，你就会成为一个好的投资者，这远比按照财经出版物上短暂的吹捧而购买股票强得多。

——帕特·多尔西

理论精读

1.五项原则——投资哲学建立的基础

多尔西指出，晨星公司的投资理念基于以下五项核心原则：

（1）多做功课。在购买股票之前，花点时间研究这家公司，如果不清楚就不要购买这只股票。

（2）寻找具有强大竞争优势的公司。强大的竞争优势足以打跑其他的对手，如果你知道这家公司为什么总是产生高于平均水平的利润，那么这家公司你可以去投资了。

（3）有一个安全边际。安全边际是股票的市场价格和我们对股票估值之间的差额。

（4）长期持有。投资比投机收益更稳固。

（5）知道什么时候卖。比如，你一开始就买了错误股、公司经营状况不佳、股票价格虚高、你发现了更好的股票、这只股票占比太大……遇到这些情况，你都可以卖出。

这里要特别指出的是，对于多尔西的卖出原则，投资者不应盲目应用。

因为按多尔西提出的一般标准，一项投资在投资组合中超过10%~15%，就该把它所占的投资比例降下来。对共同基金而言，受规则所限，这样操作可以理解。但对普通投资者而言，则多有不妥。

2.七个错误——投资者应避免常见的错误

多尔西说："投资像打网球，致命的发球和大力的反手球都能赢得很多分，但这些技术带来的任何优势都可能被加倍的失误和自己的错误抵消掉。"因此，帕尔西根据自己的经验总结出了多数投资者常犯的七个错误：

（1）虚幻的目标。当一家公司刚刚起步时，很难预测它是否是下一个微软。这也是国内投资者经常犯的错误。许多投资者正试图找到下一个可口可乐、下一个汇丰银行，并获得丰厚回报，而正确的做法是专注于那些股价低于估值的可靠公司。

（2）相信这次与以往不同。在华尔街，最昂贵的教训就是"这次与以往不同"。历史不断地重演，泡沫还是要破裂，不了解市场历史是一个重要的障碍。这个道理很简单：你必须成为市场历史的学生，才能清楚股市的未来。任何时候你听到某人说"这次与以往不同"，就请你关掉电视散步去吧。

（3）陷入对公司产品的偏爱。这是最容易陷进去的投资陷阱中的一个。当你研究股票时，应该问一问自己："这是一个有吸引力的生意吗？如果我买得起的话，我会买下整个公司吗？"如果回答是否定的，放弃这只股票吧——不管你是多么喜欢这家公司的产品。

（4）在市场下跌时惊慌失措。股票什么时候更有吸引力？通常是在没人发现这只股票或不想买它的时候，这个时候价格最便宜，你反而可以购买它。

（5）试图选择市场时机。晨星公司经研究表明，没有任何一家基金在过去20年中能够持续不断地选准市场时机。多尔西的研究，有力地证明了市场选时不是一个持续可行的策略。

（6）忽视估值。你买入一只股票的唯一理由是你认为它现在的股价有投资价值，而不是因为你认为有愚人会在日后接盘。所以，减少投资风险的途径就是注重估值，如果现在市场预期低，就可能有大量物超所值的好机会。买一只利好消息泛滥、势头正强的股票是自讨苦吃。

（7）依赖盈利数据做分析。至关重要的是现金流，而不是盈利。基于每股盈利的会计处理，可以做出公司管理层想要的利润，但是现金流却是很难胡来的。你可以通过现金流量表洞察一家公司真实的健康状况，并通过观察经营性现金流相对盈利的变化趋势，在一些会导致公司崩盘的问题爆发之前就发现它们。

要注意：如果公司在经营性现金流停滞或收缩的同时，盈利却在增长，很可能是某些事情正在变坏。

3.四个步骤——分析公司的竞争优势

多尔西是一位价值投资者，他认为投资一定要选择那些具有较强竞争优势的公司，因为竞争优势是一家公司保持优异业绩的特征。而分析一家公司的竞争优势，应遵循以下四个步骤。

（1）评估公司历史上的盈利能力。FCF：公司可以每年提取但不致损害核心业务的资金（强大的FCF是竞争优势的极好信号）；FCF/Revenue：每单位销售收入转换成超额利润的比例；销售净利率：净利润与销售收入的比值（另一个角度考察公司的盈利能力）；ROE：反映股东权益的收益水平，用以衡量公司运用自有资本的效率；ROA：度量资产转化成利润的效率。

考察上述四个指标时，注意考察多年的数据（连贯性），作为估值，最好有5~10年的数据。

（2）建立竞争优势。当企业试图建立竞争优势时，企业战略比所处行业更重要。检验公司竞争优势的来源时，要不停地问“why”，从公司、竞争者和消费者的角度。一般而言一家公司要建立足够的竞争优势有五条途径：第一，通过出众的技术或特色创造真实的产品差异化。多尔西认为应提防依靠独立创新保持竞争优势的公司，这类公司的竞争优势往往无法持久，因为面临的困难非常多，保持产品和技术始终领先一步，非常困难，需要大量研发费用，该类型公司偶尔会取得巨额超额利润和股票收益，但是很难保持。第二，通过一个信任的品牌或剩余创造可感知的产品差异化——品牌的力量。第三，降低成本并以更低的价格提供相似的产品或服务。在产品或服务很难区分的情况下，低成本策略通常非常起作用。原因在于其具有优秀工序或者规模效益。第四，通过创造高的转换成本锁定消费者——竞争优势的精细类型，比如软件、医疗器械等。第五，通过建立高进入壁垒把竞争者阻挡在外面——专利权、特许权。

（3）评估竞争优势的寿命。竞争优势从深度上讲是能赚多少钱，从宽度上讲是能保持多长时间，比如说科技型公司常拥有很强但很窄的竞争优势。

（4）行业分析。对行业的基本情况、毛利率、发展阶段等具有一个初步的印象，可以寻找行业前几名的公司做大致分析。

4.内在价值——公司价值的评估标准

多尔西认为用于估值的各种比率的最大缺陷是它们全部以价格为基础，它们比较的是投资者为一只股票支付的价格和为另一只股票支付的有什么不同。不管如何，比率不能告诉你一只股票实际上值多少钱。因此购买股票的标准应该是“股票以其内在价值的某一折扣价交易，不单单因为它们的价格比类似公司的价格高或低”。

（1）自由现金流。

（2）折现率。

（3）计算未来现金流的现值。

（4）计算永续年金价值。

（5）使用折现现金流模型对公司估值。

（6）安全边际。

对于具有强大竞争优势的稳定企业来说，安全边际在20%的范围内变化；对于没有竞争优势的高风险企业，安全边际在60%的范围内变化。平均而言，对于大多数公司来说，我们需要30%到40%的安全边际即可。每种投资股票的方法都有其缺陷。接受估值方面的培训可能意味着你将错失一些大好机会，因为从长期来看，一些公司的表现几乎超过任何公司的预测，但它也可以让你避免许多可能让投资者不安的陷阱。

5.五个方面——使分析公司的过程标准化

投资者通常把分析公司看成是一项令人生畏的任务，但多尔西认为这个过程可以分解为五个方面：

（1）成长性。当评估一家公司的成长率时，不要被迷惑人的历史性的增长冲昏了头。确信你已经弄清楚了成长的来源，以及这种成长是否还具有可持续性。

通常，由于销售增长和进入一个新市场带来的增长是高质量的。销售增长有四个来源：①销售更多的产品或服务；②提高价格；③销售新的产品或服务；④购买其他公司。

如果一家公司盈利增长在很长的阶段超过销售收入的增长，这也许是一个人造增长的信号。一定要钻研数据，看一看公司是怎样从停滞的销售增长中挤压出更多利润的。

通常，削减成本是不可持续的盈利增长来源，另外应当警惕一次性损益扭曲公司真实的成长性。如果一家公司的盈利在3~5年中的第一年是令人沮丧的，这家公司的成长性就可能被夸大，因为成长性是以一个降低了的基础为起点算起的。

（2）收益性。考察公司收益性时，主要考察资产收益率、净资产收益率及自由现金流等几个方面。

资产收益率是净收益相对公司全部资产的百分比，这个指标主要用来度量企业资产转化成利润的效率。一般来说，一家公司的资产收益率如果能持续地超过6%，那么说明这家公司可能相比同行业其他公司更有竞争力。

净资产收益率是净收益相对所有者权益的百分比，它是测量公司盈利能力的有效指标。但是多尔西也指出投资者不应过分迷信这个指标，因为公司可以通过更多负债来推高它的净资产收益率，对投资者产生误导。对一家非金融类公司，10%的净资产收益率是一个粗略度量指标；而如果公司能够持续不断地拥有高于15%的净资产收益率，则表明公司具有强劲的竞争力。

所谓自由现金流，是指一家公司可以每年提取但不致损害核心业务的资金。自由现金流给了公司融资的弹性，让公司拥有更高的安全性和竞争力，它使得公司可以不依赖资本市场来支持它的扩张。如果一家公司的自由现金流在销售收入的5%左右或更多，那么这家公司就非常值得投资了。

（3）财务健康状况。评价一家公司的财务状况时，权益负债率、流动比率、速动比率是关键的度量标准。

权益负债率是长期负债除以所有者权益的比率，权益负债率越高公司偿债能力越强。但是我们很难确定这个度量标准最低阈值为多少，通常应考察一家公司过去5年的权益负债率，通过计算过去5年的上升、下降趋势，来考察公司的财务状况——公司的财务状况正在改善，还是风险是变得越来越大。

流动比率是流动资产除以流动负债得出的比率，它能提示我们一家公司的流动性如何，简单说就是如果公司需要偿还负债的话，公司能变现出多少现金。流动比率如果能达到1.5或者更高一些，通常意味着公司财务能够健康运转，相对比较健康。

速动比率是流动资产减去存货后除以流动负债得出的比率，它衡量的是企业流动资产可以立即变现用于偿还流动负债的能力，这是一个相对保守的指标。多尔西认为这个比率对存货占用了大量资金的公司特别有效，比如制造业和零售业公司。通常速动比率高于1.0，就说明公司正处于比较健康的财务状态，但是也要比较一下同行业其他公司的同期状况。

（4）风险情况。买股票之前，思考所有潜在的负面因素，这能帮助你在坏消息的苗头显露出来时做出更明智的决定。

（5）公司管理。可以从以下几个方面考察公司管理情况。

报酬——看一看公司高管现金报酬的原始水平是否合理，以及是否与公司的业绩表现挂钩。另外，相对于慷慨的股权激励计划，有严格限制的股权激励代表着更规范的公司治理，如与业绩和股价双重挂钩的股权激励计划。

绩效奖励——有好的治理标准的公司，在经营不好的时候会毫不客气地减少管理层的奖金，而在经营更好的时候也会毫不犹豫地增加管理层的奖金，这才是股东希望看到的。

管理层持股情况——拥有公司主要所有者身份的管理层是最合适的。

管理层性格——管理团队对金钱的态度与他们是否会有恶意对待股东的行为之间有很强的联系。要关注管理层是否诚实，在年度报告里有致股东的信，看看是否对过去一年管理层的成功和失败给出了公正的评价，或者仅是一篇无价值的东西。还有，如果一个CEO在媒体文章中把自己标榜成公司的救世主，一定要保持警惕。

执行力——看过去的年报，找以前曾被讨论过的战略计划，看它们现在执行的情况如何。

坦率——确信公司为了投资者能完全分析公司业务已披露充分的信息。

自信——做事有别于同行或者传统观念的公司通常值得赞赏，在行业低迷时期维持研发费用支出是自信的表现。

6.财务分析——把握财务报表中的危险信号

在浏览一家公司的财务报表时，要密切注意七个主要的危险信号。

（1）衰退的现金流。随着时间的流逝，经营性现金流的增加应该粗略地预示着净利润的增长。如果发现经营性现金流减少而净利润还在大踏步地增长，或者经营性现金流的增长比净利润增长的速度缓慢，就要保持警觉。

（2）连续的非经常性费用。对公司频繁发生的一次性费用和记录要保持警惕。这可能是一个公开的会计诡计，它可能通过把未来的费用摊进现在的费用中提高了未来的业绩表现。

（3）连续的收购。公司做大量的收购是有问题的，因为公司无法花费很多时间核查它们的目标企业。

（4）首席财务官或审计师离开公司。也许他的调进调出是正常的，但是多数情况下，这是一个警告性信号。

（5）没有收到货款的账单。作为一般规则，绝对不应该出现长期的应收账款比销售收入增长快的情况。否则，有人为推高财务表现的可能。

（6）变更赊销付款条件和应收账款。检查对消费者变更赊销付款条件的文字以及管理层对应收账款出现跳跃的解释。

（7）密切注意以下六个其他缺陷：投资收益——要与营业利润分开看；养老金缺陷——要关注公司有多少退休人员；化为乌有的现金流——与股票期权行权有关；塞得满满的仓库——存货比销售收入上升快的时候，就要有麻烦了；不好的变更——比如延长固定资产的折旧时限；费用化还是非费用化——公司也可能通过把费用资本化（分到几年平摊）来隐藏费用。

趣味延展

多尔西的行业投资清单是每一位投资者都不应错过的，这份清单有助于投资者迅速加深对行业投资的了解。

1.医疗保健行业

（1）开发新药是费时、高成本、没有成功保证的。寻找那些有长期专利保护和有很多正在研发中的新药可以分散开发风险的公司。

（2）如果制药公司的产品目标市场有大量的患病人群或者需求明显未被满足，这就存在一个非常好的盈利机会。

（3）对一种畅销药品占销售收入很大比例的制药公司而言，要确信投资该股票时有大的安全边际。任何意想不到的研发都可能使现金流和股票价格萎缩。

（4）除非你深入了解这项技术，否则不要在生物技术公司起步阶段投资。这类公司的盈利可能是巨大的，但是迄今为止其现金流还不可预测，在这种情况下，输得精光比赚大钱的可能性更大。

（5）不要忽视了医疗保健器材行业，这个行业里有很多公司具有竞争优势。

（6）对依赖于研发的公司（包括制药、生物技术和医疗器材）来说，现金为王。要确信公司有足够的现金或者来自经营活动的现金，能够让它完成下一个研发周期。

（7）密切注意政府。任何医疗保险和医疗补助政策的调整和变化，都可能对整个行业的定价能力产生深远的影响。

2.消费者服务业

（1）大多数消费者服务概念在长期经营中是失败的，所以，对处于商业生命周期中投机或者积极成长阶段的公司的任何投资，都需要比一般股票投资更严密地监控。

（2）建立消费者对门店的忠诚或者依赖的公司很有吸引力，蒂芙尼公司是一个很好的例子，它在珠宝零售市场上只面临有限的竞争。

（3）要比较存货和应付账款周转率，以确定哪一家零售商是超级高手。那些知道顾客的需求并知道如何使用强大的谈判能力的公司，是这个行业里值得下赌注的投资对象。

（4）密切注视那些表外债务。很多零售商在它们的账面上很少或没有债务，但是它们的全面财务健康状况也许并不那么好。

（5）当一家稳健的公司出了一份不好的月度或季度销售报表时，要注意寻找买入的机会。很多投资者对一份不好的门店销售收入结果反应过度，其原因也许仅仅是因为坏天气或者因为是与去年同期过高的数字相比。你要关注的是公司的基本面而不是股票的反应。

（6）当经济走势明朗时，公司也趋向于同步波动。当整个行业下滑时，寻找机会买入一家著名零售公司的股票，同时要对手边的名单保持警觉。

3.商业服务业

（1）理解商业模式。了解基于技术、人力等公司的行业特点以及这些公司创造业绩的不同方式。

（2）寻找规模经济和经营杠杆作用。这些特性能够提供明显的进入壁垒并创造令人佩服的财务业绩。

（3）寻找应计收入。长期客户合同能够保证未来一些年份一定水平的收入，它能够给财务状况提供一定的稳定性。

（4）关注现金流。投资者赚取回报最终要依靠这家公司产生现金的能力，要规避那些不能预期产生充沛现金流的投资。

（5）判断市场机会大小。有大的、尚未开发的市场机会，可以为高成长股票提供一个有利的环境。而且，公司顺应市场发展趋势，可以预知大的、能容纳全行业增长的机会，因为对全行业参与者来说，不太可能只在价格方面进行竞争。

（6）检查增长预期。搞清楚哪种增长率是和股价联系在一起的，如果增长率是不现实的，就要规避这只股票。

4.银行业

（1）银行的商业模式可以归纳为管理三种风险——信用风险、流动性风险和利率风险。

（2）关注经营良好的银行。投资者应当挑出那些相对于竞争对手持有巨额流动性基础资产，并为未来的坏账已适度计提了风险准备金的银行。

（3）银行损益表的不同组成揭示了财务稳定性，这源于利率和信用环境等诸多因素。一般来说，经营好的银行应当在各种各样的环境下表现出稳定的净利润增长。投资者应当为挑选过往记录好的银行多付出些努力。

（4）经营良好的银行会严格匹配资产和负债的时间期限。例如，银行应当用长期负债（比如长期债务或存款）做长期贷款，而不是用短期资金来做这件事。投资者应规避不这样做的贷款银行。

（5）银行业有巨大的竞争优势。它们甚至能以比联邦政府还要低的利率借钱，它们巨大的规模经济源于已经建立起来的巨大的销售分配网络。银行业资本敏感的天性阻止新的竞争者进入，而且客户转换成本高。

（6）投资者应当挑选那些有良好权益基础，有适度的、稳定的净资产收益率和资产收益率、盈利能力稳步增长的银行。

（7）用市净率指标比较相类似的银行，可能是避免为银行股票付钱过多的一个好办法。

5.资产管理和保险业

（1）寻找多样化的资产管理公司。那些管理着许多资产种类（比如股票、债券和对冲基金等）的公司，在经济回调期间更稳定。

（2）密切注意资产增长。确信一个资产管理人带来的资金流入比流出要多得多。

（3）寻找有吸引力的能瞄准机会的资产管理人，比如税收递延基金或者国际化投资基金的管理人。

（4）黏性资产增加稳定性。寻找高稳定性资产比例大的公司，比如一些货币市场基金或者专业化的退休储蓄基金。

（5）规模越大常常就越好。管理资产多、有长期良好记录和多种资产种类的公司，可以给客户提供更专业的服务。

（6）警惕那些比同行业平均水平增长快得多的公司（除非这种增长的原因是公司的收购）。

（7）在保险业，一个保护投资免受风险的最好办法是考虑那些营业收入来源多样化的公司。

（8）挑出那些能够始终如一实现15%以上的净资产收益率的财产和灾害保险公司，这是一个很好的承保约束和成本控制指标。

（9）回避再三追加储备金的公司。这种情况常常暗示保单定价低于成本或者成本正在膨胀恶化。

6.软件行业

（1）很少有行业的经营环境可与软件行业相比。成功的公司有极好的成长前景、逐渐扩大的利润率和良好的财务健康状况。

（2）具有强大的竞争优势的软件公司有可能产生平均水平以上的收益率，而一流的技术在软件行业中只是最小的持续竞争优势之一。

（3）寻找那些跨越了多个商业周期还保持良好经营状况的软件公司。我们更喜欢那些已经存续了好几年的软件公司。

（4）许可收入是现在需求最好的指示器，因为它告诉我们在一个特定的时间段内有多少新的软件被售出。你要密切注意许可收入的趋势。

（5）增加的应收款天数预示着一家公司正在以扩大与客户的信用条件来完成交易，这是对未来几个季度收入的挤占，而且可能导致收入的亏空。

（6）递延收入增长减速或者递延收入余额开始下降，可能是公司业务已经开始慢下来的信号。

（7）变换的脚步使得软件公司的未来很难预期。因为这个原因，买入之前最好是寻找以内在价值较大折扣交易的股票。

7.媒体行业

（1）寻找能够始终如一地产生充沛现金流的公司。我们希望看到自由现金流与营业收入比率在10%左右的公司。

（2）挑选出那些在它们的主要市场有高市场份额的公司，垄断对利润来说是好的。许可证（尤其是在广播行业）可以减少竞争，维持较高的利润率。

（3）寻找那些成功收购后能带来更高毛利率的公司。

（4）表现良好的资产负债表说明该媒体公司有能力在不增加股东风险或不稀释股东股权的情况下，做出有选择性的收购。

（5）寻找那些有公正坦率的管理团队、明智的收购历史记录、使用股东资本再投资比较保守，或者通过派息和股票回购方式使用投资收益的公司。

（6）不要赶时髦。为一部风行一时的影片或者电视节目就买入一家媒体公司的股票，很少有赚钱的。

8.电信业

（1）规则和新技术的变化使得电信业的竞争更加激烈。尽管电信业的某些领域比其他领域更稳定，但在投资之前，所有价值评估都要认真考虑资金安全问题。

（2）电信业是资本密集型行业，拥有维护和升级网络的资金对于成功来说是至关重要的。

（3）电信业是高固定成本行业，关注毛利率变化是非常重要的。

（4）无线通话时间的价格正在直线下降，运营商将继续在价格方面竞争。

9.生活消费品行业

（1）寻找那些比竞争对手规模大且有成本优势的制造商，比如在它所属的行业里拥有占支配地位的市场份额的公司。

（2）寻找那些能够不断成功地推出新产品的公司，如果这家公司能使这些创新产品的市场份额达到市场第一就更好了。

（3）核实一下这家公司是否在不断地做广告以支撑它的品牌。如果这家公司坚持不懈地以廉价促销的方式推广产品，这可能会耗尽品牌的价值——仅仅是为了短期的收益而掏空品牌的价值。

（4）进入成熟期的公司能产生非常多的自由现金流，考察一下这些现金有多少是以给股东分红派息或者股票回购的形式回报给投资者的。

（5）当生活消费品行业的股票有20%~30%的安全边际交易时，可寻找买入的机会。

28 |《风险规则》 罗恩·顿波/安德鲁·弗里曼

当投资活动中危机四伏，如何转变思路赢得风险游戏的胜利

名著导读

投资活动风险巨大，成功还是失败，取决于在风险游戏中的表现，这种游戏的竞争规则却一直处于变化之中。以前行之有效的策略到今天未必还是胜利的保障，要想取胜，老经验已不足为据，应该做的是探索未来，掌握变化的趋势。

《风险规则》的两位作者都是风险分析方面的专家。罗恩·顿波是算法公司的总裁兼首席执行官，该公司在提供新型金融风险管理软件方面居于领导地位。他于1989年创建算法公司以前，曾在高盛公司负责一个风险分析小组，并执教于包括耶鲁大学在内的多家大学。安德鲁·弗里曼曾管理《经济学人》杂志信息部的金融服务业分部，在1994—1997年间曾任《经济学人》美国金融栏目的编辑。

《风险规则》提出了一种新的风险思维方式，提供了一个动态框架，可以增强我们做出重要决策的能力，并进一步改变我们管理投资的方式。这种创造性思维不仅考虑到投资者的特定环境和个人容忍度，还考虑到他们在决策过程中的推理方式。在更大程度上，它反映了人们研究风险的实际方式。

有些投资者可能以为所有方差或标准差较大的投资都会有更大的风险。

然而，现实生活总是比想象的要复杂。

——罗恩 · 顿波

风险管理所需的下一个构件是风险指标：采用什么计量单位来测算将要做的事情的风险程度。看起来这只是基本要求而已，但令人惊讶的是，测算风险是金融学面临的最大挑战之一。

——安德鲁 · 弗里曼

理论精读

1.风险调整评估法——前瞻性风险管理

《风险规则》指出，关于风险以及如何管理风险的几个简单想法就足以解开许多用别的方法无法破解的谜团。比如，从最根本的意义上来说，为什么要去定义并管理风险？答案是，人们对以后会发生什么事心怀疑虑。我们知道，未来将带给人们种种经历：愉快的、痛苦的，甚至暗藏杀机的。至少人们有足够的动机来规避或尽量减少对后者的暴露。对于投资者，这意味着既要避免高额损失也要避免轻微损失。

但现有的风险管理几乎没能纳入这种基本思想。风险从定义上应该是前瞻性的，通过研究过去发生的事情来评估风险是一种强大的心理定式。本来，如果小心谨慎地使用它，用过去的经历预测未来的做法并不那么愚蠢。令人遗憾的是，大型机构和个人往往都把这种有缺陷的方法（或其变种）作为管理风险的主要基础。而这种方法不论是从经理的角度来看——他们的职业生涯需要成功，还是从股东的角度来看——他们的钱成了赌注，都是极度危险的。

几个核心要素就足以产生一个稳健而灵活的风险管理构架，我们把对风险的定义作为出发点：在今天和未来某个时刻的环境之间存在着差异，这种差异具有改变一个组合的价值的潜力，风险就是测算这一潜在变化的指标。

这个定义显然涵盖了金融风险——我们拥有的某种股票在明年贬值的可能性。通过对投资组合概念的理解，我们认为它还能涵盖一些形式更为广泛的风险。读者以后会意识到，每个人都拥有一个投资组合。因此，我们所说的风险除了包括像共同基金这样和金融资产的价格变动紧密相连的东西之外，还能包括汽车是否会出车祸和彩票能否中奖之类的事情。

带着这个定义，我们将逐个分析前瞻性的风险管理所必需的四个基本要素：

（1）时间区间：在哪个时期内考察对风险的暴露？

（2）场景：哪些事件会在未来展开，它们对投资的价值有何影响？

（3）风险指标：用什么计量单位来测定对风险的暴露？

（4）基准点：和哪些点进行比较以测算我们的工作成绩？

2.决策风险——测算金融风险的方法

一般来说，测算金融风险的方法很多，这些方法使用了许多基于概率的指标，常见的表达方式是："你有80%的机会获得7%的收益，但有20%的机会损失10%的投资。"不过大多数决策只能管一次用，面临这些决策的场合往往也只会出现一次。而概率测算的是同一赌局在一个较长时间内的平均表现，从根本意义上来说，它对一次性决策并不适用。买彩票时，人们自然希望了解中奖概率，但不应该在这个基础上分析彩票。谁也没有这么多钱不断地买进一种彩票，直到所得结果接近于概率指标。

所以我们需要的是分析一次性场合的方法。彼得·伯恩斯坦曾经讨论过这个问题。在1997年的一次演讲中，他问道："我们如何决策？"他注意到在根据测算指标得到的概率和根据直观得到的概率之间一直存在着冲突："如果一个结果的概率大于另一个结果的概率，而概率较小的结果造成的后果要严重得多，该怎么办？"应该说，这些后果的严重性会压倒概率值。

长期以来，经济学家们都清楚人们更多地面对一次性决策，但正统的经济学却采用了与之相反的假设。这种自相矛盾的状况引发了一些引人注目的猛烈攻击，早在1958年就有人举过这样的例子对此进行攻击：

大多数企业只有一两次，最多若干次机会，来决定一座厂房的生产目的、类型、规模和厂址；大多数职业人士只选择一次职业。这些决策活动发生在很长的一段时期之内，相互间隔也很不均匀，把它们当作一组系列化试验绑到一起于理不通……把一百个错误情形和一次正确情形分别乘上毫不相干的数字，然后全部加起来得到的所谓平均值到底意义何在呢？

这段话大概表达了对基于概率的决策方法的最强烈的反对意见。

对所面临的选择的看法通常都能用风险加以表达。采用方案A而不是B或C会带来什么风险呢？显然答案是相对的。对于选择一种方案而舍弃另一种，尤其是在后来发现这是一个错误决定时，决策者会有何感受？决策者对各种备选方案的绝对风险、自己的具体条件以及由此产生的对相对风险的忍耐程度都有一定了解，问题是怎样把三者联系起来呢？

想得到这些问题的答案并非易事，部分原因是，我们在理智上对风险的理解远远落后于对它的直观认识。风险从本质上来说是复杂的，因此很难为它建立一个能在实际生活中发挥作用的模型。可以说，把对风险的数学描述（许多人靠它获得了诺贝尔奖）大大咧咧地用在实际生活中的做法会带来危险。

3.测算规则——资产价值整体评估

作者认为测算风险有一个基本前提，那就是我们对今天的资产价值进行测算的能力。如果我们不能对我们今天的资产价值进行测算，那么我们就不能在既定场景下测算今天的价值在未来的变化。进而，我们就不能测算我们所面临的风险。这种对现在价值的确定被称为“找准我们在市场中的位置”。

规则1：明确你现有资产的价值。

我们所测算风险的大小，取决于我们对未来多长时间的风险进行展望，选择风险所赖以计量的起点是我们计算风险价值的基础。不同的情况会有不同的时间区段。例如，与一个交易员不同，一个养老金计划的经理必须能控制较长期的风险。当我们考虑我们自己的财务目标时，我们可能有一系列的既定目标，这些目标将决定我们在某个时点能看多远。

规则2：选择一个合适的未来时间区段。

风险取决于我们对明天可能事件的判断。它们应该包括许多种预测——以历史为基础的估计、主观判断以及以模型为基础的判断。描述风险的最一般方法是利用不同的场景，每一个场景都会有一个对被考察资产组合未来价值的判断，适当地搜集不同的场景，就可以捕捉到各种特点的可能变化，这些特点可能就出现在我们所选取的现在和未来某个时间段内。正如我们所见，场景的性质十分普通，如果对它们的选择得当，它们就可能包容我们所需要的一切东西。

任何对可能的重要事件的遗漏，都会使风险测算失效，对极端事件的过度强调也会导致错误的决定。这就是为什么说，选择合适的场景就等于是风险管理艺术一样，有许多技术性问题影响着场景的选择，这些方法通常适用于评估更典型的事件。在极端和非典型事件之间有一个界限，这些事件在今天的决策中很有价值。对极端事件的适当选择是我们区分艺术家和技术员的标志。这便是风险测算的第三条规则。

规则3：选择尽可能广泛的情景来描述未来可能发生的事件，包括极端和与流行观念相反、可能导致负面影响的情景，并分析每个情景发生的可能性。

在我们选择了各种情景和起点之后，我们需要评估我们在每种情景下的持股价值。在大多数情况下，风险不是一个绝对的衡量标准，它是一项行动相对于其他行动的风险，或一项资产组合相对于其他资产组合的风险。现在，我们要测量的风险不仅仅是拥有股票的风险，而且是持有这只股票的风险加上原来资产组合的风险之后，再与持有原来资产组合相比较而言的风险。

在这种情况下，原来的资产组合就是基准点。这一点很重要，因为原来资产组合和单一股票的未来取决于所选择的场景。除了持有原来资产组合以外，再持有这只股票所增加的风险与单独持有这只股票的风险是不同的。

此时，可以通过设定基准点无效（即设它为零）来计算一个资产组合的绝对风险。这便是下面的第四条规则。

规则4：选择一个基准点。

现在我们可以对风险进行定量分析了。这里是我们对风险的计算方法：一旦我们确定了场景和基准点，余下的事情就是技术性的计算了。我们已经尽人力所能来降低不确定性了。

规则5：在未来的每个场景中，从一开始就评估你的投资组合和基准值。

我们可以选择任何我们喜欢的风险度量方法。风险对于不同的人和机构，意义不同，不同的方法适用于不同的消费者，一组对银行监管机构有意义的统计数据可能会让基金经理完全无动于衷。然而，风险管理的一个显著特点是，用于衡量这些不同风险的原始数据总是相同的。它们通常来自对所有场景中的资产组合和基准的评估。这些方法有不同的形式，但最终，它们都受益于规则5的直接或间接使用。

我们的风险度量框架可与许多风险指标一起应用，尤其与具体环境指标一起应用，效用更加明显。

规则6：根据应用规则5后所获得的价值，计算适当的风险指标。

在这个框架中，所有的风险指标都来源于同样的信息：在所有可能的场景下，资产组合和基准点的初始价值。这个风险指标本身就是不同的统计数据，这些统计数据是根据计算资料得出的。风险中的价值就是这种统计指标之一。另一个指标是标准差，有时也叫作流动性。最好和最坏指标一般都忽略了各种微小可能性，但是它们仍然是极端情况下关于后果分配的简单统计数据。无疑，今后还会出现其他一些与具体投资者或机构相关的新指标。

趣味延展

在安德鲁还是大学生的时候，一天下午，他和一些朋友喝咖啡，遇到了一件很有意思的事情。他的一个朋友夸耀说他刚刚做了一件聪明事：在收到了一大堆信之后，这位仁兄向信中名单上的四个名字累计寄出了75美元。根据信上的说法，作为收益，他的名字将被登记在信中的收款名单上，这个游戏继续往下进行，随着这封信转过数圈，他的名字终究将跃升到名单前列。那时，他将一下子收到几倍于75美元的金钱。对于这个故事，一半的人大笑起来。我的朋友怎么会这么愚蠢？因为这种游戏的偶然性很大，很少能让几个人受益，难道他不知道将分文无获吗？那寄出去的75美元还不如买几扎大学校园里的啤酒喝呢。

但是，另一半的人却非常不解，随之而来的就是一场热烈的讨论。如果这封信果真非常有煽动力，每一个人都真给人家送钱，那么这一大堆信的链条中不是自有“黄金屋”吗？难道我们不可以自己也炮制一封类似的信，以便在这个游戏做完之前我们就可获得丰厚的收益吗？后来我们发现事情并非这么简单。我们中没有一个人——包括开始让我们对此游戏感兴趣的那个朋友——能从这个想法中得到一分钱，在我们知道有关该方案的真相之前，我们几周的努力和希望都已经付之东流了。

为什么这个方案欺骗了这么多人？为什么这些人如此坚持不懈？这个问题很重要，因为金字塔式的投资方案已经困扰了许多国家。在阿尔巴尼亚，1997年的内乱使其欺骗性的投资方案彻底破产。由于许多人都投资于这样的方案，所以当这些方案破产时，其所带来的社会阵痛是不可忍受的。即使知道这些投资方案的风险很大，人们仍然愿意继续向其投入巨额资金，都希望在最后的机会中赚一把就跑。

该方案之所以得逞，是因为它们成功地勾起了我们对上线的预期。这种方案通过夸大上线的效应，贬低下线的负效应，设计了一个具有正的风险调整收益的虚假观点。可怜的大学生和阿尔巴尼亚人民都一厢情愿地希望，如果他们抓住了一次获得正收益率的机会，则他们的生活就可因之大大改善。损失75美元，虽然很痛心，但不会对学生们有太大的影响。但当阿尔巴尼亚的成千上万的人民一下子一无所有时，他们别无选择，只能选择上街游行这条路了。据不完全统计，阿尔巴尼亚人民在金字塔投资方案中损失了20亿美元，相当于这个国家一半的经济总产出。

29 |《客户的游艇在哪里》 小弗雷德·施维德

华尔街闹剧集，被巴菲特评为“金融行业人士应该人手一册”的图书

名著导读

《客户的游艇在哪里》讲的是1929年美国股市崩盘前后的故事，书中描绘了金融中介机构的盈利之道及随时可能出现的忽视客户利益的腐败。这本书不同于其他描写投资市场的著作，其显著特点是作者从不同的视角对这个市场中的同一事物进行深入浅出的分析，既让普通的投资者可以迅速了解这个行业的特点和规则，又可以让资深的投资者在轻松的语言氛围中悟到市场中的另外一套规则。这些规则大体分为显性和隐形两种：显性的规则是为了说服客户不断地参与进这个市场，而隐性的规则是他们不断依靠客户赚取稳定的钱，去购买自己的“游艇”。

本书的作者小弗雷德·施维德是一位职业交易商，在1929年的美国股市崩盘中损失惨重，但是他又凭借自己的经营头脑摆脱了困境。

小弗雷德·施维德生动地介绍了股市崩盘前后包括他本人在内的银行家、经纪人、交易商、投资者、分析家和客户们的表现。听一听他对银行家的评价吧：银行家总是难以捉摸的。在困难时期，每个人都需要钱，他却极力避免向美国政府外的人贷款，而在繁荣时期他又极大限度地放宽贷款标准。以至于多年以后，当调查委员会问起他当时的想法时，他都记不起来了。或者听一听他对技术分析师的调侃：在华尔街有一种普遍的想法，即报表分析师是一些很神秘的专业人士，没人知道为什么他们多数人都一无所

有。“如果你真当面问他们为什么会如此，他将非常老实地告诉你，他们只不过犯了一个人们常犯的错误——没有相信自己的报表。”我们不难理解，为什么在首次问世半个多世纪之后，《客户的游艇在哪里》仍然受到市场内部人士的赞扬，被称为“关于华尔街的最有趣、最深刻的讽刺性著作”。

这是以“投资”为主题的书中最好的一本，它睿智地阐释了许多关于投资主题的真知灼见。

——沃伦·巴菲特

当每个人在股票市场繁荣期间争相购买普通股票时，你拿出所有的普通股票并卖掉它们，把所得收益用于购买保守的债券。当然你卖出的股票还会继续上涨。不用管它——只管等待迟早会到来的萧条。当萧条或恐慌成为一种全国性的灾难时，你把债券全部卖掉，可能会有损失，并把股票再买回来。当然，股票肯定还会下跌。同样不用理睬。等待下一次繁荣。在你有生之年不断重复这种行为，那么你在临死之前就能体会到有钱的乐趣。

——小弗雷德·施维德

理论精读

1.代理问题——代理制度合理与否

施维德告诉我们这么一个事实，投资银行或者交易员与经纪人的利益与投资者的利益是有区别的，对投资者有益的事有时并不有利于他们，而对他们有利的事也往往不利于投资者。这里最经常提到的就是频繁交易的问题。

一般来说，长期持有是有利于投资者的，因为可以节省交易费用，但前提是购买的是有价值的企业的证券，然而这样却是对经纪人不利的，因为长期持有的话他们就得不到佣金收入，所以他们会进行频繁地交易，当然是避免在委托人亏损的情况下，然而当他们自己与委托人的利益有冲突的时候，他们往往会选择偏向自己利益的决策，这是显而易见的。比较合理的做法是经纪人和委托人签订协议，只有投资回报率超过6%的情况下才收取佣金，而且分享超过6%的那部分增长的25%，这样就把代理人和委托人的利益完全绑定在了一起。

2.执迷不悟的投资者——偏执于自己的投资理念

施维德指出不同类型的投资者对自己的投资理念往往抱有偏执，有时候投资或许是个信仰，有些人尽管可能终其一生会被他的投资理念所累害，然而他绝对不会否认自己的投资理念，相反他会责怪现实的社会环境或者其他的投资者的操作，就像书中所说的那样，一个破产的经纪人可能会比一个尚未破产的经纪人更执着于自己的投资理念。

一些投资者认为期货交易优于股票交易的原因是升高可以赚钱，下跌也可以赚钱。但是这种观点并不全面，事实是，如果你操作错误的话，升高的时候也可能亏损，下跌的时候也可能亏损。但是一些交易员即使操作失误，也还是会一直坚持自己的投资观点。

关于价值投资的可行性问题，即使现在巴菲特利用价值投资获得如此巨大的成功，许多美国人还是会质疑价值投资在美国市场还可不可行。

3.投资与投机——差别在于心态

施维德有一个很有趣的观点：投机就是努力把小钱变成大钱的行为，或许不成功；投资是努力防止大钱变成小钱的行为，有可能成功。这就是心态上的区别。

投资就是避免亏损，这是出于安全的考虑，也是首要的法则。巴菲特有一个著名的观点——投资的一号法则是不要赔钱，二号法则是牢记一号法则。这是所有价值投资购买证券的出发点，安全边际就是在这样的投资思想的前提下提出的一个最行之有效的方法。然而，大多投机者为了使自己的小钱快速变成大钱，会采用许多方法，比如杠杆豪赌，或许他们可能会有一两次幸运的中奖，但结果却往往都是悲惨的。投资首要的想法不是要获利，而是要规避亏损，获利只是你拥有了正确的思想并采取正确的行动后自然而然发生的事情。

4.预测的谎言——过多的预测中掺杂着不确定性

本书的重点是研究谎言——一个像奔流不息的密西西比河流一样经久不衰的东西。华尔街的股票经纪人会利用一些“小花招”，熟练地完成他们工作中的报价，有时甚至是极其出色地完成，他们总感觉自己在做着很重要的工作。与股票经纪人的情况类似，我们同样也不能忽视客户、立法者、媒体和公众自然而然地说出的谎言。

华尔街起源于一棵法国梧桐下，以前买方和卖方会在那里碰头。那棵树完美地起到了一个市场的作用，最后，发展成了想做金融生意的人的必去之地，在那里，交易的步骤也逐渐固定并被大家熟知。但很快经纪人转向附近的咖啡馆碰头，并开始在金融交易中加入预测，接下来发生的事是这种预测几乎毁了这个行业。

施维德说：“从经济角度讲，交易员的预测越多，业务量越大，会获得越高的佣金，但我们都知道根本不是这么运作的。不妨猜想一下华尔街是否有人会坐下来对自己冷静地说：‘今天我将编造一个怎样的故事给他们讲呢？’当你在揣测别人的思想和内心时，不可能很精确，但以我多年的个人观察，一般的思维过程要简单得多。股票经纪人通过他对未来的预测来影响顾客，但他首先得说服自己。对他来说最不幸的是他十分想说服自己，并且最后他勉强成功了——这通常更糟糕。”

5.恐惧持有现金——不允许资金闲置的误区

大部分投资者都认为自己的终极目的就是赚钱，而这也是他们做这一行的主要目的，但通常他们都在自欺欺人。比起投资，还有其他许多更具吸引力的事情，比如：生产出好的产品，提供好的服务，增加就业，革新工艺，使自己出名，或至少给自己提供足够的谈资。

但是很多投资者都被这样的心理问题折磨着：憎恶金钱，或恐惧持有现金。

憎恶金钱者总是尽可能多地买证券，当他们一旦卖出股票获利后马上迫不及待地购入其他股票。奇怪的是，他们经常有着节俭的精神，即不把钱浪费在吃喝和及时行乐上。假如他们打一晚上桥牌输了17美元，就会垂头丧气地回家。但可能在同一天，股市的轻微下跌使他们损失500美元，他们却并不在意，因为他们心爱的股票还在。只有当股市崩盘时，他们才会因此而崩溃。

他们绝不能容忍账户上有钱，不论其时间多么短暂。万一股价上涨呢？这些钱不过是发挥不了任何作用的废纸。

如果一个人手里有点钱，无论是5万美元还是25万美元，他都希望利用这笔资本再加上他的头脑和努力赚到更多。他很乐意去“工作”，实际上他也坚持这样做。只有通过“工作”他才能获得尊严，只有这样，他才能在俱乐部中说话有分量，才能在傍晚回到家后对妻子有所交代。这没什么好被嘲笑的，这些价值和日常用品一样是必需的。

趣味延展

《客户的游艇在哪里》，书名来自一个华尔街的小段子：

很久以前，一些乡下来的观光客去参观纽约金融区的奇观。当他们一行人到达巴特利时，向导指着停泊在海港的豪华游艇说：“看，那就是银行家和证券经纪人的游艇。”这时，天真的观光客问道：“那客户的游艇在哪里呢？”施维德的回答是：“一定不在我这里！”

施维德的早期经历很有趣。20世纪20年代初期，当时的施维德还是一个大四本科生，有一次不知是何缘故，他竟然违反校规，晚上6点以后还容留女生在寝室。于是，他因“严重违纪，情节严重”被校方劝退、开除学籍。无奈之下，他去了华尔街，在那里打工赚钱，一待就是几年。后来，他把这几年的经历写成了一本小书，也就是《客户的游艇在哪里》。施维德用它记录了对当时华尔街金融生态的所见、所闻、所思、所想，而主题只有一个：能嘲讽的就大加嘲讽，能批判的就横加批判，绝不手软！

施维德作为一名职业交易员，在1929年的崩盘中不幸破产。更糟糕的是，他的父亲也未逃过这一劫。施维德的父亲是一位卖空交易商，在20世纪20年代的一次牛市中破产。正是因为有了这样的人生遭遇，施维德对华尔街的看法自然也就抱有敌意和警惕。在他眼里，投资行业是疯狂且非理性的，人们普遍认为从事投资行业有可能以小博大、快速致富，但真实情况是，就连很多投资顾问也都不知道下一次涨在何时，跌又在何时？他们只是说一些模棱两可的话，跟押宝一样，猜对猜错机会各半，全凭一张嘴和一些忽悠人的话。正如施维德写道："很长一段时间来，我能从交易台这个有利角度观察这条街每天的运作。从这张台子上，我们几乎可以见识到所有的交流方式。通过错综复杂的网络，我们每天交换着报价单、订单、骗局、小花招、欺骗和谎言。前四个是经纪人日常业务所必需的，而欺骗和谎言是另外一回事，并且从长期来看欺骗和谎言也被证明是无利可图的。"

施维德对本书中记录的人和事只是讽刺而没有大治其罪的意思。他知道行行有规矩，行行有门道，区别只在于是显性多一点，还是隐性多一点。所以，从这个意义上说，施维德虽然生性风趣幽默，但骨子里隐约有种悲观主义论调。正如在华尔街流行多年的"客户的游艇在哪里"的笑话，人们只是拿来作为谈资，调侃一下而已，但在施维德这里，他却看到了更丰富、更深远的含义。

30 |《1929年大崩盘》 约翰·加尔布雷斯

经济文学很少以其娱乐价值而著称，但这本书却做到了

名著导读

1919年，在第一次世界大战结束之后的美国，宽松的信贷和大规模生产奠定了轰鸣的20世纪从未有过的消费时代基调。可是危机也暗藏其间。发生美国股市大崩盘的1929年9月至10月，被后来者形容为“屠杀百万富翁的日子”，并且“把未来都吃掉了”。在危机发生后的四年内，美国国内生产总值下降了30%，投资减少了80%，1500万人失业……

通过美国著名经济学家约翰·加尔布雷斯初版于1954年的《1929年大崩盘》，读者可以了解到这次股市大崩盘的前因后果和代表性，他全面、系统、准确地评述了这一段令人窒息的日子，旨在“揭出病苦，引起疗救的注意”。该书在之后的几十年间不断再版，受到世人的广泛赞誉，并成为学术界和证券投资界大量引用的极具代表性的作品。在时隔40年后为本书最新版所做的序言中，约翰·加尔布雷斯又从全新的视角审视了历史的教训及金融界盲目乐观和操纵权力的后果。

美国《财富》杂志将《1929年大崩盘》列为其推荐的“75本必读商业类图书之首选”。

《1929年大崩盘》是卓尔不群的传奇经济学家对人类经济史上最令人难

忘的岁月精湛分析。

——《圣路易斯邮报》

经济文章很少以其娱乐价值而著称，但这本书却做到了。加尔布雷斯的文章雍容而机智，并且幽默地鞭挞了这个国家某些金融领域的智者和政策所犯的错误。

——《大西洋月刊》

理论精读

1.暴风雨前夜——盲目的乐观与悲哀的反思

加尔布雷斯认为：无论股票、房地产还是艺术品的价格都有一个循环往复的过程，当乐观情绪及其市场效应成为常规，价格会涨得很高，然后因为种种原因跌到谷底，价格的下跌总比上涨更加迅猛。

20世纪20年代对美国来说是值得回味的美好岁月，但是很少有人能预见到暴风骤雨的悄悄逼近。

（1）保证金交易导致越来越多的资本流向华尔街。

（2）房地产市场的过度投机导致了房地产热和房地产市场的虚假繁荣。

（3）包括美国总统在内，每个人都盲目乐观地认为事情进展顺利。

（4）胡佛总统的当选使股市更加火爆。

（5）美国联邦储备系统放松货币政策，导致大量资金流入股市，抬高了股价。

那么当时有没有人精确地预感到这场风暴的来临呢？答案是有。

在1928年秋天就有多家金融报刊刊登“股价已涨得太高，股市必会崩盘”的类似报道，并多次宣布股市其实已经崩盘。美国股市分别在1928年6月、12月及1929年2月休市过几次。但不幸的是，对股市走势存疑的投资人，仍无法从中嗅出任何蛛丝马迹，因为股价仍持续走高。

在股市上涨的荣景中，投资人整天都将股票经纪人的办公室挤得满满的，大家宁可留在屋里注意股价的变动，也不去关心都发生了什么。1929年9月初，股市开始下跌。没有人特别担心。技术分析师巴布森9月5日预测："工厂将关闭，每个人都将失去工作，经济将加速恶性循环，导致严重萧条。"这一预测遭到股票经纪人和媒体的谴责。

结果灾难到来了，纸上富贵付诸东流。

现在我们回过头来对过去进行反思，在1929年年初，股市大热时，最现实的选择就是有意识地策划股市下跌，一旦听之任之，日后将会发生严重灾难。

（1）当时的美联储采取了两种收效甚微的传统的控制手段：第一种，在公开市场上出售政府证券，收进现金。但是收效甚微。主要原因：各商业银行不在此列，可以照旧为股市提供现金；无法长期坚持抛售等。第二种，提高再贴现率，由于各方反对，一直拖到1929年夏天，错过最佳时期。

（2）联邦储备系统本身不作为。出于谨慎的目的，它未要求提高保证金比例；对火爆行情，它关心的不是限制投资，而是推卸责任。

（3）由于联邦储备委员会的沉默，市场恐慌情绪蔓延。1929年3月26日，股市大跌。米切尔的国民城市银行的出尔反尔，招来一片批判声，从而让美国政府与联邦储备当局全选择了不干预政策。

2.不够明晰的崩盘迹象

事实上，大众所意识到的大崩盘是1929年，美国的经济已经开始进入困境，工业生产、货物运输和房舍建筑的效益均逐渐下降。但是，这种萧条的情况并不算太严重，若在股市崩盘前说经济会有所好转，这倒是合理的假定。加尔布雷斯指出，股市崩盘时，大家都未预测到经济大萧条即将来临。

1929年9月20日，大家发现英国企业家哈崔原来就是一流的大骗子，他伪造股票、发行未经授权的股票。有些人认为这项丑闻危及了投资大众对纽约股市的信心，同时也是股票大崩盘的导火线。另一解释则是，公用实业麻州分部，在10月初驳回波士顿爱迪生公司股票分割的申请，并对外宣称股价已飙得太高，引发了投资者的恐慌。

加尔布雷斯认为这种种迹象都未能充分解释股市大崩盘的起因。事实上股市大崩盘如何开始并不重要，因为任何事情都有可能让投资荣景破灭，这正是投资荣景的本质。

在9月和10月间，并未出现任何崩盘的明显迹象。在9月间，经纪人融资给顾客的金额暴增了6.7亿美元，创下单月增加金额的新高。隐遁的金融专家克鲁杰接受《周六晚报》访谈，令投资大众相当振奋，但后来大家才知道原来这一切都是大骗局。同年10月15日，费雪教授发表著名演说，指出“股市已上涨到相当平稳的状态，我预期股市在几个月内还会创下新高，成交量会比现在更好。”

而像《纽约时报》这类对股市现状持悲观看法的媒体，不断小心地提醒投资大众股市即将崩盘。同年10月21日，星期一股市交易量略微超过600万美元，是历年来美国股市单日成交量的第三大。连续几天的庞大成交量后，股市行情板已无法显示即时的价位，在中午时仅能报出一个小时前的股价，到当天收盘前，差异已拉大到仅能报出1小时40分钟前的股价。在股价大涨的多头市场，这种时间差异倒还不打紧，但在股价开始下跌时可就不一样了。这种无法显示即时行情的缺失，不但让投资者更为紧张，也促使投资者加速抛售股票。

3.投资信托——双向的杠杆作用

在20世纪20年代美国股市大繁荣期间，购买投资信托或公司股票成为一种新的疯狂投资方式。

投资信托最迷人的魅力不是管理者的知识和操纵技能，而是杠杆原理。在投资信托中，杠杆通过发行债券、优先股和普通股来购买不同的普通股组合。当投资信托公司购买的普通股价格上涨时，信托中债券和优先股的价格是固定的，则投资信托持有的投资组合增值产生的全部或大部分利润将分配给投资信托发行的普通股，这导致投资信托公司的股价奇迹般地上涨。

这并不是杠杆的全部魔力。如果一个投资信托基金中不断上涨的普通股由另一个具有相同杠杆率的投资信托基金持有，那么这些普通股的价格将呈指数级上涨。

面对这种巨大的诱惑，投资信托公司如雨后春笋般迅速发展，暴露了人性的贪婪。但是，面对巨额利润的贪婪者可能没有意识到杠杆是双向的，它也可以使股票暴跌或变得一文不值。

4.股市崩盘——幻想的破灭过程

1929年夏天，股市持续火爆，普通股价格上涨，经纪贷款惊人扩张，短期贷款的年利率上升到15%。社会上仅有的一些理智的声音也被经济学家和金融家的盲目乐观所压制。

技术分析师巴布森针对9月5日股市下跌提出了忠告，却遭到了华尔街的猛烈抨击。

许多不同阶层和社会地位的人都涌向股市。即使只是偶尔得不到股市的最新消息，都会让热衷于投资股票的人感到难以忍受和不知所措。

在1929年发生了若干影响股市的事件，股市暴跌后，华尔街将泡沫破裂归咎于三个事件：

（1）经济指标的下降。

（2）英格兰的哈特利公司因违规而倒闭，打击了市场信心。

（3）波士顿 · 爱迪生公司事件。

接下来，股市从9~10月一直呈震荡下跌趋势。

10月19日，股市下跌。

10月21日，下跌。

10月22日，震荡略升。

10月23日，继续下跌。

10月24日（史称黑色星期四），大崩盘的第一天。

10月25日至10月26日股价平稳。

10月28日，股市放量一路下跌，跌幅大于上周整个星期。

10月29日，成交量远远大于黑色星期四，跌幅与前一天几乎持平。

10月30日，股价奇迹般止跌回升。

10月31日，开市三小时。

11月1日至11月3日，股市休市3天。

11月4日，股市一开盘就出现骇人听闻的暴跌。

11月5日，州长选举日，休市1天。

11月6日，开市半天。

……

哀痛笼罩四野，哀号声响彻云霄。

5.贪婪的恶果——股市崩盘对国家的影响

（1）十余名著名投机者短时间内相继自杀的消息被大肆传播，全国上下人心惶惶。

（2）股市崩盘大大提高了贪污盗用公款罪的发现率。

（3）“安抚行动”悄然出现，如纽约证券交易所宣布对卖空交易展开调查，胡佛总统宣布削减税收等。

（4）1929年11月跌势不止，滑至198点。

（5）经济基本面恶化，基本面依然健康的言论在股市中消失。

股市崩盘对美国经济产生了严重的影响，经济水平大幅倒退，不仅断送了几十万美国人的发财梦想，也严重败坏了一些知名人士的良好名声，当时纽约最大的两家商业银行——蔡斯国民银行与国民城市银行饱受股市崩盘之苦，并且还爆发了臭名昭著的惠特尼事件。

6.崩盘原因——沉静后的反思

导致1929年股市崩盘的原因是什么呢？加尔布雷斯给出了他的答案：

（1）金本位放松了银根，刺激了投机。

（2）投资信托放大了投机热。

趣味延展

1929年10月29日，星期二，对于美国的经济以及股民来说，都是最黑暗的一天。上午10点，纽约证券交易所刚一开市，猛烈的抛单就席卷而来，所有股票成了烫手的山芋，不计价格、不计成本，只要抛掉就好，经纪人被“抛”得发晕、交易大厅一片混乱，随之而来的就是道琼斯指数一泻千里，股指从最高点386点跌至298点，跌幅达22%。这是纽约证券交易所112年历史上“最糟糕的一天”，以这个被称作“黑色星期二”的日子为发端，美国乃至全球进入了长达10年的经济大萧条时期。

1929年大恐慌的第一天已经成为股市崩盘的最不可磨灭的画面之一。当天，换手的股票达到128.946万股，股票的价格之低，令人震惊。

现在仔细想一想，当时开盘时并没有什么值得注意的迹象，指数一度非常坚挺，但成交量很大。但是突然，股票价格开始下跌。到上午11点，股市疯狂地急于抛售，可以说，这场灾难是毫无预兆。

到11点30分，股市处于盲目、无情的恐慌之中。“自杀热”已经蔓延，十余名著名投机者在一小时内自杀。

而这场噩梦到底是谁造成的呢？这事要从美国经济大发展说起。

美国在第一次世界大战后由一个债务国上升为世界上最大的债权国，美国经济的繁荣带来了股市的繁荣。对投资者来说，黄金时代已经到来。为了吸引更多的热钱，美国证券公司雇了大批股票销售人员，在城市到处谈论投资股票的好处，却从未提及投资股票的风险。人们的热情被激发起来，股票市场变成了全民的投机。

到1928年，股市近乎疯狂。全国人民几乎都在茶余饭后，甚至工作的地方谈论股票。

31 |《与天为敌：风险探索传奇》 彼得·伯恩斯坦

一部人类尝试驯服风险、掌握命运的大历史，管理风险就是管理未来

名著导读

《与天为敌：风险探索传奇》考察了人类探索风险的艰难历程。作者彼得·伯恩斯坦从古希腊、古罗马时代以及文艺复兴时代一直讲述到现代，精妙地将复杂的投资理念诠释成风格清新的故事，描述了哲学家、数学家、科学家、思想家、商人、业余学者等是如何努力让未来服务于现在的。彼得·伯恩斯坦认为，风险与其说是一种命运，不如说是一种选择，它取决于我们选择的自由程度。对于投资风险，历史上一直存在两种意见：一派人坚持认为最好的决策应以过去的模式和数据为基础，另一派人则认为决策应基于对不确定的未来更大程度的主观判断。

彼得·伯恩斯坦是《投资组合管理期刊》的创办者，更是一位将枯燥理论转化为有趣故事的高手。他的代表作有《与天为敌：风险探索传奇》《投资新革命》《华尔街上的经济学家》《金融简史》等，这一系列著作将现实中的投资界和学术理论协同起来。

凭借自己对于历史和现行风险的出色了解，彼得·伯恩斯坦将《与天为敌：风险探索传奇》奉献给世人。它对于金融世界来说是一本独一无二的好书，我非常认真地断定，没人该错过它。

——约翰·加尔布雷斯

一本针对概率、充满野心、可读性强而又趣味盎然的入门书，伯恩斯坦把人们从迷信与宿命论的桎梏中解放出来。

——《纽约时报》

生活总是有很多的偶然性，但把这个真理表述成数学模型则是最近的事情了。这样做的结果令人震惊——概率理论在桥梁建设、金融衍生产品和对冲基金交易等各个方面都起着重要作用。

——《财富》

理论精读

1.风险控制——计算精确的风险概率

关于风险控制的问题，伯恩斯坦是通过例子来说明的：

第二次世界大战期间，德军轰炸莫斯科，整个城市都受到了严重的破坏。一位苏联的统计学教授第一次出现在了避难所中，在此之前他从来不愿意躲进避难所，他经常对身边的人说："莫斯科有700万居民，有什么理由相信炮弹会偏偏击中我？"因此他跑到避难所的行为让人们十分惊讶，纷纷询问他什么改变了他的想法，他回答说："莫斯科有700万居民，只有1头大象，昨晚那头大象被德军炸死了。"

风险控制的难度不在于统计学即1/700万，而是谁是那唯一的一个，对于每一个人而言，被炸的事件既可以是1，也可以是0。首先进行发生概率衡量，即被炸的可能性是1/700万，似乎没有什么可担心的；其次进行风险后果衡量，如果是1，那么意味着我们无法承担的结果，于是无论这个概率多么的微乎其微，也必须采取措施。

假设一个人打保龄球，第一次你将一个保龄球随机地扔到了另一头（先验概率），然后你再随机地将剩下的保龄球一个一个扔到另一头，并且计算每一个保龄球击倒球瓶的概率（后验概率）。假设每一次最多能击倒一个球瓶：

（1）通过先验概率是否可以大致确定后验概率？

（2）假设后验概率的样本足够大，是否可以反推先验概率？

书中，还有关于此的精彩论述：

（1）万事万物可能发生的双重性：当必须做出有风险的选择决定时，过去事件发生的概率可能与原来坚定的观点发生抵触。

（2）大多数预测的精确性依赖于人们做的决定更甚于依赖于大自然做的决定。

（3）如果你赌今天股市的正常走势会无限期地延长到未来，那么会比你跟随大多数人行动更早致富，也面临更小的破产风险。然而，每天都有许多投资者因为情绪波动不能低买或高卖而违背这个建议。他们为贪婪和胆怯所驱动，跟着大多数人行动，而不是在经过自己的思考之后再决定。

（4）对概率正确估计的检验即是结果，平均来说与事实相符，我们使得这种计算在所有的普通生活事件中或多或少是精确的。

（5）风险管理的实质就是把我们能控制结果的领域最大化，而使我们无法控制结果的领域变得最小，因果之间的联系就隐藏在我们周围。

（6）当我们的世界被创造出来的时候，大家都忘记创造确定性了。我们的认知也有不确定性——我们所拥有的大部分信息既不正确也不完全。

2.风险偏好——不同的倾向带来不同的影响

企业估值的重点不在于我们能得到什么（盯着IPO的倍数是错误的），重点在于我们得到的可能性是多少，如果得不到会损失些什么。我们可以举这样一个例子，假如你现在是全国首富，现在你有0.09%的机会成为世界首富，但需要你用现在所有的资产去换取这个机会，也即99.91%情况下你可能会倾家荡产，你愿意吗？

人类对风险的偏好互不相同，这是我们真正的幸运。

我们要清楚两派之间的持续斗争为标志：一派坚持认为最好的决策以由过去模式决定的限制和数据为基础；另一派的决策则基于对不确定的未来更大程度的主观信仰。这是一对从未解决的矛盾。这可以浓缩为一个人认为过去在多大程度上决定未来的观点。

亚当·斯密把这种动机定义为——大多数人对自己的能力和自己的运气过分自负。尽管亚当·斯密敏锐地意识到人类喜欢承受风险的倾向有利于促进经济的发展，但他仍然担心当这种倾向性失去控制时会对社会产生不利的影响。

凯恩斯也曾说过："如果人的本性对于碰运气毫无兴趣，而是冷静地进行计算的话，将不会有如此多的投资活动。"

3.风险论述——风险管理发展史

伯恩斯坦的《与天为敌：风险探索传奇》就是一部简要的投资风险管理发展史。

伯恩斯坦认为，人类因对未来充满变数，产生心理不安。从文艺复兴时代起由赌圣卡尔达诺的"机会游戏论"研究掷骰子的概率，几何家帕斯卡尔与律师费玛联手创造"或然率理论"，丹尼尔·伯努利主张的"风险度量的新理论"认为财富少量增加带来的满足感，高尔顿发现"趋均数回归"，这些论著推演着风险管理观念的进化史。使风险管理观念由"蒙受损失的可能"变为获利的良机，从"命运"与"原初设计"变成以或然率为根据、面面俱到的未来预测，从人类原有无助中找到抉择的方向。

然而风险是不可避免的，再精密的风险管理也都会存在盲点。自然界冥冥之中有一定的规律，但并不是每件事都是一样，似乎乱中有序。人类因历史的演进推演出很多理财的应用工具，但每件事物在进行的过程中永远存在着不连续性、不规则性，波动的外貌似乎非但没有减少，甚至反而还愈来愈多。甚至研究自然法则的科学家都不得不承认除了要研究自然的规律外，还得要和不可理喻的自己相搏斗。人类的行为模式并不在研究风险管理的专家学者所研究的范畴，因此风险管理工具存在着无法以综观全局，以多方面比对原因，再下结论等先天上的应用盲点。

为了最大限度地克服分割线管理的盲点，现代风险管理工具正在不断完善中。我们知道，伴随着各时代风险管理的演进，推演产生了新的投资组合等衍生商品，衍生商品的诞生又促使风险管理工具推论逻辑的成熟。又因信息科技的发展是依风险管理工具推论逻辑来设计，所设计的信息系统更易于收集数据分析结果，再下最后的决策。但别忘了数据的来源来自已发生的过去事实，用之于未来终究有因时空环境变异而产生的失误。这是应用现代新发展的管理风险工具的投资理财从业员与企业的经营者，不可尽信数据的缘由。虽然数据比直觉更可靠，但因管理风险工具无法综观全局，需注意每件事物未知的未来，仍存在不连续性、非线性产生的现象。

趣味延展

伯恩斯坦1919年出生于纽约的一个中产阶级家庭，父亲也从事金融工作。从小受父亲的熏陶，聪明的伯恩斯坦顺利进入哈佛，以优异成绩毕业，获得了经济学学士学位，并在纽约联邦银行做研究员。一年后，当珍珠港事件发生时，伯恩斯坦放弃了工作，加入了空军。

第二次世界大战后，伯恩斯坦在大学里教了一段时间经济学，然后在纽约一家商业银行担任信贷员，评估借款人的信用，这一经历为他日后进行投资奠定了基础。

1951年，伯恩斯坦接管了父亲的财富管理公司。刚接手时，管理金额达数十亿美元，1967年公司被出售时，这些资产已经增长了10倍多，他仍然在该公司担任经理。1973年，他创办了自己的资产管理公司。伯恩斯坦的学术兴趣随着他的资产管理实践而增长。1974年，在公司成立一年后，他创办了《投资组合管理期刊》杂志，该杂志为学术界和投资者提供了一个交流平台，并开发了有效的市场理论和投资组合管理策略，贡献颇大。

伯恩斯坦认为市场始终存在着不确定性，市场的大起大落就是由投资者的心理从怀疑到确定的转变形成的。历史给我们留下了非常多有关市场行为的教训，尽管如此，以扩展不可重复的过去的长期因素适用范围方式来预计长期期望收益是非常危险的。股市的不稳定是根深蒂固的，切勿心急，盲目投机。

32 |《大癫狂：非同寻常的大众幻想与全民疯狂》 查理斯·麦基

看懂ICO狂热、房地产火爆、股票疯狂的警示之作

名著导读

书中生动形象地描述了发生在中世纪和近代欧洲的一些荒谬却真实的故事，其中包括密西西比泡沫和南海泡沫，它们是股市历史上的著名事件。这些事实深刻地揭示了隐藏在人类内心深处的原始冲动总是在不知不觉中扰乱理性，打破文明，形成一场大规模的疯狂。在欧美一些国家，即使经过数百年的启蒙运动和技术革命，这种“大癫狂——非同寻常的大众幻想与全民疯狂”仍然屡见不鲜。股市反复崩盘就是一个很好的例子。

本书在金融史上的地位不言而喻，在世界各地流传了近200年依然畅销不衰。它不单是一本金融投资领域的超级经典，也是一部有关人类不理智行为的编年史和总记录，除了对1636年荷兰的“郁金香狂热”、1720年英国的“南海泡沫”和1720年法国的“密西西比泡沫”这三次金融投机狂潮的故事做出了生动翔实的记述外，还收集了大量从圣物崇拜、先知预言、炼金术、占卜术、催眠术士、“巫女”迫害、凶宅传言等这类全民疯狂从幻想走向幻灭的历史故事。

人类有史以来最优秀的十部金融作品之一。

——《金融时报》

《大癫狂：非同寻常的大众幻想与全民疯狂》所讲述的故事大约发生于300年以前，但是其中的情节仿佛就发生在昨天，抑或是今天刚刚发生……世事越是变迁，情况看上去越是恒久不变。

——彼得·伯恩斯坦

在那里，投机家们以奇特无比的方式斗智斗勇，在阴暗的角落进行着他们的交易，比如欺行霸市、争吵、挑衅、闲谈、用尽心机地捣乱、冲突、欺骗世人、出卖朋友，甚至上演更多的悲剧。

——约瑟夫·德·拉·维加

理论精读

1.初期的成功——密西西比计划的起源和初期成功

当约翰·劳在宫廷中出现时，他得到的是最衷心的欢迎。他向摄政王奥尔良公爵菲利普提供了两份备忘录，在这两份备忘录中，他指出了困扰法兰西并使之衰落的罪恶之源，认为正是由于通货不足，才导致了法国货币屡屡贬值。他断言，没有纸币作为辅助和支持，单一的金属通货完全不能满足一个商业国家的需要。他还特别引用了大不列颠和荷兰的例子来证明纸币的优越性。他用许多强有力的论据来论证信用的问题，并且提出了恢复法兰西信用的方法。当时的法国是如此之衰落，应当允许他开立一家银行，由这家银行来管理皇家每年的税收，并且在税收和不动产证券的基础上发行票据。他进一步提出这家银行名义上应当直接由国王管理，但是要受到议会指定的专员们的控制。

这两份备忘录尚在考虑阶段之时，约翰·劳就将自己关于货币和贸易的论文翻译成了法文，并且使尽浑身解数，在全国上下竭力宣传自己作为一位金融家的声名，很快他就成为人们议论的焦点人物。

约翰·劳30多年的学习和研究被用来指导其对银行的经营管理。他的票据全是见票即付的，在发行的时候就可以与等额的金属货币兑换。最后这一招可谓神来之笔，立刻使他的票据身价倍增，价值甚至超过贵金属货币。

很快，国家的贸易也感受到了约翰·劳所带来的好处。日见衰弱的商业开始好转，有所复苏。税款的交纳也更加有章可循，并且百姓对纳税的抱怨与不满也大大减少了。在一定程度上，人们已经树立起了信心，相信这个体系不会崩溃，如果继续沿着这条道路走下去的话，只会更加有益。仅仅1年时间，约翰·劳的票据就升值了15%。

2.信用系统失衡——纸币脱离铸币之路

与此同时，约翰·劳开始着手策划那个让他遗臭万年的著名计划，他向摄政王提出建议，成立一家拥有与伟大的密西西比河及其西岸的路易斯安那州进行贸易的独占性特许权的公司。人们猜想，那个遥远的国度盛产贵重金属，富庶至极；而这家拥有排他性特权的公司，凭借其独有的商业机遇所带来的丰厚利润，必将成为唯一的税收包税人，成为唯一的金钱铸造者。

陶醉于成功的喜悦之中，约翰·劳和摄政王都忘掉了自古以来圣贤大声疾呼的真理——在发行银行债券时，一个银行家如果没有必需的资金作为准备，他就罪该万死。约翰·劳的银行刚刚从一家私人银行变成公共机构，摄政王就敦促它制造总额高达10亿里弗的纸币。这是该银行第一次背叛稳健性原则，约翰·劳则为此受到了不公正的指责。事实上，当银行事务在他的控制之下时，他发行的钞票从未超过6000万。

约翰·劳发现自己生存在一个以专制统治为特征的政府的屋檐之下，但是他尚未清醒地认识到这样一个政府可能会对复杂微妙的信用系统带来多么巨大的恶劣影响。后来他从自己的切肤之痛中体会到了这种致命的影响，但为时已晚，他只能身不由己地在摄政王的敦促下去做自己的原则绝不允许的事情。

在业务有了如此巨大的增长之后，密西西比公司认为将自己的名称更改为印度公司更为合适，并且增发5万股新股以扩充资本。现在，约翰·劳呈现在大众面前的前景再辉煌不过了，他承诺对价值500里弗的每股股票每年派发

200里弗的股利。

3.聪明的个体——逃出灾难深渊的投资人

孔蒂亲王向约翰·劳提出以纸币兑换铸币，很快，就有人效仿孔蒂亲王的做法。尽管孔蒂本来是要报复，却为别人树立了榜样。更加精明的股票投机人正确意识到价格不可能永远上涨。

当时，有人神不知鬼不觉地将他们的纸币分成许多份兑换成铸币，每次兑换的金额较少，并且将铸币悄悄送到了国外，他们还尽可能多地购买便于携带运输的贵金属和贵重珠宝，并且将它们秘密地运往英国和荷兰。

还有一位投机商察觉到风暴即将来临，他小心翼翼地弄到总额近100万里弗的金币和银币，将这些铸币装运到一户农夫的双轮车上，还在上面盖上厚厚的干草和牛粪，然后，他乔装打扮一番，穿上一身又脏又破的农民的大罩衫，带着自己的宝物安全地溜到了比利时。很快，他又设法将自己的宝贝从比利时运到荷兰。

4.走向末路——最后的暴政、混乱和崩溃

虽然政府千方百计地进行控制，贵金属仍然源源不断地被运往英国和荷兰，留在国内为数不多的铸币都被小心翼翼地保存或者窖藏起来，直到铸币的短缺严重到贸易不能继续顺利地进行。在此危急关头，约翰·劳铤而走险，进行了一次大胆的尝试，禁止使用一切铸币。1720年2月又颁布了一项法令，这项法令试图重振人们对于纸币的信心，结果却事与愿违，无可挽回地破坏了纸币的信用，将整个国家推到了崩溃的边缘。这一著名的法令严禁任何人拥有超过500里弗（相当于20英镑）的铸币，违者不仅会被处以高额罚款，并且会将所发现的铸币全部没收充公。除此以外，该法令还严禁人们购买珠宝、贵金属和珍稀的宝石，鼓励告密者检举揭发违反这一法令之人，并且保证以他们告发后所发现的总金额的一半作为奖励。这样的暴政闻所未闻，举国上下发出悲痛绝望的哀叫，令人深恶痛绝的迫害每天都在上演，家庭隐私被告密者及其代理人的入侵破坏。

那么约翰·劳的结局呢？事实上，即使在公众对密西西比股票的痴狂达到顶峰之时，他也没有想着为自己造福谋利，约翰·劳从未怀疑过他的计划最终将成功地使法兰西成为欧洲最富有、最强盛的国家，他将自己的全部收入都投资于购买法国的地产这一点也有力地证明了他对自己计划的可靠性所具有的信心。他没有囤积任何的金银餐具或是珠宝，也不像那些不诚实的投机商一样将金钱偷偷运往国外。除了一颗价值数千英镑的钻石以外，他所有的钱都投资在法兰西大地上。当他离开那个国家的时候，他几乎已经沦为乞丐。约翰·劳在1729年于威尼斯去世，死时的境况窘迫狼狈，下面的墓志铭就写于当时：

"一个著名的苏格兰人长眠于此，

他的计算能力举世无双，

他用简单的代数法则，

把法国弄得病入膏肓。"

5.炒作与操纵——南海公司的南柯一梦

麦基也向我们讲述了南海公司掀起的投机热潮。许多人在这次投机中成为富豪，也有无数人破产，时任皇家铸币局局长的牛顿，就在这次投机中失去了20000英镑的巨额财产。

1713年的乌得勒支和约结束了西班牙王位继承之战，为英国打开了加勒比、中美洲和北部南美洲。战债由两部分组成：99年期的岁金和通常为5%年息的长期国债。长期国债的兑付进展顺利，最让人困扰的是岁金。因为岁金当时发行于困境中，他们承诺提供超常的高回报，而且附加条款规定，除非获得持有者的同意，否则不得提前赎回。

岁金的债务人渴望找到一条脱壳之路。因此，1711年，当一项将6%的政府债券转换为一家垄断贸易公司的股票的动议被提出时，人们的热情被激发起来。

南海公司的董事会主席约翰·布朗特博士，尽其所能地使股票价格一涨再涨。到处流传着关于英国和西班牙之间所订立的条约的极度夸张的言论，据说，根据条约西班牙将赋予南海公司对西班牙的所有殖民地进行自由贸易的权利。丰富的矿藏将被源源不断地运往英国，直到英国的银子变得几乎和铁矿一样充裕、丰富为止。而英国则可以用大量的棉花和羊毛制品与墨西哥的居民进行交换，墨西哥人将会为此耗尽他们全部的黄金宝藏。同南海公司进行贸易的这家商业公司将是世界上有史以来最为富有的公司，投资于这家公司的每100英镑每年都会为股东带来成百上千英镑的收益，这绝对是一笔一本万利的买卖。最后，通过这些方法，南海贸易公司的股票价格上涨到差不多每股400英镑。

南海公司的董事们尝到了甜头，他们的计谋带来了丰厚的利润，自然不会不尽力提高股价而平心静气地让股票回归自己本来的实际价值。每一个对南海公司计划的成功感兴趣的人都极力地将一大帮的听众吸引到自己的身边，向他们详细介绍南美洲海域所蕴藏的丰富宝藏。交易所里挤满了满腔热情的股民，任何一条凭着最坚定的信心编织出来的谣言都足以立刻对股价产生巨大的影响。

与此同时，数不清的合股公司如雨后春笋般在大不列颠的各个地区拔地而起，而这些公司很快就被戴上“泡沫”的桂冠。“泡沫”是人们所能想到的最恰当、最相称的名字，老百姓津津乐道他们所起的这一绰号——没有比“泡沫”更合适的名称了。这些泡沫有的只持续了一两个星期就销声匿迹了；有的则比这些泡沫还要短命，甚至一个星期的时间都不到，就寿终正寝了。每个夜晚，都会有新的计划被炮制出来；每个早晨，都有新的项目应运而生。

这些名目繁多的计划之中，有的项目似乎具有足够的可信度。如果是在一个人们不是那么激动而且大众的头脑没有被金钱和投机冲得晕头转向的时期，那么，这些项目可能会比其他的项目优先受到人们的追捧。但是，策划者之所以搞出这些名堂来，目的无非是要抬高股票的市场价格。策划者抓住股票上扬的机会，在第一时间将手中的股票卖出，到第二天清晨的时候，骗局已经告一段落。

在这一著名的泡沫事件发展的前前后后，英格兰各地出现了异常惊人的景象——公众的精神状态全部处于一种不健康的骚动之中，人们不再满足于按部就班、谨小慎微的行业所带来的缓慢但却势在必得的利润。这种期盼使得人们好高骛远，不再小心翼翼，开始大手大脚，寄希望于一夜暴富，拥有万贯家财。前所未有的奢靡之风，带来了道德的懈怠。由于股票赌博而一夜暴富的无知的人们嚣张跋扈，目中无人，让那些在精神与行为层面具有真正绅士风度的人们为之汗颜……每一张不可一世的傲慢面孔，每一次妄自尊大的无稽之谈，都被记录在案，并且得到百倍于此的贫困与侮辱的回报。

从那以后，在商业高度发达的时期，也曾数次出现过过度投机的倾向，一个成功的计划往往引发众多追随效仿之人。在一个贸易大国，从众心理常常会使人们抓住这样的成功典范，将其视为楷模，并将那些财迷心窍的人们引入难以摆脱的万丈深渊。

6.郁金香狂热——投机泡沫带来的灾难

起初，就像所有的赌博热潮一样，人们全都信心十足。每个人都从郁金香的交易中尝到了甜头，一个个的腰包都变得鼓鼓囊囊；投机者对郁金香“股票”价格的涨跌进行投机，并且通过在价格上涨时卖出和在价格下跌时买进而赚取了大量的利润。许多人一夜暴富。金灿灿的诱饵呈现在人们面前，以不可抗拒的美丽诱惑着芸芸众生。人们前赴后继，一个跟一个地冲进郁金香交易中心，就像一群群的苍蝇围绕着蜜糖罐子一样团团转。每个人都以为对郁金香的热情会持续下去，而财富也会从世界各地源源不断地涌入荷兰，无论对郁金香开出多高的天价，人们都会毫不迟疑地掏出钱包照单全付。

可是，到了后来，行事比较谨慎的人们开始认真思考了，他们认为这种风潮只是三分钟热度，不会持久。富裕的家庭不再将买来的郁金香种在自家花园里，而是转手以高价将之卖出，赚取差价。看来，注定有人是要接最后一根接力棒，并且要为此承担巨大的损失。越来越多的人开始接受这种判断，认为有道理，并据此抛售手中的郁金香，郁金香的价格随之下跌，并且一跌不可收拾，永远也没有再涨起来。巨大的恐慌摧毁了人们的信心，使得每个交易者心乱如麻。

这些现象引起了少数人的警觉，四面八方传来悲痛与绝望的呼声，每个人都在指责自己的邻居。少数已经设法发财致富了的人悄悄地将自己的财富投资于英国或其他国家的基金中去，不让周围的人们发觉。很多人费了九牛二虎之力才通过郁金香狂热得以发财致富，摆脱了以往苦难的生活，过上小康的日子，可是郁金香狂热又迅速将他们送回到以往的生活轨道中去，恢复了昔日阴暗和愁苦的日子。相当多的富家子弟都为郁金香的破灭所累，几乎沦落为乞丐。许多贵族家庭眼睁睁看着自己家族的财产毁于一旦而无计可施。

趣味延展

1671年，约翰·劳出生于苏格兰首府爱丁堡的一户富裕人家，是家中的长子。他的父亲既是金匠又是银行家。约翰·劳刚满14岁就被带到父亲的会计师事务所中做学徒。他在那里勤勉工作了3年，认真学习商业知识，逐渐熟悉了苏格兰银行业的操作规则。独特的家庭环境、长期的耳濡目染使得约翰·劳从小就培养起了经济头脑。从后来伦敦报纸上刊登的一条通缉令中我们可以大致了解约翰·劳的形象：约翰·劳上尉，26岁，苏格兰人。身材消瘦，身高6尺以上，皮肤黝黑，相貌端正，脸上有麻点，大鼻子，声音洪亮……1688年约翰·劳的父亲去世，他随后就卷铺盖离开家乡，带上遗产来到向往已久的大都会伦敦。

在伦敦，约翰·劳将大把的时间和金钱花费在赌场和情场上。直到1694年，他为了一位女子而与情敌威尔逊决斗，结果威尔逊当场毙命，当天他就被逮捕并被起诉。在诉讼过程中，约翰·劳找机会成功越狱，并坐船逃往荷兰。

1704年他一度流窜回苏格兰，于1705年在爱丁堡出版了一本小册子：《论货币和贸易——兼向国家供应货币的建议》，但是没能引起人们的关注。在这本书中，约翰·劳极力强调增加货币对于国家利益的重要性。在他看来，增加流通中的货币，对国民经济有百利而无一害。

后来约翰·劳受到法国摄政王的器重，在法国实行了他的经济主张。1717年8月约翰·劳获得了密西西比河广阔流域的贸易特许权以及加拿大的皮货贸易垄断权，并以每股500里弗的价格开始发行股票。

1719年，约翰·劳宣布增发5万新股。约翰·劳为众多股民描画出一幅辉煌的远景，他承诺，每500里弗的股票每年都可以获得200里弗的红利。由于股票可以用国库券来购买，所以一支票面价值500里弗的股票仅仅花100里弗就可以买到，这样一来，每股的投资回报率就高达120%。任何人都无法拒绝这样的诱惑，大众的购买热情高涨。至少有30万人急切地要求申购这5万份新股。

每天从早到晚，想要申请购买股票的人挤破了头，将约翰·劳的家围得水泄不通。连那些高贵的爵士及夫人们也顾不得身份，天天候在约翰·劳家门口。人们甚至在邻街租房暂住，以便得知第一手的财富信息。旧股的价格也因此被拉高，节节攀升。整个国家陷入疯狂的黄金梦魇中无法自拔，新的申购人如热浪般一波接着一波。约翰·劳不得已搬了家，但是新家也立即被疯狂的人们包围了。最后，约翰·劳只好以极高的价格买下了当时一位亲王的大庄园当作交易所，亲王自己则留下了庄园的后花园，随后又通过在花园里出租帐篷狠赚了一笔。

公众如此疯狂，约翰·劳的股票价格当然是节节高升。一天之内上涨两三成是常有的事。与此同时，各种离奇夸张的小道消息不胫而走，让人分不清真假。有人说，约翰·劳家所在大街的一个鞋匠把摊位租了出去，同时向前来买股票的人提供纸笔，每天能赚200里弗；有两个德高望重的饱学之士，刚刚互相祝贺没有卷入这场投机狂潮，不料隔天就在股票购买现场相见了。但股价的上涨不可能是无限的，当几乎所有人都拥有约翰·劳的股票，并且没有人再加入时，股票价格开始暴跌。

1720年年初，公众对约翰·劳的信心动摇了。股价开始下跌，从最高点每股20000里弗一路下降。政府宣布铸币贬值，但没什么效果。

到了1720年5月的一次国务会议上，据估算流通中的纸币总额为26亿里弗，而铸币总值还不到纸币的一半。支撑不下去的约翰·劳只好同意股票和纸币一同贬值，新法令规定纸币将贬值一半，股价则从9000里弗逐步降到5000里弗。这一计划立即导致民众恐慌，争先恐后地抛售股票。7天后，摄政王不得不宣布此法令作废。

与此同时，约翰·劳被踢出内阁，成了一切过错的替罪羊。不久，他在家门口遭到一群暴徒的袭击，差点性命不保。这时约翰·劳已经成了人们讽刺挖苦的绝佳对象。有的歌谣让大家把纸币当卫生纸用。在一幅漫画中，约翰·劳坐在一口大锅里，四周狂热的人们把自己所有的金银竞相扔进大锅，兴奋不已地数着兑换来的钞票。

33 |《泡沫的秘密》 彼得·加伯

泡沫背后必有推手，市场波动并非偶然

名著导读

彼得·加伯教授是德意志银行优选市场研究策略分析师，曾任布朗大学经济系教授。

在经济学和金融学的术语中，用于资产市场价格的许许多多的术语与任何理性的经济解释不一致。例如，“泡沫”“郁金香狂热”“链条字母”“蓬齐骗局”“恐慌”“崩溃”“盲从”和“非理性繁荣”。虽然这些术语暗示的是，一个事件是被一种无法解释的原因由大众驱动的。彼得·加伯教授强调指出，从这些术语中，我们得到的几乎是空洞的解释而不是加深对这一事件的理解。

《泡沫的秘密》一书中，彼得·加伯教授针对三大著名的泡沫——郁金香狂热、南海泡沫与密西西比泡沫——提出了市场基本面的解释。他将重点集中在郁金香狂热上。研究这三大著名的早期泡沫的权威一般是记者、政策制定者和经济学家，他们强调说，市场的动荡是非理性的，而且是无法预测的，这些事件的基本面却很少被人提及。但在本书中，彼得·加伯教授在比较了17世纪的珍稀球茎与18世纪最初的球茎的价格下跌趋势后，他做出结论：珍稀球茎的天价与其快速下跌反映了正常的定价行为。在密西西比泡沫和南海泡沫中，他阐述了卷进这些事件中的资产市场和金融操纵行为，并认为这些就是当时的市场基本面。也就是说这些泡沫的故事并非警世的故事——股票市场中的每一次投机性的飙升均预示着一次崩溃。

郁金香狂热中珍稀球茎飙升的价格正如其价格的快速下滑一样，在新开发的品种中，这是市场的一种标准特性，而在大多数人的叙述中，这种价格被突出作为这次疯狂的首要而确凿的证据。

——彼得·加伯

密西西比泡沫是一次大规模的印刷纸币的操纵活动和政府用发行股票来偿还债务的交易活动。

——彼得·加伯

理论精读

1.泡沫起源——泡沫源于金融和经济的基本面

泡沫位于金融学、经济学和心理学的结合处。对大规模的资产价格运动的最新解释倾向于将心理学排在第一位，这不仅受到过去所发生的惨淡的故事的影响，而且受到在1997年、1998年和1999年这些危机年份里发生的大多数事件的影响。然而，加伯揭示的证据表明，至少早期产生的泡沫是由基本面因素驱动的，它们源自金融学与经济学这些更基本的因素的结合处，心理学因素不过是其背景而已。

加伯为我们讲述的三大最著名的泡沫——荷兰郁金香狂热、密西西比泡沫和南海泡沫，均被看作私人资本市场疯狂的范例，但加伯所持的观点则有所不同：

（1）郁金香狂热中珍稀球茎飙升的价格正如其价格的快速下滑一样，在新开发的品种中，这是市场的一种标准特性，而在大多数人的叙述中，这种价格被突出作为这次疯狂的首要而确凿的证据。

（2）即便是现在，珍稀球茎品种的价格也相当于一所质地上佳的房子的价格。

（3）我们现在所了解的郁金香狂热事件主要源自由荷兰政府发动的一次道德运动。

（4）密西西比泡沫是一次大规模的印刷纸币的操纵活动和政府发行股票来偿还债务的交易活动。

（5）南海泡沫也是一次用发行股票来偿还债务的活动，虽然理由没有那么充分。

（6）几次泡沫事件均是由政府高层官员发动和协助的场面壮观的宏观经济阴谋，它们得到英国和法国整个政治机构的支持。

2.泡沫定义——市场心理不可测量

什么是经济泡沫呢？最常用于经济研究中的泡沫的定义是，无法解释的那部分资产价格运动，它建立在基本面的基础之上。基本面是各种变量的集合体，我们认为这些变量驱动资产价格的变化。在资产定价中，如果我们对资产价格的预测产生了严重的偏差，那么，我们可能就会说存在着某种泡沫。

但是仔细思考后就会发现，这种定义不过是在说，发生的某种事情我们不能解释。对这一点，通常我们就称之为偶然变化。在研究资产定价时，我们给予这种现象一个名称——泡沫，并诉之于那些不能证实的心理学。人类的心理状态是不可测量的，特别是在一个事件发生了多年之后。然而，它确确实实为解释市场中那些不能解释的现象提供了一种便捷的方法。我们现有的或流行的基本面分析模式常常不能解释资本市场中某些可观察得到的重要现象。我们知道，市场心理学或市场意识可能很重要，因此，我们就会把我们的基本面分析模式的结果与实际结果的不一致归咎于不可测量的市场心理学。

书中写到，泡沫就是“任何伴随着高度投机的不安全的活动”。这基本上就是说泡沫的定义即无理性繁荣。根据这个定义，除非泡沫破裂，否则我们就无法知道是否存在泡沫。伴随着高度投机的商业计划，结果有可能获得巨大的成功。只有在我们发现了某种商业计划行不通之后，我们才能下结论说这个计划是不安全的，然后称之为泡沫。所以，这个概念和格林斯潘对泡沫下的定义一样言之无物。

如果有人为市场中出现的令人迷惑不解的现象带来某个令人信服的故事和思想理论，那么，他就会吸引投机资本。例如，我们知道，在20年前投资因特网股票是一种冒险，但是，这种投资行为却得到一种理论的支持。这种理论认为，技术将会产生划时代的变革，而这种变革将会改变整个经济的结构。

金德尔伯格写了一本关于狂热与泡沫的书，名字叫作《疯狂、惊恐和崩溃：金融危机史》。他在书中对泡沫下的定义是："泡沫是一种向上的价格运动，它超出了扩张的范围，然后导致爆炸而破裂。"这是一个关于资产价格运动模式的经验陈述。这就是所谓的宪章派的观点，对此，我们应该指出的是，他们仅仅对那种特殊的价格运动模式给了一个名称而已。这类模式可以在数据中观察得到，因此，根据这个定义，我们仍然无法否认一个特殊的历史事件——例如郁金香狂热或密西西比泡沫——就是泡沫。然而，根据这一定义，我们不能得出必然的结论，即这种模式反映出的任何非理性或过度反应事件不是先验地建立在基本面的基础之上，而这一点却正是称某一事件为泡沫的常见理由。

也就是说，对于发生的事件来说，泡沫是一种"无解释"，它只是我们附加给某一金融事件的一个名称而已，实际上，我们并没有对这一金融现象进行充分的理解。用大众心理学来解释永远是意思不确定的和无法测量的，它只会使我们的解释陷入同语反复，在一种自我欺骗中试图说出比承认混乱更多的东西。

金融市场的观察家们被那些重大的投机事件的辉煌灿烂所吸引，他们草率地用泡沫来解释这些事件，而忽视了对潜在的市场基本面的考察。对郁金香狂热的平庸解释唾手可得，而且这种解释在经济投机的万神殿中占据主导地位，这是一种明白无误的迹象，它表明了泡沫和狂热这些特征是如何使我们在信息内容最集中的地方偏离了正确理解这些事件的方向的。这种泡沫解释将远为重要的密西西比泡沫和南海泡沫归属于一种对大众心理学的病态描述。然而，这些事件确实是一次广泛的宏观经济和金融的实验，他们在一定规模上被利用并受其主要的理论设计者一定程度的控制，直到20世纪的战争年代，这类事件没有再发生过。确实，这些实验均告失败，有的是因为理论基础本质上就存在缺陷，有的是因为这些实验的管理者对完成这些实验缺乏所需的复杂的金融技巧，而这些技巧对确保日常战术的成功实施来说必不可少。但是，投资者不得不把宝押在这些实验的潜在的成功可能性上。奇怪的是，金融学家的学生和经济学家的学生一样，都接受了这样一种观点，即认为这些实验的失败证明那些投资者错在愚蠢和无理性。

最后，人们可以拣自己喜欢的观点：用泡沫或大众心理学理论的解释或对事件的市场基本面的解释。

3.郁金香狂热新论——正常定价行为的反映

加伯认为郁金香狂热中珍稀球茎的价格突然崩溃，只是郁金香球茎市场中正常的定价行为，不能把它看作市场非理性的证据。

这里要解释一下郁金香球茎品种，这对于研究郁金香狂热的产生至关重要。郁金香会遭到花叶病毒的袭击，这种病毒所起的重要作用叫作“染病”，染上病毒的郁金香会产生出奇异的变种，其中有些变种华美异常，艳压群芳。这种通过对某些花朵施加特殊影响而产生的品种不能够通过繁殖再生，变异品种的种子种出的还是普通花品的球茎，因为它们没有受到病毒的影响。这些球茎自身最终会在某个无人知道的时刻“染病”，但却不会变成奇异的品种。通过将蓓蕾栽培成新的球茎，就能够再生出特殊的品种。

郁金香市场中的天价是指那些特别美丽的染有病毒的球茎。除了它们可能会染上病毒外，单色的繁殖球茎并不值钱，而在欧洲栽种郁金香的头两个世纪里，所有重要的郁金香品种都染上了病毒，染病的球茎直到19世纪才不再流行。

在这次事件的大部分时间里，仅仅在稀有球茎的买卖中出现过极高的价格和破纪录的交易这样一些情形。在这次投机期间，普通郁金香球茎并没有显露什么头角，这种状况一直维持到1636年的11月。

很多人忽略了的一个事实是，按颗交易的球茎品种在这次崩溃后的6年后依然能够高价卖出。即便在1637年2月的高峰期之后的6年里，珍稀球茎的价格并没有出现异乎寻常的陡然下跌。

等到珍稀球茎在一般的目录中出现的时候，它们已经相当普及，以至于变得相对普通。在32年内，球茎价格两次下跌至其最初价格的3%、0.25%、0.35%或0.04%，实际上是重蹈了郁金香狂热后球茎下跌走势的覆辙。确实，1707年的贵重球茎也渐渐接近于1637年的贵重球茎同样的价格。

在新开发的时髦的郁金香球茎的价格演化中，我们现在已经得到了它发展的模式：最初的球茎——独一无二或者数量极少——往往售价奇高，随着时间的流逝，或者由于这一新品种的快速繁殖，或者由于不断引进新的品种，先前的高价就会迅速下跌。

1637年2月任何珍稀球茎的价格的暴跌均不会超过其高峰时价格的16%。因此，对珍稀球茎来说，1637年2月的崩溃中价格的差距并非大得离谱，而且没有严重地影响稀有球茎价格的正常走势。

4.郁金香期货——约束力缺失的期货私人合同

在9月和6月间的购买合同必定是期货交割，而且，对于那些稀有的球茎来说，市场会具体化。球茎的派生物不能立即交割，因为它们在与这颗母球茎分离以确保新球茎能存活之前必须达到某一最小的尺寸。因此，这种派生物的合同也是未来交割。

正式的（郁金香）期货市场发展于1636年，它是1637年2月崩溃前的主要交易方式。在经过公证人公证之前，早期的交易中就已经使用了书写的合同。1636年夏天，交易开始变得非常广泛（这时正是鼠疫的高峰期），以至于交易者开始一群一群地在称作“学院”的酒馆中集会。在这些“学院”里，通过几条管理出价和手续费的规定来规范交易。

一般来说，买方当前并不拥有在支付日期交割的现金，而卖方当前也没有合同中的球茎。双方都没打算在约定的交付期交割，双方期望的是那笔在合同中签订的价格与交付时价格之间的差价部分。因此，由于赌的是交付时球茎的价格，所以，这个市场的功能与我们目前运行的期货市场很不相同。这种操作上的区别在于，这些合同没有连续地给市场标价，即根据每天价格的波动重新定价，不需要保证金来确保合同中答应的条件，而且这些合同是由个人的承诺而不是由交易所的交易组成的，崩盘需要清算的是总资产而不是净资产。

由于普通球茎价格的惊人上涨仅仅发生在1636年9月这种球茎开始流行之后，因而这些价格的上涨也没能对1636—1637年期间的资源配置产生什么影响。如果说这次投机产生了什么影响的话，也可能仅仅是通过财富的分配产生一点影响。然而，事实上财富几乎并没有发生转换。在“学院”酒馆中由买方支付的手续费肯定在许多交易的过程中已经扯平了，虽然那份“酒钱”可以表明已经转到酒馆老板的手里。另外，这次崩溃之后，只有少数交易需要清偿，而在这些涉及清偿的交易中，也几乎没有什么人去交割。关于需要交割的百分率，其不确定性的时期不可能会产生什么影响，直到他们签订的那些合同得到解决为止，否则，没有信用而开始交易的人不大可能会受到毁约的影响。

5.郁金香狂热——被篡改和扭曲了的故事

1634—1637年期间，价格昂贵的郁金香后来要么消失不见了，要么变成了普通品种，对新开发的球茎品种来说，其价格走势就像18世纪郁金香和风信子以及现代球茎的价格走势一样，这是市场动力学的基本规律。种植球茎时，其价格自然会随着这种球茎的大规模供应而下跌，但是，原始球茎拥有者的股票却上涨了。对于某一新品种的唯一的那颗球茎来说，球茎交易不断下跌的价格可以很容易地证明绝对高价是有道理的。对于珍稀球茎的新品种而言，那些值得珍藏的球茎令人咋舌的价格及其下跌走势与后来的价格相比并没有不一致。

无论怎样，普通球茎的价格运动均与郁金香狂热的景象无关，那种景象描述的都是按颗为单位交易的珍稀球茎的令人震惊的昂贵的价格和稀奇古怪的交易。

即便这个故事是如此明显的不真实，但它对那些大肆宣扬泡沫的人具有不可抗拒的诱惑力。这些故事用于说教时是如此完美，以至于金融说教者永远会给它们找到一个现有的市场，毕竟，在这个世界里，充满了总是担心金融世界末日就要到来的投资者。

6.重新解读——对密西西比泡沫和南海泡沫的新解

这两次投机的金融动态在形式上惊人地相似。政府的默许和纵容是这两次策划的关键。在这两次投机中，每一次投机都牵涉一家公司通过兼并或者获取政府债券来谋求其资产的迅速扩张，公司通过连续发行的股票来融资并给予政府巨额报偿。随着价格的节节攀升，上市的股票不断出现新的高潮。但股价下跌时，最后一波股票购买者损失最为惨重，而最初的股票购买者一般都获利丰厚。

只要知道金融政策里的重要变动以及密西西比公司股票与皇家银行纸币的发行之间存在的内在联系，人们就会更容易理解密西西比公司股票价格下滑的原因。股票之所以最后下跌至最初的发行价格，是由于大权旁落以及他的对手的接管造成的，他的对手的目的就是摧毁密西西比公司。

约翰·劳承诺的扩张从来没有成为现实，这并不意味着当时的经济产生了现代意义上的泡沫。毕竟，一种令人信服的经济思想在实践中失败了，这不是最后一次。一个又一个具有相当地位的现代经济学家小组认为凯恩斯的经济理论——有效需求不足理论、货币需求理论、固定汇率管理法——会引发金融市场的重大灾难。

只有在某种经济理论经过实验运行以后，投资者才能知道这种理论是否有缺陷。投资者把随之而来的崩溃和他们在事发后的愚蠢行为归因于泡沫，这种判断不应该造成经济学家对这种事件的解释的混淆。根据现代经济学的定义，这种事件从市场基本面的基础上是很容易解释的。金融运作要想取得成功，就需要从投资者那里获得一定程度的持久的信赖。金融是所有理论解释的急先锋。在任何作为杠杆作用的购空存货或者公司物品的行为后，首先是股票价格涨得很高，紧随其后的是逐渐扩大的收益。如果这个计划是为短期基金融资，当投资者突然对那个计划失去信心时，他们就可能将一个潜在盈利的项目变成一个亏损巨大的项目。

约翰 · 劳的失误在于，他认为价格的暴涨与他的理论预测不一致。他启动的方法类似于现代经济中试图消除过多的债务负担而采取的调整政策。由于计划中股票价格的下跌和他大权旁落造成的随之而来的股价暴跌，他的实验被冠上“泡沫”，他本人也因此而声名狼藉。

趣味延展

据说，郁金香花名的由来源自土耳其语，意思是螺旋贝，这种花16世纪中叶才传入西欧。因为引入欧洲的时间短，数量有限，在17世纪上半叶，郁金香非常昂贵。许多法国政要都在家中摆放郁金香作为装饰品，或作为奢侈品向外界炫耀。

当郁金香开始在荷兰流通时，一些精明的投机者开始囤积郁金香球茎，以待价格上涨。很快，人们开始对郁金香产生病态的崇拜和热情，郁金香球茎开始被抢购一空。1634年，购买郁金香的热潮成为荷兰的一项全国性运动。一朵花的根原本卖1000美元，不到一个月就涨到了20000美元。1636年，一朵罕见的郁金香价值相当于一辆马车和一匹马。面对如此巨额的利润，所有的人都疯了。他们不惜掏出全部家产来购买郁金香。那一年，阿姆斯特丹证券交易所建立了一个永久性市场，以促进郁金香交易。正如当时一位历史学家所说：“人们相信郁金香热会永远持续下去，来自世界各地的富人会向荷兰下订单，而且会不惜任何代价购买郁金香。在荷兰，贫穷永远不会重现，这是一种恩赐。贵族、市民、农民、工匠、船夫、仆人，甚至烟囱清洁工和二手服装店的老太太也加入了郁金香的投机活动。”到1637年，郁金香的价格已经达到了惊人的水平。与前一年相比，郁金香的总增长率高达

5900%！一种名为“永远的奥古斯都”的郁金香甚至卖出了6700荷兰盾的天价（当时荷兰人的年平均收入只有150荷兰盾），足够在阿姆斯特丹运河边买一栋大别墅。

然而，好景不长，就在人们陷入郁金香狂热之际，1637年2月初，郁金香市场突然崩盘，卖家突然大量抛售，公众开始恐慌。一夜之间，郁金香球茎的价格暴跌。荷兰政府发布了一份紧急声明，称郁金香球茎价格没有下降的理由，敦促公民停止销售，并试图以合同价格的10%结算所有合同，但这些努力都没有结果。一周后，郁金香的价格平均下降了90%，普通品种的价值还不如一个洋葱。在绝望中，人们涌向法庭，希望通过法律的力量来弥补他们的损失。但1637年4月，荷兰政府决定终止所有合同，禁止郁金香的投机交易，从而结束了这场历史上前所未有的经济泡沫。

34 |《成事在天：机遇在市场及人生中的隐蔽角色》纳西姆·尼古拉斯·塔勒波

机遇并非纯属偶然，看清谁是交好运的骗子而谁真有先见之明

名著导读

纳西姆·尼古拉斯·塔勒波是安皮里卡资本公司的创办人，也是纽约大学库朗数学研究所的研究员。他在纽约和伦敦从事衍生商品交易，并在芝加哥担任独立交易员。2001年2月他入选衍生品交易策略名人堂，获得沃顿商学院MBA学位和巴黎第九大学的博士学位。

纳西姆·尼古拉斯·塔勒波指出：在基因上我们仍和未开化的原始人很接近。我们信念的形成充满着迷信，即使现今也不例外（甚至可以说，今天更为严重）。某一天，原始部落的某个人抓了鼻子之后不久，开始下起了雨。于是他煞费苦心，试图发明出一套抓鼻子祈雨的方法。同样的，我们会把经济的繁荣归功于联邦储备委员会降低利率，或者认为一家公司经营成功和新总裁“走马上任”有关。类似风马牛不相及的事件屡屡被我们扯上联系，导致我们在人生的重要抉择关头步步踏错，先机尽失。

生活中随机性无处不在。即使是专业的精于概率计算的数学家，也往往会被随机性所捉弄，纳西姆·尼古拉斯·塔勒波最后建言：我们虽然无法避免随机性，但可以学着接受它。

《成事在天：机遇在市场及人生中的隐蔽角色》是一本实用的书，股市的随机现象最为典型，大起大落只是发生在须臾之间，但是借鉴纳西姆·尼

古拉斯·塔勒波的操作手法，投资者将能有效避免风险，并在“黑天鹅”出现时大赚一笔。

人的本性经常低估随机现象，我们很需要这样的书。妙趣横生、清新隽永且独具一格，令人玩味无穷。

——罗伯特·希勒

本书除了合乎数学原理，读来也趣味盎然、信息丰富，适合一般读者。作者以生花妙笔向不是专家的读者解说，为什么数学重要，以及数学是什么。

——多纳德·杰曼

本书中常识性知识俯拾即是。如果你是交易员、科学家，或者哈佛律师，本书必读。

——保罗·威尔莫特

简单一句话：这本书让人看得入迷。埋首其中，你对生命（以及你的钱财）的了解将大为增进，这可不是随机性的结果。

——彼得·伯恩斯坦

理论精读

1.三个要点——偏态、幸存者偏差与路径依赖

（1）偏态。如黑天鹅事件的出现，就是最典型的事例。虽然这件事失败的概率很小，但是一旦失败，这种后果是民众不能承受的，因为代价过于沉重。

（2）幸存者偏差。因为我们只看到赢家，所以我们对机遇的看法被扭

曲了。

（3）路径依赖。什么是路径依赖？路径依赖就是思维定式，是你头脑中根深蒂固的东西的因果关系。比如饿了就会吃饭。

路径依赖也有自己的优势，它可以节省时间，提高效率，人们可以按照现成的模式处理事情，还可以借鉴前人的经验，利用前人的一些理论知识和实践经验来做出判断，省时省力。

路径依赖应用的范围是在所有情况都已经清楚，并做出过验证的情况下最有效。当不能查明所有路径时，路径依赖就会出现问题，而推理、逻辑、新的路径尝试就会发挥作用。在金融领域中也有绝大部分人会产生路径依赖。

2.投资需要运气——投资离不开不确定性的因素

极为罕见的成功的主要原因是运气。如果有人把不计其数的猴子放在一些打字机跟前，让他们胡乱敲击键盘，其中肯定有一只猴子会打出一篇一字不差的《伊利亚特》。塔勒波指出，我们倾向于把所有在历史中随机实现了的那个当成最具代表性的一个，而忘记其他失败的可能。表现最突出的事例最为人所注目，而失败者根本不被看到。

全球60多亿人口出了一个巴菲特、一个林奇，他们也只是打字机上的那只神猴而已。即使你完全领悟了巴菲特和林奇的投资方法，你成为第二个巴菲特和林奇的概率也是非常非常低的，或者说几乎是不可能的。

几乎没有人能够长时间连续战胜大盘指数，绝大部分人成为失败者是必然的事情。您如果想成为打字机上的那只神猴，除了你自身的无限努力外，还需要祈祷极其好的运气永远伴随着您。

一件事情不管多频繁地获得成功，但如果失败一次的代价太沉重，那么它就没有意义，这就体现了控制风险的重要性。

大部分人总是被随机性愚弄，如果不及时止损，就彻底成为傻瓜。做事情要用心，但是成功也多少要取决于运气。

投资需要运气，《成事在天》中说的运气是投资过程中很多东西具有不确定性、偶然性，我们要善于利用世界的不确定性来控制我们的风险和实现投资组合的盈利。

塔勒波是美国著名的对冲基金经理，在投资交易圈中很有名气，善于针对金融危机和偶然事件进行投资，并且建树非凡。他的思想和投资大师索罗斯源自一脉——伟大的哲学家波普尔。

他们的哲学思想认为：归纳法总结出来的规律有缺陷，事物的发展有很大的不确定性，在我们的日常生活中要善于去证伪，只有能证伪的事情才是真理。

而我们的投资要从善于证伪和不确定性中寻找机会。

3.黑天鹅——努力利用稀有事件

17世纪之前的欧洲人认为天鹅都是白色的，后来人们在澳大利亚发现了一只纯黑色的天鹅，黑天鹅的出现颠覆了过去深入人心的“天鹅都是白色的”这一定律。

从来就没有什么定律，有的只是大家通过归纳法得出的结论，但是这个结论并不一定是对的，假如出现反例能推翻这个结论，那造成的影响将是巨大和深远的。

金融投资往往更是如此。往往小概率事件的出现给市场造成的是剧烈的震荡，有可能是巨大的风险，也可能是伟大的投资机会。

塔勒波说：“有一次，有人请我发表对股市的看法。我说，我相信下个星期市场有很高的概率会略微上涨，大概70%。这显然是铿锵有力的意见。接着有人插嘴说：‘但是，纳西姆啊，你刚刚才吹嘘你大量放空标准普尔500指数（SP500）期货，赌市场会下跌。是什么原因使你改变想法？’‘我没有改变想法！我那么赌可是有很强的信心！（大家笑了起来）。其实，我现在还想多放空一些！’会议室内的其他人看起来丈二和尚摸不着头脑。战略家问我：‘你到底是看涨（牛市），还是看跌（熊市）呢？’我回答说：‘除了动物学上的意义，我不懂“牛市”或“熊市”的意思。我的意见是市场上涨的可能性比较高，但最好是放空，因为万一市场下跌，它可能跌很多。’”

塔勒波甚至在书中向投资者提出了这样的问题：假使读者接受我的意见，也就是下个星期市场有70%的概率上涨，30%的概率下跌。但是再假设如果上涨，只会涨1%，下跌则可能跌10%。这么一来，读者要怎么做？是看好，还是看坏？

因此，频繁使用“看涨”或“看跌”这两个词的是那些不必在不确定的情况下采取行动的人，比如电视评论员，或者没有处理风险经验的人。投资者和公司想要的是真金白银，而不是那一点点成功的概率。因此，对他们来说，盈利的频率不重要，重要的是结果。

在这里还要指出一点，那就是黑天鹅事件也有正面黑天鹅和负面黑天鹅之分，正面黑天鹅是指小概率的正面事件的影响，负面黑天鹅是小概率负面事件的影响。正面黑天鹅往往是发展缓慢，影响力逐步显现，负面黑天鹅发展非常迅速，影响力大。投资者应该区别对待。

4.风险制止——为投资留下余地

塔勒波在书中分析了投资风险制止的问题：一件事情不管多频繁地获得成功，但如果失败一次的代价太沉重，那么它就没有意义。

塔勒波指出，市场上有一类交易者经常赔小钱，但是一旦挣钱，那就是一大笔钱。他们在一些观察的基础上进行交易，并采取措施确保一旦出错，损失会保持在最低限度。当结果证明他们错了，他们就会退出交易，这叫作止损点。这是一个预先确定的退出点，是对突发事件的应对策略。大多数人总是被随机性所愚弄，如果他们不设置止损点，将损失巨大。

本书对概率的本质和归纳问题的深入讨论，加深了我们对风险的认识。投机市场上对概率和统计有一点了解的交易者，通常对历史性的结论都会有所保留。因为无论你根据的是基本分析还是技术分析，也无论你有多么充分的理由，结论都不是事先可以准确判定的。谁也无法根据过去的信息做出准确判断来消除未来的这种不确定性。

统计结果均为归纳性结论，沉迷于方法优劣是没有意义的。然而，“仓位的控制”和“止损”是必不可少的，一定要引起重视。资金量有多少，可接受多大的风险，直接影响到采取什么样的措施。止损不仅仅是图表分析者的事，更是基本面分析者的事，千万不可忽视。

商品期货市场不止一次出现价格跌破生产成本或历史低点，并继续大幅下跌的情况。不要过于自信或心存侥幸，要时刻将“轻仓”和“止损”记在心里。

趣味延展

17世纪以前欧洲人认为天鹅都是白色的，因为欧洲人从未见过黑天鹅，因此“黑天鹅”被用来指代不存在的事物。“所有的天鹅都是白色的”已经成为事实，没有人怀疑，直到人们在澳大利亚发现黑天鹅，欧洲人的想法才发生改变，因此黑天鹅也成了不吉利的象征。

这种认知的逆转造成了人们巨大的心理冲击，因为“所有的天鹅都是白色的”已经被成千上万的白天鹅证明过，但一只黑天鹅就足以推翻它。人们的信念竟如此容易被摧毁。

黑天鹅的存在是一个伟大而罕见的事件的隐喻，表明这些事件是不可预测的，出乎意料的，但却改变了一切。人类对经验有太多的信心，以至于无法意识到黑天鹅的出现足以改变一切。然而，无论是在股市预期、政府决策还是普通人的简单日常选择中，黑天鹅都是不可预测的。

2010年5月6日，美国股市道琼斯指数盘中瞬间下跌998.5点，重挫9.2%。有消息称，当日下午2时47分左右，华尔街某银行的一名交易员在卖出股票时敲错了一个字母，将百万（Million）误打成十亿（Billion），导致道琼斯指数突然出现近千点的暴跌。但是，美国证券交易委员会后来调查指出，没有找到美股暴跌是某位交易员“乌龙指”所致的证据。根据分析，极有可能是敏感的交易系统叠加人性弱点导致道指出现“自由落体式”下跌。

最著名的黑天鹅事件受害者是盛极一时的美国长期资本管理公司，这家由诺贝尔经济学奖得主和众多华尔街高手组建的对冲基金设计了“完美”的投资组合且战绩辉煌，但由于出现了连复杂模型都难以预料的俄罗斯国债偿付危机所引发的全球市场连锁反应，导致它损失惨重，最终以倒闭告终。

美国学者塔勒波在著作中说，金融市场是“黑天鹅”频繁光顾的领域，只是人们不知道它什么时候出现。在思考“黑天鹅”的后果后，他向人们提出建议：假设确实发生了不好的事情，你需要做好从美妙的意外事件中获益的准备，尽量不要被不好的意外事件伤害。

35 |《金融心理学》 拉斯·特维德

五大投资经典著作之一，看投资者心理如何影响股票市场价格

名著导读

拉斯·特维德曾担任衍生品交易员、基金经理和投资银行家11年，在20世纪90年代进入电信和软件行业，创建了几家高科技公司。拉斯·特维德曾写过几本关于一般经济学、营销、电信和贸易的书，《金融心理学》是他的代表作之一，在世界各地畅销。

心理因素影响市场价格波动的事实正被越来越多的学者和投资者所接受。该书探讨了股票市场交易中的“市场心理行为”，提供了金融市场心理学的最新研究成果，突出了金融市场参与者的心理因素如何影响金融资产价格变化的特点。除此之外，拉斯·特维德还介绍了参考点和锚定点的最新进展和自发形成的蓬齐骗局，并详细解释了为何牛市的交易量往往高于熊市。这是一本股民和投资者可以从中获益良多的书。

在金融市场中投资者往往曲解得到的信息，使它们看起来像支持自己原来的态度，可以验证自己行为。这样做的后果往往是灾难性的。

——拉斯·特维德

在上升趋势中，我们尤其要注意观察不断抬高的底部，而在下跌趋势

中，要特别留意不断下降的头部。

——拉斯·特维德

理论精读

1.市场走在前面——市场提前反映经济状况

安德烈·科斯托拉尼曾这样描述市场："一般来说，消息不产生价格波动，而是价格波动产生消息，这无论在巴黎、伦敦还是纽约都一样。一天的交易结束后，每一个人都在为当天的价格变化或者趋势反转寻找借口，而这些借口是他两小时前怎么也想不到的。"

市场领先的一个可能解释是人们会"装聋作哑"。例如，没有人喜欢牛市中的坏消息，再多的证据也不会被人理会。这导致公众可获得的信息支离破碎，这只会增强市场情绪。许多投资者也渴望经济学家证实这一趋势仍在继续。因此，当市场出现高峰和低谷时，来自各方的消息和分析总是积极向上的。市场之所以领先的第二个解释是，市场提前反映经济。大型机构可以在短期内推动市场，他们可以操纵个别股票，但不能控制整个市场的价格走势。

2.市场是非理性的——投资者的疯狂无法计算

虽然市场走在经济前面，但有时也让人捉摸不透。特维德回顾了1636年的荷兰郁金香狂热、南海公司泡沫和1929年的华尔街大崩溃这三个历史上的著名事件。连牛顿都经不住暴利的诱惑也加入了投机南海公司股票的行列。泡沫破裂后，亏损的牛顿仰天长叹："我可以准确地预测天体的轨迹，但我无法计算人类的疯狂程度！"

回顾这些泡沫的历史，我们可以得出结论，市场有时完全被贪婪和恐惧的非理性情绪所控制。心理学可以解释人们为什么做他们所做的事情，但它不能回答人们为什么同时做出相同行动的问题。这种行为被数学家称为"混沌"。

3.混沌支配——与自我强化的关联

特维德还引入了著名的蝴蝶效应。洛伦兹是一位气象学家，他使用计算机模型来计算未来的天气变化，计算机可以连续运行这些计算来做出预测。有一次，为了节省时间，他把以前的中间过程的打印结果作为初始输入值输入计算机，但是当洛仑兹喝了一杯咖啡回来后，结果令他大为吃惊。计算结果本应跟以前的计算序列完全一样，但实际却一点也不像，而且越到后面，差距越大。最后他发现，原因是计算机实际使用的是六位小数，但打印结果时只有三位小数。小数点三位以后的微小不同最终引起了气象预测结果的极大差异。

在数学上，微小的诱因导致结果的巨大差异，这种现象被称为“确定性混沌”，混沌与自我强化有关。在混沌系统中，事件A导致事件B，B导致C，C最终又导致了A，这就是一个简单的正反馈。混沌系统的内在性质就是不可预测性。

4.技术图形自我实现——技术分析差异化的体现

美国经济学家罗伯特·希勒曾在多次股市崩盘期间对大量投资者进行了调查，分析投资者在这一时期，卖出或买入的理由是什么。但大多数投资者的答案只是因为盲目跟风。

特维德经分析得出结论，多人使用技术分析，当它发出买入信号时，每个人都会采取行动，导致股价上涨。也就是说，偶尔在转折点给出正确信号的技术分析被广泛传播，以至于它最终因广泛的传播而真的变得准确。

图形可以自我实现，但一旦每个人都使用相同的技术分析，它就不是自我实现，而是自我毁灭。例如，当市场见顶时，每个人都试图领先于其他人，但没有人像上次崩盘时那样做，只是让崩盘更早发生。

5.市场信息心理学——正确区分处理金融信息

在金融战场上，充斥着各种金融信息，当投资者被信息淹没时，他们就会迷失方向。我们需要正确处理信息并确定优先级，过滤掉大量无关的信息和谣言。最后，特维德总结了市场信息被误解时的心理现象：适应态度、认知失调、同化错误、选择性暴露、选择性理解、验证偏差、框架效应、社会比较。

6.心理细分——市场参与者的分类

特维德认为研究人群，特别是处于不同市场地位的人群，不仅对于整个市场而言，具有深刻意义，而且对于研究个人的思想、情感和行为如何受到他人影响的社会心理学本身，也影响深远。其中信息价值对于不同人群的影响尤为重要。

具体看来，市场参与者可以分为三类：短线户，这类人群占市场人员比例大部分；市场操作者，包括内部人（拥有公司5%以上的股份）、证券交易所会员、套利者即利用现有金融交易避免风险的人、主要的投机商；散户。

对于这三类人来说，同样的市场信息，由于各自对市场的理解和经验等差别，会采取不同做法。在金字塔最低端的短线散户，一般依靠的是公共信息或部分专家的说法而采取行动，而公共信息或许有解释价值，但很少或根本没有新闻价值，因为它所面对的是大众，并且就可信度而言也不高。一般来说，金融分析师的金融分析可以避免以上两个弊端，但是从一些历史案例来看，金融分析师一般存在有系统性偏见，即极度乐观情绪，从而使散户的行动越发艰难。市场操作者一般拥有极强的经济实力，他们对于整个市场而言绝对不容忽视，从利弗莫尔操控市场的例子来看，与市场操作者作对显然是自讨苦吃。总体来看，市场操作者拥有极强的推理和思维，他们更多地扮演市场上大鱼的角色，利用市场的蛛丝马迹能够正确推测散户的行动，估计市场动向，从而采取行动，获得利益。在这里，他们一般遵循一条原则：如果散户短线卖盘显著增加，这表明市场底部来临；不在好友指数比例超过70%时买进，不在该比例低于30%时卖出；避免社会比较和说服作用。其中散户就更多地应用了社会心理学来进行市场动向分析。

投资者进入市场后就不可能完全摆脱心理惯常性的束缚，无论是职业人士还是新手都要遇到一个心理问题：对于困难问题的决定，倾向于同一环境下呈现在他们面前的数据，即使他们完全清楚这个数据绝对是随机的，跟正确答案没什么关系。社会信息流通越来越便利，人们得到的信息也越来越复杂，如何对于这些信息进行客观分析理性评价，则成为在市场中生存的重中之重。这个时候，对心理学方面知识的了解就显得不可或缺。

趣味延展

你听过凯恩斯的博傻理论吗？

几个骗子拿着一些写着面值一元的纸片对一群愚人说，看看这些神奇的纸片吧，它们简直是一座掏不尽的金山，可以不断升值。你们看，这些纸片马上就升值了，我们现在就可以把它们一张卖10元钱。

于是愚人们蜂拥而上，有几个愚人以10元一张的价格买了那些纸片。而没有买到的愚人就以20元、30元甚至100多元的高价从前面的愚人手里买那些纸片，并且给那些骗子交手续费。每个愚人都不担心自己会亏本，他们认为还会有其他的愚人以更高的价格买那些纸片。直到有一天，愚人们突然发现那些纸片其实就是普通的纸片而已，连一元钱也不值，于是最后以最高价格买到那些纸片的愚人就成了最大的愚人——这就是股市。

从经济学角度来看，这个故事就是经济学中价值递延以及再创造的过程，它也揭穿了现代资本运作的原理——“创造”的那部分利润或者价值其实是一个累进转移的过程。社会财富在这个过程中被大量地虚拟升值，过度的情况下，就会导致泡沫！

愚人的故事还可以延展到其他的交易市场：几个骗子拿着一些一寸见方的纸片对一些愚人说，我们这里有一些更神奇的纸片，它们虽然小小一块，上面的面值也只有几分钱，但是它们可以几万倍、几百万倍地升值。你们看，现在这张写着面值8分的纸片我现在就升值一万倍卖800元。于是愚人们再度蜂拥而上，一些愚人买了那些纸片，后来的愚人甚至以8万元、80万元的价格买那张8分的纸片。这样的疯狂一直持续到有一天，愚人们发现那些纸片其实什么用处也没有，还不如糖果的包装纸精美漂亮，于是最后以最高价格买到那些纸片的愚人就成了最大的愚人——这就是邮市。

36 |《疯狂、惊恐和崩溃：金融危机史》 查尔斯·金德尔伯格

复盘金融危机的百年历史，诊断这一不治之症的真实病因

名著导读

查尔斯·金德尔伯格是麻省理工学院经济系的资深教授，国际货币问题专家，擅长从历史的角度研究经济问题，他也是第二次世界大战后马歇尔计划的主要构建者之一。

《疯狂、惊恐和崩溃：金融危机史》一书告诉今天的人们，在经济热环境中要冷静地思考。本书讨论了投机、信用扩张高峰时期产生的困难和危机爆发，以及市场因恐慌与崩溃而告终的模型，运用丰富的历史资料对投机与经济过热进行分析，分析了投机是市场稳定的因素还是不稳定因素这一问题。此外，还讨论了经济过热与恐慌在货币方面的表现，使人注意到，经济繁荣或恐慌往往是由货币事件引起的，提到了欺诈和挪用问题，经济过热时期政府部门及官员的错误，渎职和贪污等行为一经揭露，往往会加大市场恐慌。最后还对全球金融发展做出了总结，其结论是：从长期的角度看，货币供应量应固定不变，但在短期的危机时期，应当是富有弹性的。

资产泡沫就像美女一样，事前你不知道如何界定她，然而一旦你遇见她，就肯定能认出来。

——查尔斯·金德尔伯格

模仿是廉价的，只要可能模仿，其花费通常要少于有关的发明和革新工作。

——查尔斯·金德尔伯格

理论精读

1.经济把脉——各派经济观点分析

关于市场金融，各经济学派分别持有不同观点，而金德尔伯格教授在书中，就对各派观点进行了详尽地考察和评述。

货币主义者很乐观，他们认为不可能存在导致不稳定的投机。理由是，投机者往往在价格上涨时买进、下跌时售出，由于其高买低卖，必将导致亏损，因此他们很难生存下去。而金德尔伯格认为，投机与贪婪是形成欺诈的人性基础，从精神病学的角度来看，欺诈者与受害者的关系是一种被捆绑在一起相互满足并相互依赖的共生关系。欺诈是由需求决定的，它遵循着凯恩斯的需求决定供给的法则，而非萨伊的供给自动创造需求的理论。在经济繁荣时期，财富被不断创造出来，人们的贪婪欲望也随之增大，欺诈者便应运而生。这种状况就像很多绵羊等着人们来剪毛一样，欺诈者一旦出现，它们就献出自己作为牺牲品。毕竟，没有什么事比眼看着一个朋友变富更加影响人们的头脑与判断力了。

众所周知，在经济过热与市场恐慌中，货币因素十分重要。芝加哥学派认为，当局总是愚蠢的，而市场总是聪明的，只有当货币供应量稳定在固定水平或以固定增长率增加时，才能避免经济过热和市场恐慌。然而，现实的悖论是，银行家只把钱借给不缺钱的人。当发生经济崩溃时，银行体系必然受到冲击，除了货币数量的变动外，将导致银行对信贷进行配额控制，这势必造成某些资本运行环节当中的信用骤停和流动性衰竭。

尽管如此，英国著名货币学派理论家欧文·斯通勋爵坚决反对在危机时扩大货币供给，而赫伯特·斯宾塞的表述更为尖锐：“保护人类免尝愚蠢行为的苦果，其结果只会让全世界都变得愚蠢。”

对此，金德尔伯格认为，长期来看，货币供应量应该固定不变，但在危机期间它应当是富有弹性的，因为良好的货币政策可以缓解经济过热和市场恐慌，也应该可以消除某些危机。其依据主要是对1720年密西西比泡沫，1873年、1882年、1890年、1921年和1929年危机的研究。这几次危机中都没有最后贷款人出现，而危机后的萧条持续久远。

但是，将这种观点简单理解为设立一个最后贷款人也是肤浅的。如果市场知道它会得到最后贷款人的支持，就会在下一轮经济高涨时期，较少甚至不愿承担保障货币与资本市场有效运作的责任，最后贷款人的公共产品性会导致市场延迟采取基本的纠正措施、弱化激励作用、丧失自我依赖性。金德尔伯格认为，应该由一个“中央银行”提供有弹性的货币，但是，责任究竟落在谁的肩上还不确定。这种不确定性如果不使市场迷失方向的话是有好处的，因为它向市场传递了一个不确定的信息，使市场在这个问题上不得不更多地依靠自救。适度的不确定性，但不能太多，有利于市场建立自我独立性。

2.投机者分析——市场参与者分类

金德尔伯格提出了两类投机者的问题，即内部人和外部人的问题。一般来说，内部人往往采用投机手段驱使价格不断上涨，并在价格最高点将投机物品出售给外部人，从而导致了市场的不稳定。而外部人则在价格最高点购进商品，又在内部人采取措施使市场价格下跌时在谷底卖出商品。外部人的损失等于内部人的收益，市场整体没有变化。

一般情况下，每一个具有不稳定性的投机者，必有另一个具有稳定性的投机者与之对应；反之亦然。但内部人一开始通过加速价格的上升及下跌来扰乱市场，而高买低卖的外部人与投机热的牺牲者相比，对价格的操纵能力较低，前者只是在投机的后期才影响到后者。损失以后，他们又回到其正常的工作中，继续储蓄以备另一次赌博。

对此，金德尔伯格解释说：“拉利·维默尔关于1869年美国黄金恐慌的一篇文章似乎表明不存在不稳定因素的投机。这篇文章有助于纠正人们，尤其是一些历史学家对这段历史的错误概念，但他和我都一致认为，杰·古德和詹姆斯·费斯克是扰乱市场、导致市场不稳定的因素。他们首先驱使价格上涨，然后，在将外部投机者从市场稳定者转变为不稳定者之后，将投机商品在高点卖出（至少杰·古德是这样做的）。早期，杰·古德曾经试图串通政府人员阻止政府用黄金回购内战时发行的大量贮备不足的钞票，来迫使黄金价格上升，而外部投机者却认为政府会用黄金回购这批钞票，他们认为政府政策将驱使黄金价格下降。9月16日，外部人转而相信杰·古德，大量买进黄金，使得黄金价格上升。然而到了9月24日，美国总统尤里西斯·格兰特突然宣布抛售价值40亿美元的黄金，购回战时发行的钞票，以阻止投机行为。此举令金价大幅下跌，并引发恐慌性抛售。最终导致1869年9月24日黑色星期五的诞生，它与美国历史上1929年的黑色星期二、黑色星期四，1987年10月的黑色星期一，以及另外三个黑色星期五齐名。”

另一个有关高买低卖、具有不稳定性的外部投机者的例子是艾萨克·牛顿具有启迪意义的历史故事。作为一个伟大的科学家，他应该是理性的。1720年春，他写道：“我可以计算天体的运动，但无法计算人类的疯狂。”因此，他于4月20日出售了持有的南海公司股票，获得了100%的高额利润，约为7000英镑。不幸的是，牛顿在那年股市的“投机热”中，未能保持一贯的理性和冷静，他在市场最高点时买入了更多的股票，最后损失了20000英镑。许多经历过这类灾难的人都有这种非理性的习惯，最终他将这段经历抛诸脑后，在其一生余下的时间里，他甚至不能再听到南海之名。

但是，即使每一个参与者的行为看起来都是理性的，各个阶段的投机或是内部人和外部人的投机仍可能导致经济的疯狂扩张和恐慌。这就是所谓的“合成谬误”，即总体与各部分之和不等。每个人的行动都是理性的——或应当是理性的，但并不等于其他人以同样的方式行动。如果某人行动十分迅速，先于他人买进并卖出，他可能会做得很好，就像内部人所做的那样，即使这个时候总体的情况看起来很糟。

超过资本实际价值的任何增长都仅仅是想象中的事情，不管普通算术如何延伸，一加一永远都不会等于三个半，结果，任何虚拟价值都将是某些人或另一些人的损失。对此，唯一的阻止办法是及早出售，让魔鬼抓住最后一个人。

3.理性与非理性——经济可以“热”一点

金德尔伯格给我们讲述了金融危机的完整过程：首先在经济的发展过程中，人们经过种种努力，终于抓住了新的利润机会，并开始追求这一新的利润，而在追求利润的过程中，繁荣阶段的过剩本质就会真正体现出来，这时，金融体系将经历一个“痛苦”的阶段，在这一阶段，人们急于扭转经济扩张的过程，这一扭转方式就像爆发了市场恐慌。在过热阶段，人们手中的钱都用来购买不动产或流动性较差的金融资产，没有钱的人则借钱从事这一行为。但随之而来的经济恐慌阶段正好与此相反，财富从不动产或金融资产转向货币，或转而偿还债务，这种行为终于导致商品、房屋、土地、股票和债券价格的崩溃，也就是说，任何成为经济过热的投资对象的东西，其价格都将崩溃。

我们观察历史上的金融危机，类似于上述过程的金融危机有30多次，基本上是10年出现一次。其获取利润的对象早年从硬币到花卉到房地产或土地，近年则从债券到基金到股票乃至于衍生产品，凡能带来利润的，都是投资（投机）的对象。但这种投资要转化成危机，还要经历一个理性的非理性过程。

事实上，投机一般是在货币和信贷扩张的助长下加速发展的，如郁金香狂热等。其中，货币扩张不是偶然的，而是系统的内部扩张。

那么，问题就出来了：一旦启动了信贷扩张，规定一个停止扩张的时点是否现实呢？并且，这能否通过自动法则完成呢？

对历史事件进行类聚研究后可以看出，只要当局稳定或控制一定数量的货币，不管是控制货币的绝对量，还是根据既定趋势控制货币的供应量，都会导致经济过热的情况加剧。这是因为：如果货币的定义以特定的流动资产形式被固定下来，并且经济过热后以该定义之外的新的方式将信贷“货币化”，那么，虽然以旧的方式定义的货币不会增长，但其流通速度会加快；现代经济中，人们很难确定各层次的货币供应量。因此，货币扩张不太可能通过货币稳定政策稳定下来，再推而广之，货币还是会导致经济过热的情况加剧，危机还是不可避免。

金德尔伯格指出，每个人都有独立的偏好，并想将收益做到最大化，虽然每个人确实都是理性的，但是所有人的理性汇聚到一起，就可能产生非理性的结果。这就好比高考填报志愿一样，大家都认为那个学校刚出了不好的新闻，肯定没有人报考，于是你就填报了这个学校，结果没想到大家都是这么“理性”地分析，最后导致报考这个学校的人非常多，这就意味着有一批人不得不被刷下来了。

4.心理效应——泡沫投机中的人性弱点

泡沫的形成或许很复杂，但金德尔伯格用了一个简单的比喻就说明了“泡沫”的形成机制：猴子看，猴子学。什么意思呢？就是当你看到你朋友做生意发财了，你就会想模仿他，也去做这个生意发财，而这个生意适不适合你做，你并没有冷静思考过。当金融史上这种模仿不断发生时，似乎有必要讨论这一“泡沫病理学”。

金融行为学家已经确定了几个最有可能在泡沫期间发生的心理问题。首先是“锚定效应”。大多数泡沫的典型特征是，价格和升值效应通常在最后阶段到来之前持续相当长的一段时间，导致投资者改变预期，认为高价是合理的。其次是“羊群效应”。即使是许多精明的专业人士也试图“随着泡沫膨胀”，而不是避免泡沫，他们往往认为随大流比采取不同的方法应对价格上涨更安全，犯错可能性更小。再次是认知失调。人们倾向于选择“坚定我们的选择”的观点。例如，市场疯狂的一个特征是，人们往往对过高定价的警告不感兴趣，甚至愤怒。最后是灾害忽视和灾害放大。对于概率较低的负面事件，投资者总是认为“这很难发生在我身上”，一旦灾难发生，他总是担心可能有一个更大的灾难等着他。

还有更多的投机行为特征有待发现。这些结论都与经济学教科书的说法相矛盾。教科书上常说，市场是由理性的天才投资者组成的，他们根据利润和租金等经济基本面仔细权衡股票和房屋的长期定价。但金融史恰恰告诉我们，人们是不理性的，尤其是在投机狂热的时候。他们被各种各样的本能行为所驱使，而强大的从众心理往往会使他们犯下巨大的错误。

趣味延展

金德尔伯格的《金融危机史》中有一个非常有趣的类比。他说孩子们喜欢玩扔鞭炮的游戏，但是如果孩子A向孩子B的脚下扔一个哑炮，孩子B捡起哑炮向孩子C扔去，孩子C向孩子D扔，依此类推，直到孩子Y向孩子Z扔，哑炮在Z的脸上爆炸，使Z失明。这里，A是远因，Y是近因，从B到X之间有一系列的连接点。那么，谁应对此负责？

金德尔伯格将金融危机的爆发比作全世界儿童玩的游戏。金德尔伯格认为，远因是投机和信贷扩张，而近因是小事故，如银行倒闭、无关的争论、意外披露或拒绝贷款甚至是看法的改变。这些事件导致市场参与者感到危机迫在眉睫，抛售任何可以转换为现金的东西，如股票、债券、房地产、外汇和商业票据。当所有需要钱的人都找不到钱时，金融部门的崩溃将蔓延到经济的各个方面，导致整体经济的衰退和金融危机的到来。

自从进入市场经济以来，人类总是重复同样的错误，而这些错误的开始，都是无可指责的理性行为。正如金德尔伯格在他的书中引用的1970年纽约股票交易所主席伯纳德·J.拉斯克的一段话："我能感到它正在降临，不管有无证监会，一轮全新的灾难性投机正在降临。我们很熟悉它的各个阶段，先是蓝筹股受追捧，然后是二线热点，场外交易，再是新发行的垃圾市场，最终是不可避免的崩溃。我无法知道它何时降临，但我能感到它正在逼近。该死的，我却不知道该怎么办。"